Die bösgläubige Markenanmeldung

Europäische Hochschulschriften

European University Studies

Publications Universitaires Européennes

Reihe II **Rechtswissenschaft**

Series II Law

Série II Droit

Band/Volume **5972**

Michael Frank

Die bösgläubige Markenanmeldung

Geschichte und aktuelle Probleme

PL ACADEMIC RESEARCH

Bibliografische Information der Deutschen Nationalbibliothek
Die Deutsche Nationalbibliothek verzeichnet diese Publikation in der Deutschen Nationalbibliografie; detaillierte bibliografische Daten sind im Internet über http://dnb.d-nb.de abrufbar.

Zugl.: Bayreuth, Univ., Diss., 2017

D 703
ISSN 0531-7312
ISBN 978-3-631-73875-7 (Print)
E-ISBN 978-3-631-73877-1 (E-PDF)
E-ISBN 978-3-631-73878-8 (EPUB)
E-ISBN 978-3-631-73879-5 (MOBI)
DOI 10.3726/b12627

PL Academic Research ist ein Imprint der Peter Lang GmbH.
Peter Lang – Frankfurt am Main · Bern · Bruxelles · New York · Oxford · Warszawa · Wien

Diese Publikation wurde begutachtet.

www.peterlang.com

Inhaltsverzeichnis

Abkürzungsverzeichnis

a.A.	anderer Ansicht
Abs.	Absatz
a.E.	am Ende
a.F.	alte Fassung
AG	Amtsgericht
Alt.	Alternative
amtl.	amtliche
Anm.	Anmerkung
Art.	Artikel
Aufl.	Auflage
Az.	Aktenzeichen
Begr.	Begründung
Bd.	Band
Beschl.	Beschluss
BGB	Bürgerliches Gesetzbuch vom 18. August 1896, in der Fassung der Bekanntmachung vom 02. Januar 2002, zuletzt geändert durch Gesetz vom 01. Oktober 2013
BGBl.	Bundesgesetzblatt der Bundesrepublik Deutschland
BGH	Bundesgerichtshof
BlPMZ	Blatt für Patent- Muster- und Zeichenwesen
BPatG	Bundespatentgericht
BVerfG	Bundesverfassungsgericht
bzw.	beziehungsweise
ders.	derselbe
d.h.	das heißt
DPMA	Deutsches Patent- und Markenamt
Einf.	Einführung
Einl.	Einleitung
etc	et cetera
EuG	Gericht erster Instanz der Europäischen Union
EuGH	Gerichtshof der Europäischen Union
EUIPO	Amt der Europäischen Union für Geistiges Eigentum
f.	und folgende (Seite)
ff.	und folgende (Seiten)
Fn.	Fußnote

FS	Festschrift
GG	Grundgesetz für die Bundesrepublik Deutschland vom 23. Mai 1949, zuletzt geändert durch Gesetz vom 11. Juli 2012
GMV	Gemeinschaftsmarkenverordnung – Verordnung (EG) Nr. 207/2009 des Rates über die Gemeinschaftsmarke vom 26.02.2009, Nachfolgeregelung zu Verordnung (EG) Nr. 40/94 des Rates über die Gemeinschaftsmarke vom 20.12.1993
GRUR	Gewerblicher Rechtsschutz und Urheberrecht
GRUR Int.	Gewerblicher Rechtschutz und Urheberrecht, Internationaler Teil
GRUR-RR	Gewerblicher Rechtsschutz und Urheberrecht, Rechtsprechungs-Report
GWB	Gesetz gegen Wettbewerbsbeschränkungen vom 27. Juli 1957, in der Fassung der Bekanntmachung vom 15. Juli 2005, zuletzt geändert durch Gesetz vom 07. August 2013
HABM	Harmonisierungsamt für den Binnenmarkt
h.M.	herrschende Meinung
Hrsg.	Herausgeber
i.d.F.	in der Fassung
i.d.R.	in der Regel
insb.	insbesondere
IR-Marke	international registrierte Marke
i.S.d.	im Sinne des
i.V.m.	in Verbindung mit
Lit.	Literatur
lit.	litera
MarkenG	Gesetz über den Schutz von Marken und sonstigen Kennzeichen vom 25. Oktober 1994, zuletzt geändert durch Gesetz vom 25. Oktober 2013
MarkenR	Zeitschrift für deutsches, europäisches und internationales Markenrecht
MarkenRL	Richtlinie 2008/95/EG des Europäischen Parlaments und Rates zur Angleichung der Rechtsvorschriften der Mitgliedstaaten über die Marken vom 22.10.2008, vormals Erste Richtlinie 89/104/EWG des Rates zur Angleichung der Rechtsvorschriften der Mitgliedstaaten über die Marken vom 21.12.1988
m.w.N.	mit weiteren Nachweisen
NJW	Neue Juristische Wochenschrift
Nr.	Nummer

ÖOGH	Österreichischer Oberster Gerichtshof
OLG	Oberlandesgericht
Rn.	Randnummer
Rs.	Rechtssache
Rspr.	Rechtsprechung
S.	Satz, Seite
Slg.	Sammlung
sog.	sogenannt
st.	ständige
u.a.	und andere, unter anderem
usw.	und so weiter
UMV	Unionsmarkenverordnung – Verordnung (EG) Nr. 207/2009 des Rates vom 26. Februar 2009 über die über die Gemeinschaftsmarke, geändert durch Verordnung (EU) Nr. 2015/2424 des Europäischen Parlaments und des Rates vom 16. Dezember 2015
UWG	Gesetz gegen den unlauteren Wettbewerb vom 07. Juni 1909, zuletzt geändert durch Gesetz vom 01. Oktober 2013
vgl.	vergleiche
VO	Verordnung
WRP	Wettbewerb in Recht und Praxis
WZG	Warenzeichengesetz vom 05. Mai 1936, außer Kraft getreten am 01. Januar 1994
z.B.	zum Beispiel
Ziff.	Ziffer
zust.	zustimmend
zutr.	zutreffend

Vorwort

Die vorliegende Arbeit wurde im Sommersemester 2017 von der Rechts- und Wirtschaftswissenschaftlichen Fakultät der Universität Bayreuth als Dissertation angenommen. Literatur und Rechtsprechung konnten bis zum Juni 2016 berücksichtigt werden.

Mein Dank gilt meinem Doktorvater, Herrn Prof. Dr. *Diethelm Klippel*, der mir die Möglichkeit zur eigenständigen Entwicklung meiner Dissertation gegeben und durch seine wertvollen Hinweise wesentlich zum Gelingen der Arbeit beigetragen hat. Bedanken möchte ich mich auch bei Herrn Prof. Dr. *Michael Grünberger* für die zügige Erstellung des Zweitgutachtens.

Besonderer Dank gebührt meinen Eltern *Judith* und *Martin* sowie meiner Frau *Maryam* für die liebevolle Begleitung dieses Projekts und den Glauben an meinen Erfolg. Ihre Unterstützung hat die Anfertigung der vorliegenden Arbeit überhaupt erst ermöglicht. Daher sei ihnen als Zeichen meiner tiefen Verbundenheit dieses Buch gewidmet.

Erding, 1. September 2017 — Michael Frank

Einführung

I. Fragestellung

Die Ausschließlichkeitsrechte des Markenrechts dürfen nur innerhalb der Grenzen des Zulässigen eingesetzt werden. So ist zum Beispiel seit langer Zeit anerkannt, dass die aus der Marke entspringenden Rechte wettbewerbskonform, d.h. in lauterer Weise, eingesetzt werden müssen.[1] Aus der bloßen Anmeldung einer Marke selbst ergeben sich zwar auf den ersten Blick keine Motive, die eine Löschung oder gar Versagung der Eintragung gerechtfertigt erscheinen lassen würden. Doch es sprechen wirtschaftliche und rechtliche Gründe für eine genaue Prüfung und die Bekämpfung solcher Markenanmeldungen, die mit unlauteren bzw. bösgläubigen Motiven vorgenommen wurden. Durch bösgläubige Markenanmeldungen können erhebliche wirtschaftliche Schäden entstehen, wenn diese gegen Andere zur Erpressung von Lizenzgebühren oder zur Verhinderung des Marktzutritts eingesetzt werden. Auch aus rechtlicher Perspektive ist die bösgläubige Markenanmeldung nicht hinnehmbar, da solche Marken vom markenrechtlichen Prioritätsprinzip gemäß § 6 MarkenG profitieren und die klassischen Markenfunktionen (Herkunfts-, Werbe-, Kommunikations- und Garantiefunktion)[2] nicht erfüllen. Zudem kann der Inhaber seine formale Rechtsstellung zum Zwecke der Behinderung Anderer einsetzen.[3]

Ein Schwerpunkt im Rahmen des Themas der vorliegenden Arbeit ist daher die Untersuchung des Begriffs der Bösgläubigkeit. Mit Inkrafttreten des Markengesetzes von 1994 wurde die bösgläubige Markenanmeldung als Löschungsgrund eingeführt, der im Löschungsverfahren gemäß § 50 Abs. 1 Nr. 4 MarkenG a.F. geltend gemacht werden konnte. Seit dem 01.06.2004 befindet sich in § 8

---

1 Instruktiv zur Thematik z.B. *Ströbele*/Hacker, MarkenG, § 8, Rn. 830.

2 Zur Herkunftsfunktion unter Geltung des WZG: BGH, GRUR 1991, 782, 784 – *Verbandszeichen*; BGH, GRUR 1987, 525, 526 – *LITAFLEX*; BGH, GRUR 1966, 375, 377 – *Meßmer-Tee II*; BGH, GRUR 1951, 324, 326 – *Piek Fein*; zur Herkunftsfunktion unter Geltung des MarkenG: EuGH, GRUR 2005, 1042 (Rn. 23f.) – *THOMSON LIFE*; EUGH, GRUR 2003, 55 (Rn. 48f.) – *Arsenal FC*; EuGH, GRUR 2002, 804 (Rn. 29–32) – *Philips*; zu den anderen Markenfunktionen: EuGH, GRUR 2009, 756 (Rn. 63) – *L'Oréal*/Bellure; EuGH GRUR 2003, 55 [Rn. 58] – *Arsenal Football Club*.

3 St. Rspr.: BGH, RUR 2006, 850 [Rn. 41] – *FUSSBALL WM 2006*; BGH, GRUR 2005, 581 582 – *The Colour of Elégance* jeweils m.w.N.

Abs. 2 Nr. 10 MarkenG zusätzlich das absolute Schutzhindernis der bösgläubigen Markenanmeldung, das bereits im Eintragungsverfahren Berücksichtigung findet. Der Löschungsgrund des § 50 Abs. 1 MarkenG besteht daneben fort. Diese Rechtsnormen des MarkenG beruhen auf der MarkenRL, welche es den Mitgliedstaaten der Europäischen Union erlaubt, ein Eintragungshindernis und einen Löschungsgrund zur Bekämpfung bösgläubigen Markenanmeldungen in die nationalen Markengesetze aufzunehmen. Fraglich ist aber, wann eine bösgläubige Markenanmeldung vorliegt. Dabei gilt es, sowohl die in der deutschen Rechtsprechung und Literatur hierzu gebildeten Fallgruppen als auch die Einflüsse des Gemeinschafsrechts zu untersuchen. Der EuGH befasste sich erstmals im Rahmen der „Goldhasen"-Entscheidung im Jahre 2009 mit der Auslegung des Begriffs der Bösgläubigkeit.[4] Zu untersuchen ist folglich, welche Schlüsse aus der Entscheidung des EuGH zu ziehen sind und ob diese Entscheidung vielleicht sogar zu einer vollkommenen Abkehr von der fallgruppenorientierten Auslegung durch die deutschen Gerichte und die deutsche Markenrechtsliteratur führen muss. Dabei soll auch – für das nationale Markenrecht und das Unionsmarkenrecht – geklärt werden, wann die bösgläubige Absicht vorliegen muss. Der BGH ist der Auffassung, der Zeitpunkt der Eintragung sei entscheidend.[5] Eine andere Auffassung, wonach nur der Zeitpunkt der Markenanmeldung berücksichtigt werden muss, wird von der Literatur[6] und dem EuGH[7] vertreten.

Zu untersuchen ist des Weiteren die Entwicklung des Begriffs der Bösgläubigkeit im Markenrecht.[8] Heute sind Marken oftmals wertvolle immaterielle Vermögensgegenstände eines Unternehmens.[9] Das war aber nicht immer so, denn zunächst konnten Marken nicht frei gewählt werden. Vor allem die Bindung der Marke an einen bestimmten Gewerbebetrieb sollte den Missbrauch verhindern.

4 EuGH, GRUR 2009, 763 – *Lindt & Sprüngli/Franz Hauswirth.*

5 BGH, GRUR 2009, 780 [Rn. 11] – *Ivadal.*

6 *Bous* in: Ekey/Klippel/Bender, MarkenR, § 50, Rn. 10; *Ingerl/Rohnke*, MarkenG, § 50, Rn. 13; *Ströbele* in: Ströbele/Hacker, MarkenG, § 50, Rn. 11; *Ströbele*, MarkenR 2010, 409, 410.

7 EuGH, GRUR 2009, 763 [Rn. 35] – *Lindt & Sprüngli/Franz Hauswirth.*

8 Vor der Einführung des Begriffs der Bösgläubigkeit im Markenrecht wurden die Begriffe des Rechtsmissbrauchs (§ 242 BGB) sowie der wettbewerbswidrigen bzw. sittenwidrigen Markenanmeldung (§§ 1 UWG a.F., 826 BGB) verwendet.

9 Im Jahr 2013 führte die Marke „Apple" mit einem Wert von 185 Mrd. Dollar die Rangliste der wertvollsten Wortmarken vor „google" (113,7 Mrd. Dollar), „IBM" (112,5 Mrd. Dollar), „McDonald's" (95,2 Mrd. Dollar) und „Coca Cola" (78,4 Mrd. Dollar) an (Quelle: http://www.wiwo.de/unternehmen/dienstleister/rangliste-2013-die-wertvollsten-marken-der-welt/8236504.html).

Den Einfluss der Einführung des Benutzungszwangs im Markenrecht auf die Anmeldung von Marken in bösgläubiger Absicht gilt es ebenso zu untersuchen wie die Abschaffung des Akzessorietätsprinzips, d.h. der Bindung einer Marke an einen Gewerbebetrieb. Denn erst mit der Lösung der Marke vom Gewerbebetrieb des Unternehmers bot sich die Möglichkeit zur Anmeldung von Marken in Spekulations- oder Behinderungsabsicht.[10]

Es ist darüber hinaus zu fragen, welcher Anwendungsbereich für die lauterkeitsrechtlichen Vorschriften der §§ 3, 4 Nr. 10 UWG nach der Einführung der §§ 8 Abs. 2 Nr. 10, 50 Abs. 1 MarkenG bleibt. Während sich die Betroffenen früher hauptsächlich über die lauterkeitsrechtlichen Vorschriften gegen unlautere Warenzeichenanmeldungen zur Wehr setzten, könnten diese Vorschriften nach der Einführung der speziellen markenrechtlichen Normen subsidiär geworden sein. Da die Prüfung auf absolute Eintragungshindernisse im Rahmen des § 8 Abs. 2 Nr. 10 MarkenG im öffentlichen Interesse erfolgt, lauterkeitsrechtliche Vorschriften aber auch Individualinteressen schützen, könnte es hier zu einem Konflikt zwischen privaten und öffentlichen Interessen kommen, was gegen eine parallele Anwendbarkeit der lauterkeitsrechtlichen Vorschriften spräche. Im Rahmen des Löschungsverfahrens dürfte ein solcher Konflikt aber nicht auftreten, wenn die Löschung bösgläubiger Marken ebenfalls im Individualinteresse erfolgt. Aus diesem Grund ist das Verhältnis lauterkeitsrechtlicher und markenrechtlicher Vorschriften im Bereich der bösgläubigen Markenanmeldung zu untersuchen.

II. Forschungsstand

Das Thema der bösgläubigen Markenanmeldung hat in den letzten fünfzehn Jahren sowohl die Gerichte[11] als auch die Wissenschaft[12] vermehrt beschäftigt. Die bereits bestehenden Auslegungskriterien wurden hinsichtlich einzelner Details konkretisiert. Im Jahr 2009 wurde der Begriff der Bösgläubigkeit erstmals durch den EuGH im Rahmen des Vorlageverfahrens konkretisiert.[13] Dabei nannte der

10 Vgl. hierzu BGH, GRUR 2001, 242, 244 – *Classe E.*

11 Z.B. EuGH, GRUR 2009, 763 – *Lindt & Sprüngli/Franz Hauswirth*; BGH, GRUR 2008, 917 – *EROS*; BGH, GRUR 2008, 621 – *AKADEMIKS*; BPatG, GRUR 2010, 435 – *Käse in Blütenform III*; BPatG, GRUR 2010, 431 – *Flasche mit Grashalm.*

12 *Schosser*, Bösgläubige Markenanmeldung, 2013; *Ticic*, Bösgläubige Markenanmeldung, 2010; *Brötje*, Bösgläubige Markenanmeldung, 2003; *Wiedmann*, Rechtsmissbrauch, 2002.

13 EuGH, GRUR 2009, 763 – *Lindt & Sprüngli/Franz Hauswirth.*

EuGH Kriterien, die für das Vorliegen einer bösgläubigen Markenanmeldung sprechen. Die Thematik der bösgläubigen bzw. rechtsmissbräuchlichen Markenanmeldung wurde außerdem bereits in verschiedenen Dissertationen untersucht. Die etwas älteren Arbeiten von Wiedmann und Brötje betreffen die Rechtslage vor der Einführung des § 8 Abs. 2 Nr. 10 MarkenG als absolutes Schutzhindernis. Wiedmann untersucht dabei die Fallgruppen des Rechtsmissbrauchs im Markenrecht. Brötje setzt sich ebenfalls mit den Fallgruppen auseinander, sieht den Schwerpunkt Ihrer Bearbeitung jedoch im rechtsvergleichenden Bereich (Österreich, Benelux-Staaten und Vereinigtes Königreich). Beide Arbeiten sind aufgrund der aktuellen Entwicklungen in der Gesetzgebung und der Rechtsprechung nicht mehr auf dem neuesten Stand. Eine weitere Dissertation von Ticic befasst sich zwar mit der bösgläubigen Markenanmeldung, behandelt aber hauptsächlich den Schutz der Namen von bekannten Persönlichkeiten und von gemeinfreien Werken. Der Schwerpunkt dieser Arbeit ist zudem nicht der Darstellung der Entwicklung der bösgläubigen Markenanmeldung gewidmet. Die Rechtslage vor der Einführung des Markengesetzes sowie die Untersuchung der „Goldhasen"-Entscheidung und deren Auswirkung auf die nationale Rechtsprechung bleiben bei dieser Arbeit unberücksichtigt. Die letzte zu dieser Problematik erschienene Arbeit von Schosser befasst sich hauptsächlich mit der Bedeutung des Benutzungswillens für die Auslegung des Begriffs der Bösgläubigkeit, bietet aber im Übrigen wertvolle Hinweise für die vorliegende Arbeit. Darüber hinaus bietet keine der vorliegenden Arbeiten eine Untersuchung der historischen Entwicklung der bösgläubigen Markenanmeldung bis zum heutigen Tage.

III. Gang der Untersuchung

Im ersten und zweiten Kapitel befasst sich die vorliegende Arbeit mit der Geschichte der bösgläubigen Markenanmeldung. Zum besseren Verständnis der aktuellen Auslegung des Begriffs der Bösgläubigkeit erfolgt ein Rückblick auf die Möglichkeiten zur bösgläubigen Markenanmeldung unter der Geltung des Markenschutzgesetzes von 1874, des Gesetzes zum Schutz von Waarenbezeichnungen von 1894, des Bürgerlichen Gesetzbuchs und des Warenzeichengesetzes von 1936 untersucht. Bei der Analyse der Möglichkeit zur bösgläubigen Markenanmeldung unter Geltung des Warenzeichengesetzes von 1936 liegt das Hauptaugenmerk auf der beginnenden Fallgruppenbildung. Insbesondere der Einfluss der Lockerung des Akzessorietätsprinzips ist hierbei zu untersuchen.

Im Anschluss daran widmet sich die Arbeit im dritten und vierten Kapitel der aktuellen Gesetzeslage im MarkenG und in der UMV. Hierbei ist zunächst die Beschränkung des Prüfungsumfangs auf ersichtlich bösgläubige

Markenanmeldungen und hierbei vor allem der Umfang der Ersichtlichkeitsprüfung im Eintragungs- und Amtslöschungsverfahren zu untersuchen. Einen weiteren Schwerpunkt der Bearbeitung in diesem Abschnitt stellt die Auseinandersetzung mit der Frage des maßgeblichen Zeitpunkts für das Vorliegen einer bösgläubigen Absicht dar. Daneben stellt sich die Frage der Verfassungskonformität des Tatbestandes der Bösgläubigkeit in § 8 Abs. 2 Nr. 10 MarkenG und der zur Auslegung von der Rechtsprechung praktizierten Einordnung von Fallgestaltungen in Fallgruppen. Hinsichtlich der UMV ist zu fragen, ob die allgemeinen zivilrechtlichen und die lauterkeitsrechtlichen Vorschriften des deutschen Rechts, wie etwa § 242 BGB und § 3 UWG, zur Beschränkung der Rechte einer Unionsmarke herangezogen werden können.

Das fünfte Kapitel beginnt mit einer Herleitung des Begriffs der Bösgläubigkeit. Da es sich hierbei um einen unionsrechtlich geprägten Begriff handelt, befasst sich dieser Abschnitt schwerpunktmäßig mit der Rechtsprechung des EuGH und insbesondere dessen „Goldhasen"-Entscheidung. Darauf folgt im sechsten Kapitel eine Untersuchung der unter Geltung des MarkenG anerkannten Fallgruppen der deutschen Rechtsprechung zur Auslegung des Begriffs der Bösgläubigkeit. Dabei werden die objektiven und subjektiven Merkmale der anerkannten Fallgruppen, nämlich der Spekulationsmarke, der Sperrmarke und der Markenerschleichung herausgearbeitet. Bei Fallgruppen der Spekulationsmarke und Sperrmarke wird das Hauptaugenmerk auf die subjektiven Merkmale gelegt, die der Markenanmeldung den bösgläubigen Charakter verleihen. Bei der Fallgruppe der Markenerschleichung ist hingegen zu prüfen, ob diese überhaupt unter den Begriff der Bösgläubigkeit zu fassende Sachverhalte abdeckt oder vielmehr von der Rechtsprechung nur als Auffangtatbestand für die Löschung solcher Marken verwendet wird, die auf anderem Wege, etwa wegen der eingetretenen Bestandskraft, nicht mehr zu beseitigen sind.

Abschließend widmet sich die Arbeit im siebten Kapitel der Beurteilung bösgläubiger Markenanmeldungen aus außermarkenrechtlicher Sicht. Dabei soll zunächst generell untersucht werden, inwiefern außermarkenrechtliche Vorschriften zur Anspruchsbegründung oder zur Anspruchsbegrenzung anwendbar sind. Hierbei beschränkt sich die Darstellung auf lauterkeitsrechtliche, bürgerlich-rechtliche und handelsrechtliche Vorschriften, deren Anwendbarkeit es neben den Normen des Markenrechts zu klären gilt. Speziell für bösgläubige Markenanmeldungen ist letztlich zu untersuchen, ob weiterhin Raum für die Anwendbarkeit von §§ 3, 4 Nr. 10 UWG, § 826 BGB und § 242 BGB neben den spezielleren markenrechtlichen Vorschriften in § 8 Abs. 2 Nr. 10 MarkenG und § 50 Abs. 1 MarkenG besteht.

Erstes Kapitel: Die bösgläubige Warenzeichenanmeldung vor Inkrafttreten des WZG

I. Die bösgläubige Warenzeichenanmeldung im Markenschutzgesetz von 1874

Das erste einheitliche deutsche Regelwerk über Warenzeichen[14], das deutsche Markenschutzgesetz vom 30. November 1874, trat im deutschen Kaiserreich am 01. Mai 1875 in Kraft.[15] § 1 des Markenschutzgesetzes lautet:

> „Gewerbetreibende, deren Firma im Handelsregister eingetragen ist, können Zeichen, welche zur Unterscheidung ihrer Waaren von den Waaren anderer Gewerbetreibenden auf den Waaren selbst oder auf deren Verpackung angebracht werden sollen, zur Eintragung in das Handelsregister des Ortes ihrer Hauptniederlassung bei dem zuständigen Gerichte anmelden."

Das Markenschutzgesetz stellte das Warenzeichen gleichberechtigt neben die Warenbezeichnung mit Namen und Firma.[16] Das Gesetz sah unter anderem die Möglichkeit zur Registrierung von Warenzeichen vor, die auf der Ware oder der Verpackung der Ware zur Unterscheidung von den Waren anderer Gewerbetreibender angebracht wurden.[17] Gemäß § 3 Abs. 2 MSchG war aber lediglich die Eintragung von Bildzeichen und Wort-/Bildzeichen (d.h. von Warenzeichen, die figürliche Elemente enthielten) als Warenzeichen zugelassen.[18] Reine Wortzeichen waren unzulässig.[19] Daneben waren Zeichen, die nur aus Zahlen, Buchstaben, öffentlichen Wappen oder Ärgernis erregenden Zeichen bestanden, von der Eintragung ausgeschlossen. Dies sollte dem Schutz des öffentlichen Interesses dienen.

---

14 Entgegen dem Gesetzestitel wurde der Begriff „Marke" nicht verwendet. Das MSchG enthielt Regelungen zur Bezeichnung von Waren durch Warenzeichen, Zeichen sowie den Privat- oder Firmennamen (*Zapfe*, Markenrecht, 16ff).

15 RGBl. 1874, 143.

16 *Wadle*, GRUR 1979, 383, 388.

17 *Klippel* in: Ekey/Klippel/Bender, MarkenG, Einl. 1, Rn. 8; Markenschutz für gewerbliche oder unkörperliche Leistungen war hingegen nicht möglich (*Kohler*, Recht des Markenschutzes, 90).

18 Ausführlich zur Zulassung von Bildzeichen: *Zapfe*, Markenrecht, 21ff.

19 *Baehr*, Entwicklung des Markenrechts, 35.

Das Markenschutzgesetz gewährte dem Inhaber des Warenzeichens Rechtsschutz über Normen mit zivilrechtlichem Charakter. Von einer deliktsrechtlichen Generalklausel, vergleichbar dem Art. 1382 Code Civil, wurde abgesehen.[20] Dennoch konnte der Inhaber eines Warenzeichens im Falle des Missbrauchs seines Warenzeichens Schadensersatz und Buße verlangen (§ 14) oder den Gebrauch im Wege der Klage verbieten lassen (§ 13).[21] Daneben blieb § 287 des Reichsstrafgesetzbuchs von 1871, der das fälschliche Anbringen des Wohn- oder Fabrikorts eines inländischen Fabrikunternehmers, Produzenten oder Kaufmanns auf den Waren eines Anderen unter Strafe stellte, vorübergehend in Kraft.[22] Die Abwehr von Zeichenverletzungen erfolgte fortan aber nicht mehr nur über strafrechtliche Vorschriften.

Rechtsmissbräuchliche oder sittenwidrige Markenanmeldungen waren nicht verboten. Das Markenschutzgesetz enthielt keine Regelung zur Abwehr solcher Zeichenanmeldungen. Selbst dann, wenn das Zeichen allein zum Zwecke der Schädigung des Mitbewerbers angemeldet wurde, war die Eintragung nicht unzulässig. Das Reichsgericht sah darin ein eigenes Verschulden des benachteiligten Wettbewerbers, da er das Zeichen selbst hätte rechtzeitig anmelden können.[23] Indem er es nicht getan habe, erleide er „die Folgen seiner eigenen Passivität". Die unredlichen Motive des Anmeldenden ließ das Reichsgericht unberücksichtigt. Aus diesem Grund wurde im Geltungsbereich des Code Civil versucht, ein solches Verhalten über die Anwendung des Art. 1382 Code Civil zu unterbinden. Hierbei war aber das Verhältnis des Code Civil zum Markenschutzgesetz umstritten. Das Verhältnis des Markenschutzgesetzes zum allgemeinen Zivilrecht untersuchte das Reichsgericht im Rahmen der berühmten „Apollinarisbrunnen"-Entscheidung.[24] Darin verfolgte die Klägerin, welche ihr Mineralwasser unter der Bezeichnung „Apollinarisbrunnen" in den Verkehr brachte, einen Anspruch gegen die Beklagte, die ihr Wasser unter der Bezeichnung „Apollinisbrunnen" vertrieb. Die Bezeichnung „Apollinarisbrunnen"

20 Art. 1382 des Code Civil lautet: „Tout fait quelconque de l'homme, qui cause à autrui un dommage, oblige celui par la faute duquel il est arrivé à le réparer" (dt. Übersetzung: „Jedwede Handlung eines Menschen, die einem Anderen Schaden verursacht, verpflichtet diejenigen, durch deren Verschulden derselben eingetreten ist, ihn zu ersetzen").

21 *Klippel* in: Ekey/Klippel/Bender, MarkenG, Einl. 1, Rn. 8; *Wadle*, GRUR 1979, 383, 388.

22 Das Reichsstrafgesetzbuch [RStG] von 1876 (RGBl. 1876, 39 ff.) enthielt keine Vorschrift mehr über den strafbaren Zeichengebrauch. § 14 des Markenschutzgesetzes ersetzte § 287 RStG.

23 RGZ 18, 93, 95 – *van Houten*.

24 RGZ 3, 67, 69 – *Apollinarisbrunnen*.

genügte den Bestimmungen des Markenschutzgesetzes nicht und war daher nicht geschützt. Daher stützte sich die Klägerin auf Art. 1382 Code Civil und warf der Beklagten vor, sie bezwecke eine Täuschung des Publikums zu ihrem Nachteil. Das Reichsgericht entschied, dass das Markenschutzgesetz abschließend sei und den Schutz der Warenbezeichnungen einheitlich regele.[25] Ein Rückgriff auf Art. 1382 Code Civil scheide daher aus.

Es bestanden daher Rechtsschutzlücken für die von einer sittenwidrigen bzw. rechtsmissbräuchlichen Markenanmeldung Betroffenen, da beim Nichteingreifen des Markenschutzgesetzes andere Normen (insbesondere diejenigen des jeweiligen allgemeinen Zivilrechts) zur Bekämpfung dieser Markenanmeldungen nicht herangezogen werden durften. Dies wurde von Josef Kohler heftig kritisiert, der die Anwendung der allgemeinen zivilrechtlichen Grundsätze, wie Treu und Glauben, gegen unlauteres Wettbewerbsverhalten forderte.[26]

II. Das Gesetz zum Schutz von Waarenbezeichnungen von 1894

Zwanzig Jahre nach dem Inkrafttreten des Markenschutzgesetzes wurde das Gesetz zum Schutz der Waarenbezeichnungen (WBezG) erlassen, welches am 1. Oktober 1894 in Kraft trat.[27] Die wesentliche Neuerung des Gesetzes war die Bildung einer zentralen Zeichenbehörde beim Reichspatentamt gemäß § 2 Abs. 1 WBezG. Außerdem war nun – anders als im Markenschutzgesetz von 1874 – die Eintragung eines reinen Wortzeichens möglich.[28] § 4 Nr. 1 WBezG schloss nur noch die Eintragung von Zeichen aus, welche ausschließlich aus Zahlen, Buchstaben oder Wörtern bestanden, die Angaben über Eigenschaften der Ware enthielten.[29] Solche reinen Zahlen- oder Buchstabenzeichen konnten aber zulässig werden, wenn ihnen ein Bildelement als wesentlicher Bestandteil

---

25 Zu den Gründen *Klippel* in: HK-Wettbewerbsrecht, Einl. 1, Rn. 13.

26 *Kohler*, Recht des Markenschutzes, 60.

27 RGBl. 1894, 441.

28 Die Beschränkung auf Bild oder Wort-/Bildzeichen wurde von den deutschen Produzenten vor allem im Hinblick auf den zunehmenden internationalen Handel als unzureichend angesehen (*Zapfe*, Markenrecht, 70).

29 Dort heißt es: „Die Eintragung in die Rolle ist zu versagen für Freizeichen, sowie für Waarenzeichen, 1. welche ausschließlich in Zahlen, Buchstaben oder solchen Wörtern bestehen, die Angaben über Art, Zeit und Ort der Herstellung, über die Beschaffenheit, über die Bestimmung, über Preis-, Mengen- oder Gewichtsverhältnisse der Waare enthalten; 2. welche in- oder ausländische Staatswappen oder Wappen eines inländischen Ortes, eines inländischen Gemeinde- oder weiteren Kommunalverbandes enthalten; 3. welche Aergerniß erregende Darstellungen oder solche Angaben enthalten, die

hinzugefügt wurde.[30] Das Warenzeichen konnte nach § 7 WBezG nur zusammen mit dem zugehörigen Geschäftsbetrieb übertragen werden. Hierzu führte das Reichsgericht 1904 in seiner „Venus"-Entscheidung aus, das Warenzeichen finde „seine bestimmungsgemäße Verwendung im eigenen Geschäftsbetrieb seines Inhabers; es ist Herkunftszeichen bezüglich des Geschäftsbetriebes und unlösbar mit diesem verbunden".[31]

Aus dem WBezG selbst konnte der Betroffene einer sittenwidrigen bzw. missbräuchlichen Markenanmeldung keine Rechte herleiten. Der Rückgriff auf wettbewerbsrechtliche oder allgemeine zivilrechtliche Vorschriften wurde zwar im Rahmen des Gesetzentwurfs diskutiert.[32] Bei der Einführung des WBezG war aber (noch) die Auffassung vorherrschend, dass zwischen dem Warenzeichenschutz und der Verhinderung unlauteren Wettbewerbs kein unmittelbarer Zusammenhang bestehe.[33]

III. Das Bürgerliche Gesetzbuch von 1900

Nach der Einführung des Bürgerlichen Gesetzbuchs am 01. Januar 1900 in der Fassung vom 18. August 1896 standen dem Betroffenen neben den Vorschriften des WBezG die Vorschriften des BGB, wie etwa die §§ 226, 826 oder der Einwand des Rechtsmissbrauchs gemäß § 242, zur Verfügung. Als Rechtsmissbrauch bezeichnete man die zu missbilligende Ausübung eines Rechts.[34] Die berechtigte Berufung auf den Einwand des Rechtsmissbrauchs durch den Anspruchsgegner führte zu einer Beschränkung der Rechte des Anspruchsinhabers.

1. Anwendbarkeit neben warenzeichenrechtlichen Vorschriften

Nach der Einführung des BGB im Jahr 1900 wurden die Vorschriften des WBezG zunächst weiterhin als abschließend angesehen. Die Rechtsprechung lockerte ihre strenge Auffassung aber Schritt für Schritt. Bereits 1901 führte das Reichsgericht in einer Entscheidung aus, dass das WBezG im Kontext der gesamten Rechtsordnung gesehen werden müsse und ein Warenzeichen daher nicht

---

ersichtlich den thatsächlichen Verhältnissen nicht entsprechen und die Gefahr einer Täuschung begründen."

30 *Baehr*, Entwicklung des Markenrechts, 66.

31 RGZ 56, 369, 370 – *Venus*.

32 Kommissionsbericht zum Entwurf WBezG, Bl. PMZ, 1894, 41, 42.

33 Daher auch die ablehnende Haltung zum oben genannten Vorschlag, Kommissionsbericht zum Entwurf WBezG, Bl. PMZ, 1894, 41, 51.

34 *Siebert*, Unzulässige Rechtsausübung, 73f.

rechtswidrig sein oder in Rechte Anderer eingreifen dürfe.[35] Eine wesentliche Änderung der Rechtsprechung des Reichsgerichts erfolgte im Jahr 1907 durch die „Sansibar"-Entscheidung.[36] Darin brachte die Beklagte des Warenzeichenverletzungsverfahrens als Widerklägerin vor, die Klägerin habe ihr Zeichen in der Absicht angemeldet, ihren Waren das Aussehen der Waren der Beklagten zu geben. Die angesprochenen Verkehrskreise sollten glauben, ein Produkt der Klägerin vor sich zu haben. Damit versuche die Klägerin die Beklagte vom Markt zu verdrängen. Dies müsse als vorsätzliche Schädigung im Sinne des § 826 BGB angesehen werden. Das Gericht stimmte der Ansicht der Beklagten zu und entschied, dass es bestimmte Fälle geben könne, bei denen die Markeneintragung nach Art und Weise ihrer Erlangung gegen die guten Sitten verstoße. Es sprach der Beklagten einen Anspruch auf Unterlassen des Gebrauchs des eingetragenen Zeichens und auf Löschung des Zeichens der Klägerin zu. Zum Verhältnis des WBezG zum BGB äußerte sich das Reichsgericht folgendermaßen:

> „Die Klägerin bezweifelt zwar, dass hier § 826 BGB zur Anwendung gebracht werden könne, weil sie nur von einem ihr nach § 12 WZG [= Waarenbezeichnungsgesetz] zustehenden Recht Gebrauch mache und ihr auch die Befugnis zu beliebiger Anmeldung zustehen. Allein das Waarenbezeichnungsgesetz ist, wenn es auch das ihm zugewiesene Gebiet allein regelt, ein Sondergesetz und will die Grundsätze des Bürgerlichen Gesetzbuchs, welche Schutz gegen illoyale Handlungen im Verkehrsleben bezwecken, den Eingang nicht verschließen."

Nach der „Sansibar"-Entscheidung des Reichsgerichts konnten die Betroffenen einer sittenwidrigen Warenzeichenanmeldung gegen eine solche über die Vorschriften des Bürgerlichen Gesetzbuchs vorgehen. Problematisch an dem Vorgehen über § 826 BGB waren allein die hohen Anforderungen an den subjektiven Tatbestand. Dieser erforderte Schädigungsvorsatz, an dessen Nachweis in der Regel hohe Anforderungen gestellt waren. Daher wurden weitere Rechtsgrundlagen für die Geltendmachung einer rechtsmissbräuchlichen Warenzeichenanmeldung gesucht. In Betracht kamen hierfür § 226 BGB und der allgemeine Einwand des Rechtsmissbrauchs gemäß § 242 BGB. Nach dem sog. Schikaneverbot des § 226 BGB war die Ausübung eines Recht unzulässig, wenn dies nur den Zweck haben konnte, einem Anderen Schaden zuzufügen. Die Schadenszufügung musste bei einer objektiven Betrachtung der Gesamtsituation einziger

35 RGZ 48, 114, 119ff.

36 RGZ 66, 236, 240. – *Sansibar;* dem folgend: RG, GRUR 1928, 656, 657 – *Kavsan*; RG, GRUR 1927, 124, 125 – Batschari-Krone; RGZ 97, 302, 305 – *Strahlenkranz*; RGZ 97, 90, 93 – *Pecho.*

Zweck des Handelns sein.[37] Sofern der Rechteinhaber neben der Schädigungsabsicht ein berechtigtes Interesse verfolgte, griff § 226 BGB nicht ein.[38] Schon vor der äußeren Sachlage musste die bloße Möglichkeit anderer Beweggründe ausgeschlossen sein.[39] Der Eintritt eines Vermögensschadens war nicht erforderlich, so dass die Zufügung eines rein immateriellen Schadens genügte.[40] Im Gegensatz zu den Inhaltsschranken der §§ 134, 138, 157 BGB verhindertem aber weder § 226 BGB noch § 242 BGB die Entstehung des Markenrechts. Allein dessen Ausübung wurde rechtlich nicht geschützt. Aufgrund der strengen – vor allem subjektiven – Anforderungen war der Anwendungsbereich des § 226 BGB, anders als der des § 242 BGB, sehr gering.

2. Die Folgen des Rechtsmissbrauchs eines Warenzeichens

Die Rechtsfolge des Rechtsmissbrauchs gemäß § 242 BGB bestand in der Unzulässigkeit der Ausübung eines Rechts oder Geltendmachung einer Rechtsposition.[41] Nur solche Handlungen, die sich in den Grenzen von Treu und Glauben hielten, wurden als Inhaltsverwirklichung eines Rechts angesehen.[42] Der Rechtsmissbrauchseinwand des § 242 BGB bot für missbräuchliche Warenzeichenanmeldungen demnach eine neue Rechtsfolge, die etwa das WBezG von 1894 noch nicht kannte. Anders als bei den im WBezG vorgesehenen Rechtsfolgen eines Verstoßes (Löschung u.a.) bot der Rechtsmissbrauchseinwand die Möglichkeit zur Beschränkung der Rechte aus einem missbräuchlich angemeldeten Warenzeichen. Dem von einer rechtsmissbräuchlichen Markenanmeldung Betroffenen stand damit ein Verteidigungsmittel gegen Ansprüche aus solchen missbräuchlichen Zeichen zur Verfügung. Ein darüber hinausgehender Angriff auf das missbräuchliche Warenzeichen war über den Rechtsmissbrauchseinwand nicht möglich. Der Bestand eines rechtsmissbräuchlichen Zeichens konnte über § 242 BGB nicht angegriffen werden.

---

37 RGZ 73, 253; RGZ 54, 434; *Siebert*, Unzulässige Rechtsausübung, 106f.

38 BGH, BB 1953, 373, 374.

39 *Siebert*, Unzulässige Rechtsausübung, 108.

40 RGZ 72, 253.

41 *Siebert*, Unzulässige Rechtsausübung, 91; aus der neueren Literatur: Bamberger/Roth/*Grüneberg/Sutschet*, BGB, § 242, Rn. 52; MüKo/*Roth*, BGB, § 242, Rn. 176; Staudinger/*Looschelder/Olzen*, BGB, § 242, Rn. 226.

42 *Siebert*, Unzulässige Rechtsausübung, 91.

IV. Die Entwicklung nach der Einführung des UWG im Jahr 1909

Nachdem das erste Gesetz zur Bekämpfung des unlauteren Wettbewerbs am 01.07.1896 in Kraft getreten war, änderte sich an der wettbewerbsrechtlichen Beurteilung von sittenwidrigen bzw. rechtsmissbräuchlichen Markenanmeldungen zunächst nichts. Da das Gesetz nur einzelne wettbewerbswidrige Handlungen verbot, erwies es sich als unzureichend.[43] Aus diesem Grund wurde bereits im Jahre 1909 ein neues Gesetz gegen den unlauteren Wettbewerb verabschiedet.[44] Das Gesetz zur Bekämpfung des unlauteren Wettbewerbs enthielt nun – anders als das UWG von 1896 – eine wettbewerbsrechtliche Generalklausel in § 1 UWG a.F.:

> „Wer im geschäftlichen Verkehre zu Zwecken des Wettbewerbes Handlungen vornimmt, die gegen die guten Sitten verstoßen, kann auf Unterlassung und Schadensersatz in Anspruch genommen werden."

Es entwickelte sich die Auffassung, Zeichenrechte seien nur ein Ausschnitt aus dem allgemeinen Wettbewerbsrecht.[45] Danach konnte die Benutzung eines Zeichens zwar markenrechtlich zulässig sein, aber trotzdem gegen Wettbewerbsrecht verstoßen. In seiner „Pecho"-Entscheidung führte das RG aus, dass „das formale Zeichenrecht nur ausgeübt werden darf innerhalb der Grenzen, die das Recht höherer Ordnung gibt, insbesondere nur innerhalb der Grenzen des lauteren Wettbewerbs und guter Sitten, in dessen Dienst auch das formale Zeichenrecht steht, nicht zur Verübung unlauterer Handlungen und Verletzungen immaterieller Rechte".[46] Dem eingetragenen Warenzeichenrecht wurde folglich nicht mehr der unbedingte Vorrang vor dem Wettbewerbsrecht eingeräumt.[47] In diesem Sine entschied das Reichsgericht, dass die Ausstattung[48]

---

43 *Baehr*, Entwicklung des Markenrechts, 106.

44 RGBl. 1909, 499.

45 RGZ 120, 325, 330 – *Sonnengold*; RGZ 111, 192, 197 – *Goldina*; RGZ, 106, 250, 254 – *Fritz Reuter*; RGZ 97, 90, 93 – *Pecose;* vgl. hierzu auch *Baumbach/Hefermehl*, WZG, Einl. Rn. 44.

46 RGZ 97, 91, 93 – *Pecho*.

47 Gegen die „Höherbewertung" des wettbewerbsrechtlichen Gedankens in bestimmten Konfliktfällen wandte sich *Ulmer*, Unlauterer Wettbewerb, 67. Er stützte seine Kritik auf die Gesetzesbegründung zum WBezG, die einen Rückgriff auf wettbewerbsrechtliche Normen ausschloss.

48 Unter Ausstattung wurde die Aufmachung von Waren und Dienstleistungen verstanden, deren Schutz durch die Erlangung der Verkehrsgeltung entstand. Ausstattungsfähig waren u.a. die Formgestaltung einer Ware oder die besondere Farbe der Ware (RG, GRUR 1933, 39 – *Shell*; RG, GRUR 1926, 594 – *Ortizonflasche*; *Busse/Starck*, WZG, § 25, Rn. 2ff., 10ff.)

gegenüber der späteren Warenzeicheneintragung schützenswert sei, falls die Eintragung allein mit dem Ziel erfolge, dem Inhaber der Ausstattung Konkurrenz zu machen und diesen zu schädigen. Danach können „die älteren vor dem BGB (§ 826) und dem UWG (§ 1) ergangenen Entscheidungen RGZ, Band 20, S. 71 und Band 25, S. 120, nach denen die Ausstattung gegenüber der späteren Eintragung auch dann keinen Schutz genießen soll, wenn die Eintragung erfolgt ist, um den Inhaber der Ausstattung Konkurrenz zu machen und ihn zu schädigen, nicht mehr als maßgebend erachtet werden. [...] Soweit durch die formalen Bestimmungen des WZG ein unlauteres Verhalten ermöglicht werden könnte, wird dieses Ergebnis durch die §§ 1 UWG, 826 BGB verhütet".[49] Damit wurde der wettbewerbliche Eigenwert einer Marke anerkannt, so dass die Anmeldung eines vorbenutzten Zeichens als unzulässig anzusehen war.

Später entwickelte sich die Rechtsprechung des Bundesgerichtshofs dahin, dass die Anmeldung eines Zeichens unzulässig sei, wenn diese nur vorgenommen wurde, um die dadurch geschaffene Formalposition ohne sachlich gerechtfertigten Grund zur Erreichung eines verwerflichen Ziels auszunutzen.[50] Folglich konnte dem Inhaber des formalen Markenrechts der Einwand der Sittenwidrigkeit entgegen gehalten werden. Damit war der Anspruch des Zeicheninhabers auf Unterlassen des Gebrauchs des Zeichens nicht mehr durchsetzbar. Darüber hinaus hatte der Vorbenutzer des Zeichens sogar einen Anspruch auf Löschung des Zeichens aus § 1 UWG a.F. Recht schnell entwickelten sich Fallgruppen, welche die einzelnen Unlauterkeitstatbestände unter § 1 UWG a.F. zusammenfassen sollten. Dabei war der Übergang zwischen den Fallgruppen fließend. Zu diesen Fallgruppen gehörten zunächst der Angriff auf einen fremden Besitzstand und die Verhinderung ausländischer Konkurrenz.

Der Angriff auf einen fremden Besitzstand wurde in der Anmeldung eines nachgeahmten Kennzeichens gesehen. Der wettbewerbsrechtliche Schutz konnte nur dann herangezogen werden, wenn ein zeichenrechtlicher Schutz nicht eingriff. Dazu kam es, wenn eine Kennzeichnung mangels Eintragung oder Verkehrsgeltung noch keinen Zeichenschutz erlangt hatte, aber ein sittenwidriges Verhalten des Anmelders des nachahmenden Zeichens vorlag.[51] Allein die bloße Kenntnis der Vorbenutzung machte die Anmeldung eines identischen oder eines

---

49 RGZ 106, 250, 254 – *Fritz Reuter*.

50 BGH, GRUR 1980, 110, 111 – *Torch*; BGH, GRUR 1970, 138, 139 – *Alemite*; BGH, GRUR 1967, 490, 492 – *Pudelzeichen*.

51 *Brötje*, Bösgläubigkeit, 11.

verwechselbaren Zeichens noch nicht sittenwidrig.[52] Dies wurde damit begründet, dass dem Warenzeichenrecht ein Vorbenutzungsrecht fremd war. Etwas anderes galt jedoch dann, wenn der Vorbenutzer einen schutzwürdigen Besitzstand an dem nicht eingetragenen Zeichen erlangt hatte. In diesem Fall konnte das Verhalten des Anmelders gegen § 1 UWG a.F. verstoßen, wenn darin eine vermeidbare Herkunftstäuschung, Rufausbeutung oder unmittelbare Aneignung lag.[53] Ein schutzwürdiger Besitzstand wurde dann angenommen, wenn der Verletzte durch eine dauerhafte und ungestörte Benutzung des Zeichens einen für ihn wertvollen Zustand geschaffen hatte, der ihm nicht ohne fühlbare Einbuße entzogen werden konnte.[54] Aber auch ohne einen schutzwürdigen Besitzstand konnten die lauterkeitsrechtlichen Vorschriften Anwendung finden. Sobald eine Marke zweckentfremdet als Mittel des Wettbewerbes eingesetzt wurde, war der Anwendungsbereich für die lauterkeitsrechtlichen Vorschriften eröffnet.[55] Diese Auslegung wurde später durch die Rechtsprechung ausdrücklich bestätigt.[56]

Infolge des Territorialitätsprinzips bildete sich eine weitere Fallgruppe, welche die Markenanmeldung zum Zwecke der Verhinderung ausländischer Konkurrenz als sittenwidrig ansah.[57] Danach war der Markenschutz zwar räumlich auf ein bestimmtes Territorium beschränkt. Dennoch konnte die Anmeldung einer im Ausland bereits geschützten Marke gegen das deutsche Unlauterkeitsrecht verstoßen.[58] Derartige Konstellationen waren mehrfach Gegenstand höchstrichterlicher Entscheidungen und deren Beurteilung ist inzwischen allgemein anerkannt.[59] Das Vorliegen eines schutzwürdigen Besitzstanden war für die Fallgruppe der Verhinderung ausländischer Konkurrenz unerheblich.

---

52 RG, GRUR 1937, 797, 800 – *Tabakpfeife*; *Baumbach/Hefermehl*, WZG, § 24, Rn. 21; *Busse/Strack*, WZG, § 25, Rn. 34.

53 BGH, GRUR 1961, 413, 416 – Dolex; *Baumbach/Hefermehl*, WZG, Einl., Rn. 47.

54 BGH, GRUR 1958, 143, 147 – Schwardmann; RG, GRUR 1943, 345, 346 – *Goldsonne*; RG,GRUR 1942, 560, 561 – *Polar/Rennforth Polar*.

55 *Baumbach/Hefermehl*, WZG, Einl., Rn. 50f.

56 BGH, GRUR 1967, 304, 306 – *Siroset*.

57 Zunächst wurde die Marke als umfassendes weltweit geltendes Persönlichkeitsrecht gesehen (Universalitätsprinzip, vgl. RGZ 51, 263, 267 – *Mariani*; RGZ, 18, 28, 29ff. – *Hoff*). Von dieser Einordnung wurde durch die „Hengstenberg"-Entscheidung abgerückt (RGZ 118, 76, 81 – *Hengstenberg*). Darin wurde erstmals auf das Territorialitätsprinzip abgestellt.

58 *Baumbach/Hefermehl*, WZG, Einl, Rn. 49; *Busse/Strack*, WZG, § 11, Rn. 31

59 Vgl. etwa BGH, GRUR 1969, 607, 609 – *Recrin*; BGH, GRUR 1967, 298, 301 – *Modess*.

V. Zusammenfassung

Das MSchG von 1874 sah die Eintragung von Warenzeichen und deren Schutz vor. Die Anmeldung war an das Bestehen eines Gewerbebetriebes geknüpft. Gegen rechtsmissbräuchliche oder bösgläubige Warenzeichenanmeldungen konnte nur aus dem MSchG vorgegangen werden. Eine Anwendung des jeweiligen allgemeinen Zivilrechts, u.a. der deliktsrechtlichen Generalklausel des Code Civil, wurde von der Rechtsprechung abgelehnt. Das WBezG von 1894 brachte die Einrichtung einer zentralen Zeichenstelle mit sich. Warenzeichen waren weiterhin an den Bestand eines Gewerbebetriebes gebunden. Gegen Anmeldungen in bösgläubiger Absicht konnte der Betroffene nur die Vorschriften des WBezG vorbringen und war damit insofern weiterhin schutzlos.

Erst mit der Einführung des Bürgerlichen Gesetzbuchs am 01.01.1900, das neben den Vorschriften des WBezG anwendbar sein sollte, hatte der Betroffene einer bösgläubigen Warenzeichenanmeldung die Möglichkeit, die Ausübung von Rechten über § 242 BGB zu beschränken. Daneben wurde das Vorgehen gegen bösgläubige Warenzeichenanmeldungen auf § 826 BGB gestützt. Auch der 1909 in Kraft getretenen Generalklausel des Gesetzes zur Bekämpfung des unlauteren Wettbewerbs (§ 1 UWG a.F.) kam bei der Bekämpfung bösgläubiger Warenzeichenanmeldungen große Bedeutung zu. Es herrschte nun die Auffassung vor, der Schutz von Warenzeichen sei lediglich ein Ausschnitt aus dem Wettbewerbsrecht. Die in § 1 UWG a.F. enthaltene Generalklausel gab den Betroffenen die Möglichkeit zur Bekämpfung bösgläubiger Warenzeichenanmeldungen, indem deren Löschung verlangt werden konnte.

Zweites Kapitel: Die missbräuchliche Warenzeichenanmeldung in der Zeit der Geltung des WZG von 1936

Das Warenzeichengesetz (WZG) in der Fassung vom 05.05.1936 trat am 01.10.1936 in Kraft.[60] Es galt in seinen wesentlichen Punkten bis zum Inkrafttreten des MarkenG am 01.01.1995. Bei Inkrafttreten des WZG war für die Anmeldung eines Warenzeichens das Vorhandensein eines Geschäftsbetriebes beim Warenzeichenanmelder erforderlich. Gemäß §§ 1, 8 WZG musste der Anmelder bei der Eintragung, während des Bestands sowie beim Übergang eines Warenzeichens die Waren und Dienstleistungen, für die mit dem Warenzeichen Schutz beansprucht wurde, selbst in seinem Geschäftsbetrieb herstellen oder vertreiben.[61] Für die Definition des Geschäftsbetriebs griff man auf das UWG zurück. Danach war der Geschäftsbetrieb eine auf gewisse Dauer im Wirtschaftsleben, insbesondere in Handel und Verkehr, angelegte Tätigkeit, die sich durch den Austausch von Leistung und Gegenleistung im freien Wettbewerb mit anderen Unternehmen vollzog.[62] Es gehörte zu den Grundsätzen des deutschen Warenzeichenrechts, dass „Leerübertragungen" von Warenzeichen, das heißt die Übertragung des Warenzeichens ohne den dazugehörigen Geschäftsbetrieb, unter der Geltung des WZG nicht möglich waren.[63]

Dem WZG war der Begriff der Bösgläubigkeit noch fremd; eine entsprechende Norm gab es nicht. Neben den bereits dargestellten, unter der Geltung des UWG entwickelten wettbewerbsrechtlich geprägten Fallgruppen[64] bildeten sich aber weitere warenzeichenspezifische Fallgruppen heraus, bei denen der Markenschutz umstritten war. Diese Fallgruppen wurden unter § 1 WZG gefasst. So wurde etwa die beabsichtigte Nichtbenutzung eines eingetragenen Zeichens als problematisch angesehen.[65] Anhand der nachfolgend behandelten Fallgruppen

60 RGBl. II S. 134.

61 BGH, GRUR 1965, 86, 90 – *Schwarzer Kater*; *Ticic*, Die bösgläubige Markenanmeldung, 12; *Wiedmann*, Rechtsmissbrauch, 89.

62 BGHSt, 2, 396, 403 – *Sub-Post-Ingenieur*; BGHSt 10, 358, 366 – *Beschaffungsstelle*.

63 St. Rspr.: z.B. BGH, GRUR 1989, 422, 423 – *Flash*; BGH, GRUR 1987, 525, 526 – *Litaflex*.

64 Hierzu Ziff. IV des 1. Kapitels.

65 *Hagemann*, Kennzeichenmissbrauch, 20.

werden die wesentlichen Gestaltungsformen untersucht. Dabei sind insbesondere die Veränderungen infolge der Einführung des warenzeichenrechtlichen Benutzungszwangs[66] im Jahre 1967 zu untersuchen.

I. Vorratszeichen

Unter einem Vorratszeichen verstand man ein Warenzeichen, dass noch nicht gegenwärtig, aber zukünftig im Rahmen des bestehenden Geschäftsbetriebes genutzt werden sollte.[67] Die Anmeldung solcher Zeichen erfolgte, um im Falle der Einführung eines neuen Produktes sofort das entsprechende Warenzeichen zur Verfügung zu haben. Außerdem konnte sich der Anmelder des Vorratszeichens auf diesem Weg die Priorität für den Zeichenschutz im Ausland sichern.[68] Für die Anmeldung von Vorratszeichen bestand demnach ein praktisches Bedürfnis, das höchstrichterlich anerkannt war.[69]

Allerdings brachte die Anmeldung eines Vorratszeichens – auch wenn man dem Vorratszeichen mit der Rechtsprechung eine gewisse Notwendigkeit nicht absprechen konnte – ein erhebliches Missbrauchspotential mit sich. Missbräuchlich konnte die Anmeldung von Vorratszeichen vor dem Hintergrund sein, dass auch dem nicht benutzten Zeichen bereits mit der Eintragung der volle Markenschutz zugestanden wurde. Vor allem wurde durch die Anmeldung einer Vielzahl von Vorratsmarken eine Überfüllung der Zeichenrolle in kürzester Zeit befürchtet.[70]

---

66 Der Begriff „Benutzungszwang“ ist irreführend. Besser wäre die Bezeichnung „Benutzungsobliegenheit“ (*Fezer*, Benutzungszwang, 22; *Schricker*, GRUR Int. 1969, 14, 15), da kein tatsächlicher Zwang zur Benutzung eines Warenzeichens bestand. Die Benutzung sollte vielmehr im eigenen Interesse des Warenzeicheninhabers erfolgen, da dieser andernfalls Rechtsnachteile zu befürchten hatte. Aufgrund des üblichen Sprachgebrauchs wird im Folgenden weiterhin von „Benutzungszwang“ gesprochen.

67 BGH, 1965, 665, 667 – *Liquiderma*; BGH, GRUR 1963, 263, 267 – *Formfit*; BGH, GRUR 1961, 628, 629 – *Umberto Rosso*; RG, GRUR 1927, 236, 239 – *Tula/Tuma*; RGZ 111, 192, 195 – *Goldina*; RGZ 97, 90, 93 – *Pecose*; *Baumbach/Hefermehl*, WZG, § 1, Rn. 44; *Busse/Strack*, WZG, § 1, Rn. 41.

68 *Hefermehl*, GRUR 1968, 486, 487.

69 BGH, GRUR 1953, 486 – *Nordona;* abgelehnt wurde die Notwendigkeit der Vorratszeichen aber von *Thiele*, GRUR 1949, 268, 269. Seiner Ansicht nach waren die Möglichkeiten, ein passendes Zeichen zu finden, umso größer, je weniger Vorratszeichen eingetragen seien.

70 *Baumbach/Hefermehl*, WZG, § 1, Rn. 44: „[…] Solche Machenschaften sind zu bekämpfen; sie schädigen den lauteren Verkehr.“.

1. Vor der Einführung des Benutzungszwangs

Die Benutzung des Warenzeichens war für dessen Erhalt vor der Einführung des Benutzungszwangs in das deutsche Warenzeichenrecht nicht von Bedeutung.[71] Das Zeichen entstand durch die Eintragung in die Warenzeichenrolle und entfaltete auch im Fall der Nichtbenutzung seine Wirkung.[72] Das Interesse an der Aufrechterhaltung des Zeichens wurde erst dann abgelehnt, wenn das Zeichen zu einer übermäßigen Beeinträchtigung des Wettbewerbs führte.[73] Da kein Benutzungszwang der angemeldeten Zeichen bestand, wurde der gemäß § 1 WZG erforderliche Benutzungswillen grundsätzlich immer vermutet, wenn im Zeitpunkt der Warenzeichenanmeldung ein Geschäftsbetrieb beim Anmelder vorhanden war.[74] Es genügte sogar, wenn bei der Anmeldung die Absicht vorlag, den angegebenen Geschäftsbetrieb zu eröffnen und die mit dem Warenzeichen in Anspruch genommenen Waren tatsächlich in absehbarer Zeit zu führen.[75]

Die Nichtbenutzung des Zeichens durch den Inhaber über einen längeren Zeitraum konnte aber dazu führen, dass dessen Schutzbedürftigkeit verloren ging.[76] Dem warenzeichenrechtlich vorausgesetzten Benutzungswillen kam dabei die Funktion eines Korrektivs zu.[77] Den Zeicheninhaber traf die Darlegungs- und Beweislast dafür, dass er weiterhin eine Zeichenbenutzung beabsichtigte und trotz des Zeitablaufs seit der erfolgten Zeicheneintragung noch ein schützenswertes Interesse an dem Zeichen besaß.[78] Insbesondere im Rahmen der Frage,

---

71 BGH, GRUR 1957, 224 – *Odorex*, wonach gegen die Eintragung eines Vorratszeichen keine rechtlichen Bedenken sprechen und zwar unabhängig davon, ob innerhalb einer angemessenen Frist nach der Eintragung des Zeichens eine Benutzung erfolgt sei (a.A. KG, GRUR 1951, 414, 415; *Pinzger*, Warenzeichenrecht, § 1 WZG, 10).

72 Vgl. BGH, GRUR 1965, 672, 675 – *Agyn*; RGZ 111, 192, 195 – *Goldina; Baehr*, Entwicklung des Markenrechts, 133.

73 BGH, GRUR 1971, 409, 410 – *Stallmeister*; BGH, GRUR 1971, 251, 252 – *Oldtimer*; BGH, GRUR 1963, 533, 534 – *Windboy*; BGH, GRUR 1957, 499, 500 – *Wipp*; BGH, GRUR 1957, 228, 230 – *Astrawolle*; BGH, GRUR 1957, 224, 225 – *Odorex*.

74 BGH, GRUR 1963, 263, 267 – *Formfit*; BGH, GRUR 1957, 499, 500 – *Wipp*; BGH, GRUR 1957, 125, 126 – *Troika*; RGZ 111, 192, 195 – *Goldina*; RGZ 97, 90, 93 – *Pecose*; *Wiedmann*, Rechtsmissbrauch, 202f.

75 Vgl. hierzu BGH, GRUR 1957, 224 – *Odorex*, davon ausgehend, dass sich die Anmeldung nur als vorsorgliche Maßnahme darstellt.

76 BGH, GRUR 1963, 533, 534 – *Windboy*; BGH, GRUR 1957, 499, 500 – *Wipp*; BGH, GRUR 1957, 228 – *Astra*; BGH, GRUR 1953, 486 – *Nordona*.

77 *Hagemann*, Kennzeichenmissbrauch, 24.

78 BGH, GRUR 1969, 604, 605 – *Slip*; BGH, GRUR 1965, 665, 668 – *Liquiderma*; BGH, GRUR 1963, 533, 534 – *Windboy*; BGH, GRUR 1957, 228, 230 – *Astrawolle*; BGH, GRUR 1957, 224, 225 – *Odorex*.

ob der Zeicheninhaber trotz langfristiger Nichtbenutzung ein schutzwürdiges Interesse an der Aufrechterhaltung des Zeichens geltend machen konnte, wurde der – vermeintlich nicht bestehende – Benutzungswillen berücksichtigt.[79] Das Gericht hatte zu prüfen, „ob der Zeicheninhaber noch ein schutzwürdiges Interesse an dem Zeichen besitzt, das die von diesem ausgehende Beeinträchtigung des Verkehrs an einer freien Zeichenwahl als vertretbar erscheinen lässt".[80] Solange die Benutzungsabsicht nicht widerlegt werden konnte, war eine Löschung des Zeichens aufgrund der Nichtbenutzung im Geschäftsbetrieb des Inhabers nicht möglich. Die Widerlegung der Vermutung der Benutzungsabsicht oblag dem Verletzer des eingetragenen Zeichens.[81]

Die 1968 eingeführte fünfjährige Benutzungsschonfrist spielte zu dieser Zeit keine Rolle für die Beurteilung der Schutzfähigkeit des Zeicheninhabers. Der BGH führte aus, dass die Dauer des Zeitraums, innerhalb dessen dem Zeicheninhaber eine Verwirklichung seiner – zunächst vermuteten – Benutzungsabsicht zuzumuten gewesen wäre und nach deren ungenutztem Ablauf nunmehr vom Fehlen der Benutzungsabsicht auszugehen sei, jeweils von Fall zu Fall nach Maßgabe der gesamten Begleitumstände beurteilt werde, ohne damit einen bestimmten zeitlichen Maßstab festzulegen.[82] Die Benutzungsabsicht wurde gewöhnlich erst nach einer längeren Nichtbenutzung verneint.[83] So wurde beispielsweise der Eintragung des Zeichens „*Rembrandt*" die Schutzfähigkeit abgesprochen, da der Anmelder dieses über 43 Jahre nicht benutzt hatte.[84] Offen bleibt, ob für die Verneinung der Schutzfähigkeit eines Zeichens bereits die fünfjährige Nichtbenutzung ausreichend gewesen wäre. Dem Vorratszeichen, das über einen langen Zeitraum nicht benutzt wurde, konnte der Einwand des Rechtsmissbrauchs entgegengehalten werden.[85] Das nicht innerhalb eines angemessenen Zeitraums genutzte Zeichen war im Übrigen auch löschungsreif.[86] Eine Löschung konnte der Zeicheninhaber aber jederzeit durch die (Wieder-) Aufnahme der Benutzung verhindern. Erforderlich waren dafür, dass das

79 *v. Gamm*, GRUR 1977, 517, 518.
80 St. Rspr.: z.B. BGH, GRUR 1957, 499, 500 – *Wipp*.
81 So etwa BGH, GRUR 1971, 409, 410 – *Stallmeister*; BGH, GRUR 1971, 252 – *Oldtimer*.
82 Vgl. dazu BGH, GRUR 1969, 604, 605 – *Slip*.
83 *Baumbach/Hefermehl*, WZG, § 1, Rn. 45.
84 LG Düsseldorf, GRUR 1966, 379, 381 – *Rembrandt*.
85 Vgl. dazu BGH, GRUR 1970, 27, 28 – *Ein-Tannen-Zeichen*.
86 BGH, GRUR 1974, 206 – *King*; BGH, GRUR 1971, 409, 410 – *Stallmeister*.

Zeichen in Benutzung genommen wurde und dass dem Zeichen im Zeitpunkt der Inbenutzungnahme keine Kennzeichnungsrechte Dritter entgegenstanden.[87]

Aus all dem geht hervor, dass es ein nicht unerhebliches Missbrauchspotential bei der Anmeldung von Vorratszeichen gab. Der fehlende Benutzungszwang ließ Spielraum für die Anmeldung von Marken, um daraus erst nach vielen Jahren Rechte gegen Andere herzuleiten. Die Gefahr des Verstopfens der Zeichenrolle wurde von den Gerichten erkannt. Der BGH führte in seiner „Odorex"-Entscheidung hierzu aus, „dass eine Regelung der Geltung eines Zeichens durch zeitliche Begrenzung der Nichtbenutzung bei der nach Meinung Vieler drohenden Verstopfung der Warenzeichenrolle zwar empfehlenswert sei", stellte aber klar, „dass eine solche Regelung nur vom Gesetzgeber getroffen werden könne, denn sie bedeutet die Einführung eines indirekten Zwanges zur Benutzung eines Warenzeichens".[88]

2. Nach der Einführung des Benutzungszwangs

Die vor der Einführung des Benutzungszwangs als unbefriedigend angesehene Situation der unbeschränkten Eintragungsmöglichkeit von Vorratszeichen sollte durch die Einführung des Benutzungszwangs[89] verbessert werden. Nach der Einführung von § 5 Abs. 7 und § 11 Abs. 1 Nr. 4 WZG mussten die Warenzeichen innerhalb eines Zeitraums von fünf Jahren nach der Eintragung bzw. vor der Geltendmachung von Rechten daraus (sog. „Benutzungsschonfrist") im Rahmen des Geschäftsbetriebs des Inhabers genutzt werden. Vor der Einführung des Benutzungszwangs sei es zum Teil kaum mehr möglich gewesen, ein Zeichen anzumelden, das nicht in den Schutzbereich eines bereits eingetragenen Zeichens fiel.[90] Aufgrund der fehlenden Sanktionsmöglichkeit für die Nichtbenutzung einer Vorratszeichenanmeldung sei, so die Gesetzesbegründung, die Zeichenrolle restlos überfüllt gewesen.[91] Ziel dieser Gesetzesänderung war es daher, die Ansammlung langfristig nicht genutzter Warenzeichen zu unterbinden.[92] Nicht

---

87 BGH, GRUR 1970, 27, 28 – *Ein-Tannen-Zeichen.*

88 BGH, GRUR 1957, 224, 225 – *Odorex.*

89 Eingeführt durch das Gesetz zur Änderung des Patentgesetzes, des Warenzeichengesetzes und weiterer Gesetze vom 04.09.1967; BGBl. I Nr. 56, 953, 958f., in Kraft getreten am 01.01.1968.

90 *Hagemann*, Kennzeichenmissbrauch, 25.

91 Während 1956 nur 19.931 Warenzeichenanmeldungen zu verzeichnen waren, stieg die Anzahl der Warenzeichenanmeldungen bis 1965 auf 24.899 (Gesetzesbegründung zum Vorabgesetz, BlPMZ 1967, 244, 248ff.).

92 *Baumbach/Hefermehl*, WZG, § 1, Rn. 42.

geregelt war, welche Anforderungen an die Benutzungshandlung im Einzelnen zu stellen waren, um dem Patentamt und den ordentlichen Gerichten den Spielraum einzuräumen, der für die Erreichung des gesetzgeberischen Ziels als erforderlich angesehen wurde.[93]

Auch nach der Einführung des Benutzungszwangs oblag es dem Inhaber des angegriffenen Warenzeichens, seinen Benutzungswillen nachweisen.[94] Die vor der Einführung des Benutzungszwangs geltende Vermutung für den Benutzungswillen wurde auch nach der Einführung des Benutzungszwangs beibehalten.[95] Während der Benutzungsschonfrist hatte demnach der Gegner der Warenzeichenanmeldung den fehlenden Benutzungswillen des Inhabers des Vorratszeichens zu beweisen.[96] Erst nach Ablauf der fünfjährigen Benutzungsschonfrist ging die Beweislast auf den Inhaber des Zeichens über, der fortan die Beweispflicht für seine Absicht zur Benutzung des Warenzeichens trug.[97] Demzufolge wurde dem Zeicheninhaber während des Zeitraums von fünf Jahren die Schutzfähigkeit aus wettbewerbsrechtlichen Gründen nicht abgesprochen, da das Vorratsinteresse immer noch als ausreichender Grund für die Anmeldung genügte.[98] Dieser Umstand führte dazu, dass weiterhin – wenn auch nur noch für einen Zeitraum von fünf Jahren – Zeichen angemeldet wurde, die überhaupt nicht benutzt werden sollten.

Der Löschungstatbestand des § 11 Abs. 1 Nr. 4 WZG regelte darüber hinaus, dass die fünfjährige Benutzungsschonfrist für den Inhaber des Vorratszeichens nicht zur Anwendung kommen sollte, wenn Umstände vorlagen, die eine

93 *Miosga*, Benutzungszwang, 22.

94 BGH, GRUR 1988, 820, 821 – *Oil of…*; BGH, GRUR 1974, 276, 277 – *King*; BGH, GRUR 1971, 409, 410 – *Stallmeister*; BGH, GRUR 1971, 251, 252 – *Oldtimer*; BGH, GRUR 1970, 27, 28 – *Eintannen*; *Baumbach/Hefermehl*, WZG, § 1, Rn. 42; *Busse/Starck*, WZG, § 1, Rn. 42; a.A. *Krieger*, GRUR 1972, 311, 313, wonach der Gesetzgeber das Merkmal der Benutzungsabsicht durch den Benutzungszwang ersetzt habe.

95 Vgl. etwa BGH, GRUR 1971, 251, 252 – *Oldtimer*, worin sich der BGH ausdrücklich auf die vor der Einführung des Benutzungszwanges geltende Rechtsprechung zur Vermutung des Benutzungswillens beruft; *Baumbach/Hefermehl*, WZG, § 1, Rn. 42; *Busse/Starck*, WZG, § 1, Rn. 42.

96 BGH, GRUR 1974, 276, 277 – *King*; BGH, GRUR 1971, 409, 410 – *Stallmeister*; BGH, GRUR 1971, 251, 252 – *Oldtimer*; BGH, GRUR 1969, 604, 605 – *Slip*.

97 BGH, GRUR 1971, 409, 410 – *Stallmeister*.

98 Die Schutzwürdigkeit konnte aber aus anderen Gründen, z.B. der unmäßigen Hortung, entfallen (*Hefermehl*, GRUR 1968, 486, 488).

Benutzung des Zeichens innerhalb dieses Zeitraums unzumutbar machten.[99] Bei der Prüfung dieser Umstände war ein strenger Maßstab anzulegen. Nur solche Umstände, die der Zeicheninhaber nicht beeinflussen konnte, kamen hierfür in Betracht.[100] Also solche galten etwa Streik, behördliche Maßnahmen, vorübergehende Produktionsbehinderung wegen einer allgemeinen Rohstoff- und Energiekrise sowie die Benutzung einer international registrierten Marke im Ausland, sofern der Benutzungswille auch für das Inland vorlag.[101] Nicht ausreichend waren der Mangel an finanziellen Mitteln sowie das bereits vor der Einführung des Benutzungszwangs geschützte Interesse an der stetigen Verfügbarkeit eines passenden Zeichens.[102] Insbesondere das Interesse der Zeicheninhaber an der Aufrechterhaltung eingetragener Zeichen wurde dem Bedürfnis der Wirtschaft an der Eintragung neuer Warenzeichen untergeordnet.[103]

Aus einem Zeichen, das länger als fünf Jahre nicht genutzt wurde, konnte der Inhaber im Löschungsverfahren keine Rechte mehr herleiten.[104] Das Vorgehen aus einem löschungsreifen Zeichen wurde als rechtsmissbräuchlich und daher als Verstoß gegen § 242 BGB angesehen. Aus diesem Grund konnte sich der Widerspruchsführer im Eintragungsverfahren eines neuen Zeichens nicht auf das für die Dauer von fünf Jahren ungenutzte Vorratszeichen stützen. Voraussetzung war lediglich, dass der Anmelder des konkurrierenden Zeichens die Benutzung des Widerspruchszeichens bestritt und der Widersprechende die Benutzung des Widerspruchszeichens innerhalb der letzten fünf Jahre nicht glaubhaft machen konnte.[105]

Letztlich änderte sich daher an der Möglichkeit der Eintragung von Vorratszeichen auch nach der Einführung der fünfjährigen Benutzungsschonfrist wenig. Das reine Vorratsinteresse wurde lediglich nicht mehr für einen „angemessenen Zeitraum" geschützt, sondern nur noch für fünf Jahre. Der BGH führte hierzu sehr anschaulich aus, dass „der angemessene Zeitraum zu einer tatsächlichen Benutzungsaufnahme nunmehr grundsätzlich fünf Jahre beträgt und den Zeicheninhaber nach Ablauf dieser Frist die Darlegungslast für das Vorliegen

99 Von BGH, GRUR 1969, 604 – *Slip* wurde beispielsweise eine fünfzehnjährige Nichtbenutzung als angemessen angesehen.

100 *Busse/Starck*, WZG, § 11, Rn. 26.

101 BGH, GRUR 1969, 48 – *Alcacyl*; *Busse/Starck*, WZG, § 11, Rn. 26; *Baumbach/Hefermehl*, WZG, § 11, Rn. 51.

102 *Fezer*, Benutzungszwang, 159; *Hefermehl*, GRUR 1968, 486, 488.

103 Gesetzesbegründung zum Vorabgesetz, BlPMZ 1967, 244, 248f.

104 OLG Hamburg, GRUR 1978, 362 – *Lidaprim*.

105 Dies ergab sich aus § 5 Abs. 7 S. 1 WZG.

besonderer Umstände trifft, die ihm eine Zeichenbenutzung bislang unzumutbar machten".[106] Dies schränkte das mit den Vorratsmarken verbundene Missbrauchspotential erheblich ein. Dennoch konnten innerhalb der fünfjährigen Benutzungsschonfrist weiterhin Zeichen auf Vorrat angemeldet werden. Auch damit konnte die gewerbliche Betätigung Anderer erheblich behindert werden.

II. Defensivzeichen

Defensivzeichen waren solche Zeichen, die zum Schutz der Entwicklung einer Hauptmarke bestimmt waren.[107] Sie selbst sollten nicht zur Kennzeichnung von Waren eingesetzt werden, sondern dienten lediglich dazu, ein tatsächlich benutztes Hauptzeichen vor Nachahmungen zu schützen.[108] In diesem Punkt unterschied sich das Defensivzeichen vom Vorratszeichen, das mit dem Ziel angemeldet wurde, es zu einem späteren Zeitpunkt in irgendeiner Weise zu nutzen.[109] Da ein Benutzungswille für das Defensivzeichen zu keinem Zeitpunkt vorlag, waren diese Warenzeichen nicht mit § 1 WZG – der eine Benutzungsabsicht bei der Anmeldung voraussetzte – vereinbar.[110] Defensivzeichen wurden aber zum Schutz einer Hauptmarke für erforderlich gehalten, etwa wenn sie die Verkehrsgeltung eines gebrauchten Zeichens schützen.[111]

1. Vor der Einführung des Benutzungszwangs

Defensivzeichen waren nach Ansicht der Literatur unter Geltung des WZG nicht zulässig, da ihnen der erforderliche Benutzungswille des Anmelders fehlte.[112] Für Defensivzeichen bestehe – im Gegensatz zu Vorratszeichen – kein

---

106 BGH, GRUR 1971, 409, 411 – *Stallmeister.*

107 BGH, GRUR 1953, 486 – *Nordona; Fezer,* MarkenR, § 3, Rn. 174; *Hagemann,* Kennzeichenmissbrauch, 26; *Wiedmann,* Rechtsmissbrauch, 195.

108 Nach *Tetzner,* WZG, § 1, Rn. 36 bestanden 24 Defensivzeichen um das Zeichen „Odol", 26 Defensivzeichen um das Zeichen „Maggi" und 44 Defensivzeichen um das Zeichen „o.b."

109 Siehe dazu BGH, GRUR 1953, 486, 487 – *Nordona; Baumbach/Hefermehl,* WZG, § 1, Rn. 44; *Tetzner,* WZG, § 1, Rn. 36.

110 *Busse/Starck,* WZG, § 1 Rn. 39; *v. Gamm,* Warenzeichengesetz, § 1, Rn. 16; *Hefermehl,* GRUR 1968, 486; *Schricker,* GRUR Int. 1979, 341, 343; *Tetzner,* WZG, § 1, Rn. 37.

111 BGH, GRUR 1953, 486, 487 – *Nordona; Hefermehl,* GRUR 1968, 486 führt dies auch darauf zurück, dass die Rechtsprechung eine Verwechslungsgefahr von Zeichen nur sehr zurückhaltend annahm.

112 So etwa *Busse/Starck,* WZG, § 1 Rn. 39; *Becher,* GRUR 1958, 324ff.; *Hefermehl,* GRUR 1968, 486; *Schricker,* GRUR Int. 1979, 341, 343.

Schutzbedürfnis, da deren Zulassung erst recht zur Verstopfung der Zeichenrolle führen würde. Außerdem sah man in der Zulassung von Defensivzeichen eine Überschreitung der Grenzen der Gesetzesausauslegung. Es habe schließlich keine Hinweise darauf gegeben, dass der Gesetzgeber beim Erlass des § 1 WZG von der Zulässigkeit der unter der Bezeichnung „Defensivzeichen" zusammengefassten Warenzeichenanmeldungen ausgegangen sei. Daher müsse das Gesetz wörtlich verstanden werden. Dies gelte auch für die Auslegung der Gerichte.[113] Nach der vorherrschenden Literaturansicht war der Erwerb eines Defensivzeichens durch keine sich aus dem freien Wettbewerb ergebende Notwendigkeit gerechtfertigt.[114] Der Erwerb eines Defensivzeichens wurde daher stets als unzulässig angesehen. Der Antrag auf Eintragung eines Defensivzeichens sei zurückzuweisen.

Die Rechtsprechung sah dies zunächst anders. Dem Defensivzeichen wurde der volle Zeichenschutz zugestanden und die Zulässigkeit dieser rechtlichen Besonderheit ohne weiteres bejaht.[115] Zwar kam auch der BGH zu dem Ergebnis, Defensivzeichen seien grundsätzlich nicht mit § 1 WZG zu vereinbaren, da sie nicht zur Kennzeichnung von Waren bestimmt seien. Jedoch, so der BGH, seien Fälle denkbar, in denen ein anzuerkennendes Schutzbedürfnis für die Zulassung von Defensivzeichen vorliege.[116] Ein solches Schutzbedürfnis wurde immer dann angenommen, wenn der Schutzbereich eines Hauptzeichens mithilfe der Anmeldung einer Vielzahl von Defensivzeichen erweitert werden sollte.[117] Da der Begriff der Verwechslungsgefahr restriktiv ausgelegt wurde, gestand man dem Zeicheninhaber auf diesem Wege die Möglichkeit zur Selbsthilfe zu. Je mehr Defensivzeichen er anmeldete, umso weiter war der Schutzbereich seines Hauptzeichens.[118] Ergänzend argumentierte der BGH, dass die Erteilung eines Warenzeichens nicht von einer inneren Einstellung des Anmelders, dem Benutzungswillen, abhängig sein dürfe, da dieser sich einer zuverlässigen Feststellung entziehe.[119] Ein gemäß § 1 UWG sittenwidriges oder gemäß § 242 BGB

113 *Becher*, GRUR 1958, 324, 325.

114 *Baumbach/Hefermehl*, WZG, § 1, Rn. 51; *Busse/Starck*, WZG, § 1 Rn. 39.

115 BGH, GRUR 1962, 552, 424 – *Ribana*; BGH, GRUR 1957, 228, 230 – *Astrawolle*; RGZ 114, 360 – *Grammofox/Vox*; RGZ 112, 160, 162 – *Kofra/Koffea*; RGZ 104, 312, 315 – *Sinalco*; RGZ 69, 375, 380 – *Roter Streifen*;

116 BGH, GRUR 1958, 486 – *Nordona*.

117 So auch *Hefermehl*, GRUR 1968, 486.

118 Vgl. hierzu *Baumbach/Hefermehl*, WZG, § 1, Rn. 50; *v. Gamm*, WZG, § 1, Rn. 16; *Wiedmann*, Rechtsmissbrauch, 196.

119 BGH, GRUR 1961, 33 – *Dreitannen*.

missbräuchliches Verhalten wurde in der Anmeldung eines Defensivzeichens und dem Vorgehen daraus nicht gesehen.

Erst infolge der Erweiterung des Begriffs der Verwechslungsgefahr wurde das Schutzbedürfnis für Defensivzeichen eingeschränkt.[120] Es wurde als „Gebot der ausgleichenden Gerechtigkeit" angesehen, die Abschirmung eines erweiterten Ähnlichkeitsbereichs nur noch bei Hauptzeichen zuzulassen, die noch jung und in der Entwicklung begriffen waren, so dass ihr eigener Schutzbereich noch nicht den Umfang angenommen habe, der ihnen bei normaler Verkehrsdurchsetzung zukäme.[121] In der „Dreitannen"-Entscheidung führte der BGH hierzu aus,

> „als Ähnlichkeitsbereich des Hauptzeichens, der allenfalls mit Hilfe eines Abwehrzeichens gegen Eingriffe Dritter abgeschirmt werden darf, kann daher nur der Schutzumfang (= Verwechslungsbereich) des Hauptzeichens anerkannt werden, wie er sich darstellt, wenn das Hauptzeichen durch Benutzung und normale Verkehrsdurchsetzung zur vollen Entfaltung gelangt ist. Die Zubilligung eines darüber hinausgehenden erweiterten Ähnlichkeitsbereichs ist zumindest im gegenwärtigen Zeitpunkt nicht mehr vertretbar; denn die Rechtsprechung zur Verwechslungsgefahr gewährt dem Inhaber eines benutzten und im Verkehr eingebürgerten Zeichens heute anerkanntermaßen einen voll ausreichenden Schutz gegen Nachahmungen und Verwechslungen".[122]

Rechte aus dem Defensivzeichen konnte der Inhaber folglich nur noch während der Einführungszeit eines Hauptzeichens geltend machen. Nach der Erlangung des vollen Schutzumfangs mussten der Ähnlichkeitsbereich und der Verwechslungsbereich eines Hauptzeichens zusammenfallen. Dies hatte zur Folge, „dass auch aus einem daneben bestehenden Abwehrzeichen keine weitergehenden Rechte als aus dem Hauptzeichen selbst hergeleitet werden können".[123] Bei solchen Hauptzeichen, die bereits den normalen Schutzumfang erreicht oder die sich im Verkehr durchgesetzt hatten, bestand kein Schutzbedürfnis für Defensivzeichen.[124] Sollte der Inhaber des Defensivzeichens trotzdem aus diesem gegen einen Dritten vorgegangen sein, so stand diesem der Rechtsmissbrauchseinwand

---

120 BGH, GRUR 1970, 27ff. – *Ein-Tannen-Zeichen*; BGH, GRUR 1964, 454, 456 – *Palmolive;* maßgeblich wurde diese Entwicklung durch BGH, GRUR 1961, 33, 35 – *Dreitannen* geprägt.

121 BGH, GRUR 1961, 33, 55 – *Dreitannen.*

122 BGH, GRUR 1961, 33, 35 – *Dreitannen.*

123 Vgl. BHG, GRUR 1972, 180,182 – *Cheri*; BGH, GRUR 1970, 27 – *Ein-Tannen-Zeichen*; BGH, GRUR 1961, 231 – *Hapol.*

124 BGH, GRUR 1964, 454, 456 – *Palmolive* zur Frage der Anmeldung eines Zeichens zum Zwecke der Abwehr von Eingriffen in eine im Verkehr durchgesetzte Ausstattung.

aus § 242 BGB zu.[125] Außerdem konnte der Andere die Löschungsansprüche aus § 1 UWG und § 826 BGB geltend machen.[126] Die Rechtsprechung argumentierte aber, dass die aus dem Einwand der unzulässigen Rechtsausübung resultierende Duldungspflicht nur zwischen den Parteien bestehe und keine Wirkung zugunsten anderer Markenanmelder oder -benutzer entfalte.[127]

Trotz dieser Einschränkungen lehnte die Literatur die Anerkennung von Defensivzeichen weiterhin grundsätzlich ab. Dabei wurde die Ablehnung hauptsächlich auf § 1 WZG gestützt, weil für Defensivmarken der erforderliche Benutzungswillen fehle. Hinzu kam, dass die Rechtsprechung ab den 50er-Jahren den Begriff der Verwechslungsgefahr so weit fasste, dass Defensivmarken überflüssig waren.[128] Die Erweiterung des „Verwechslungsbereichs" kam dabei auch den Defensivzeichen zugute, weshalb diese als besonders problematisch angesehen wurden.[129] Darüber hinaus wurde vorgebracht, dass § 31 WZG den Schutzbereich der Zeichen auf den Verwechslungsbereich beschränke. Es widerspreche dieser gesetzgeberischen Wertung, den Schutzbereich durch die Anerkennung von Defensivzeichen zu erhöhen.[130]

2. Nach der Einführung des Benutzungszwangs

An diesen Regeln änderte sich auch nach der Einführung des Benutzungszwangs in das WZG im Jahre 1968 wenig. Fraglich war jedoch, ob die Gewährung der fünfjährigen Benutzungsschonfrist als Aufwertung des Defensivzeichens zu verstehen war. Schließlich konnte dieses nun in den ersten fünf Jahren ohne Nachweis des Benutzungswillens des Inhabers bestehen. Dazu wurde vertreten, dass der Gesetzgeber dem Defensivzeichen – wie es die Rechtsprechung lange Zeit tat – für die Dauer von fünf Jahren einen begrenzten Schutz zubilligte. Nach dieser Ansicht sollte auch den Defensivzeichen die nunmehr gesetzlich vorgesehen „Entwicklungszeit" zukommen.[131] Die Benutzungsschonfrist habe lediglich einen festen zeitlichen Rahmen für die Dauer der „Entwicklungshilfe" geregelt,

125 BGH, GRUR 1970, 27, 28 – *Ein-Tannen-Zeichen.*

126 BGH, GRUR 1953, 486, 487 – *Nordona;* RG, GRUR 1934, 190 – *Lederoid.*

127 Erst im später äußerte der BGH vorsichtige Zweifel, ob an dieser Rechtsprechung festgehalten werden könne (BGH, GRUR 1967, 89, 93 – *Rose).*

128 *Baumbach/Hefermehl,* WZG, § 1, Rn. 50; v. Gamm, WZG, § 1, Rn. 16; *Hefermehl,* GRUR 1968, 486, 487; *Tetzner,* WZG, § 1, Rn. 37.

129 *Tetzner,* WZG, § 1, Rn. 43.

130 *Baumbach/Hefermehl,* WZG, § 1, Rn. 51.

131 *Baumbach/Hefermehl,* WZG, § 1, Rn. 53.

die das Defensivzeichen dem Hauptzeichen liefere.[132] Demnach kamen erst nach Ablauf der Benutzungsschonfrist die warenzeichenrechtlichen und außerwarenzeichenrechtlichen Instrumente zur Anwendung.

Die herrschende Ansicht in der Literatur vertrat demgegenüber die Ansicht, es bestehe kein Grund zur Änderung der bis dahin bestehenden Praxis bei der Beurteilung von Defensivzeichen. Schließlich habe der Gesetzgeber mit der Einführung der fünfjährigen Benutzungsschonfrist lediglich die Ausbreitung von Vorratszeichen verhindern wollen und keine Aufwertung der Defensivzeichen bezweckt.[133] Deren Anmeldung sei weiterhin, wie vorher, missbräuchlich und verstoße gegen § 1 WZG.[134] Das Defensivzeichen werde auch weiterhin nicht zur Unterscheidung von Waren und Dienstleistungen eingesetzt und die Zeichenanmelder verfügten über keinerlei Benutzungsabsicht. Folglich wurde kein Grund gesehen, infolge der Einführung der Benutzungsschonfrist von der Auffassung, Defensivzeichen seien schutzunfähig, abzuweichen. Die Einführung der Benutzungsschonfrist bewirke nur, dass Defensivzeichen auch nach fünfjähriger Nichtbenutzung aus der Zeichenrolle gelöscht werden konnten. Sollte das Hauptzeichen seinen normalen Schutzumfang bereits vor Ablauf der Benutzungsschonfrist erreicht haben, so wurde kein Grund gesehen, warum das Defensivzeichen weiterhin geschont werden sollte.[135] Defensivzeichen konnten in diesem Fall schon vor Ablauf der fünfjährigen Frist in der Zeichenrolle gelöscht werden.

III. Nachahmung und Störung fremder Kennzeichen

Die Nachahmung von Kennzeichen war auch unter der Geltung des WZG weit verbreitet und stellte eine Verletzung des Warenzeichenrechts dar.[136] Neben der Verletzung des Warenzeichenrechts wurde ein Verstoß gegen § 1 UWG a.F. angenommen.[137] Die Rechtsprechung zog diese Vorschrift zur Beurteilung von Zeicheneintragungen unter dem Gesichtspunkt der vermeidbaren

---

132 Vertreten wurde auch, dass das Defensivzeichen zulässig sei, aber gelöscht werden müsse, sobald das Hauptzeichen den angestrebten Schutzumfang erreicht habe (so *Nastelski*, MA 1968, 319, 321).

133 Zu dieser Problematik *Baumbach/Hefermehl*, WZG, § 1, Rn. 53. *Hefermehl*, GRUR 1968, 486, 487; *Fezer*, Benutzungszwang 157; *Schricker*, GRUR Int. 1969, 14, 28.

134 *Fezer*, Benutzungszwang 153 ff.; *Hefermehl*, GRUR 1968, 486, 487; *Kraft*, GRUR 1968, 123, 128.

135 *Hefermehl*, GRUR 1968, 486, 487.

136 Hierzu im Einzelnen *Fezer*, MarkenR, § 50, Rn. 24.

137 Siehe BGH, GRUR 1965, 601 – *Roter Punkt*; BGH, GRUR 1961, 413 – Dolex.

Herkunftstäuschung und der zielbewussten Annäherung an verkehrsbekannte Kennzeichenmerkmale zur Rufausbeutung heran.[138] Vor allem die zielgerichtete Annäherung an bekannte Warenzeichen war als Untergruppe des lauterkeitsrechtlichen Leistungsschutzes von Bedeutung, denn das WZG sah keinen speziellen Schutz für diese Zeichen vor. Bekannte Warenzeichen waren zwar vom „normalen" warenzeichenrechtlichen Schutz erfasst, die Annäherung an ihre bekannten Kennzeichenmerkmale sollte hingegen lauterkeitsrechtlich geschützt werden. Der BGH sah insofern eine Schutzlücke und urteilte, dass „die Berufung auf ein eingetragenes jüngeres Warenzeichen gegenüber einem Vorbenutzer rechtsmissbräuchlich sein kann, wenn der Warenzeicheninhaber bei Erwerb seines Warenzeichens dem Vorbenutzer gegenüber unlauter im Sinne des § 1 UWG gehandelt hat".[139]

Daneben wurde die Beeinträchtigung eines fremden Besitzstandes als missbräuchlich gemäß § 1 UWG angesehen.[140] Der bis heute Verwendung findende Begriff des Besitzstandes beschreibt den Wert eines Zeichens, den der Unternehmer durch die Benutzung des Zeichens erlangt hat. In einem ungerechtfertigten Eingriff in die Rechtsposition des Vorbenutzers wird eine Störung dieses Wertes gesehen.[141] Dafür musste die Behinderungsabsicht des Markenanmelders festgestellt werden. Die bloße Kenntnis vom Besitzstand des Erstanmelders genügte nicht.[142] Die Unlauterkeit musste für jeden Einzelfall unter Berücksichtigung der jeweiligen Umstände festgestellt werden. Die Berücksichtigung der wirtschaftlichen Interessen der Beteiligten wurde abgelehnt, da dies mit einer nicht hinnehmbaren Rechtsunsicherheit verbunden sei.[143] Dies schloss nicht aus, dass eine Eintragung trotz der Beeinträchtigung eines wertvollen Besitzstandes als lauterkeitsrechtlich unbedenklich angesehen werden konnte.[144]

---

138 BGH GRUR 1981, 142, 144 – *Kräutermeister*; BGH GRUR 1971, 305, 306 – *Konservenzeichen II*; BGH GRUR 1969, 190, 191 – *halazon*; BGH GRUR 1968, 371, 378 – *Maggi*; BGH GRUR 1966, 38, 42 – *Centra*; BGH GRUR 1966, 30, 33 – *Konservenzeichen I*; BGH, GRUR 1965, 601 – *roter Punkt*; BGH GRUR 1963, 423, 239 – *coffeinfrei*; BGH GRUR 1961, 413 – *DOLEX*.

139 BGH GRUR 1961, 413, 416 – *DOLEX*.

140 BGH, GRUR 1985, 74 – *Shamrock III*; BGH, GRUR 1984, 210, 211 – *AROSTAR*; BGH, GRUR 1980, 110 – Torch; BGH, GRUR 1967, 490 – *Pudelzeichen*; BGH, GRUR 1967, 280, 301 – *Modess*; BGH, GRUR 1961, 413, 416 – *DOLEX*.

141 *Ströbele* in: Ströbele/Hacker, MarkenG, § 8, Rn. 885.

142 *Ticic*, Markenanmeldung, 16.

143 BGH GRUR 1961, 413, 416 – *DOLEX*.

144 So war es u.a. in BGH, GRUR 1984, 210, 211 – *AROSTAR*: Der Vorbenutzer eines Zeichens hatte zwar einen schutzwürdigen Besitzstand erworben, dennoch sah das

Denkbar war aber auch eine missbräuchliche Warenzeichenanmeldung ohne die Verletzung eines schutzwürdigen Besitzstandes. Man sah die Anmeldung des Zeichens als wettbewerbswidrig an, wenn mit der Anmeldung vorwiegend die Behinderung des Vorbenutzers bezweckt wurde.[145] Dabei wurde ein zweckentfremdeter Einsatz des Zeichens als Mittel im Wettbewerbskampf vorausgesetzt.[146] Unabhängig vom Bestehen eines schutzwürdigen Besitzstandes des Vorbenutzers wurde auch die Anmeldung eines Zeichens zur Verhinderung ausländischer Konkurrenz auf dem deutschen Markt als Anmeldung eines Behinderungszeichens gesehen.[147] In diesem Fall entfaltete die inländische Anmeldung eine Sperrwirkung für den Benutzer des ausländischen Zeichens. Die Verhinderung ausländischer Konkurrenz verstieß nicht nur gegen § 1 UWG a.F., sondern auch gegen § 826 BGB, wenn der inländische Anmelder von der bevorstehenden Einführung des identischen Zeichens des ausländischen Unternehmens Kenntnis hatte.[148]

Der Inhaber des rechtsmissbräuchlich bzw. sittenwidrig angemeldeten Warenzeichens konnte keine Ansprüche (insbesondere Unterlassungsansprüche) gegen den Vorbenutzer geltend machen.[149] Sofern nicht nur die Geltendmachung des Warenzeichenrechts missbräuchlich, sondern bereits dessen Anmeldung wettbewerbswidrig war, konnte dem Vorbenutzer des Warenzeichens außerdem ein Löschungsanspruch zustehen.[150]

IV. Bösgläubige Warenzeichenanmeldung und Akzessorietätsprinzip

Es stellt sich des Weiteren die Frage, welchen Einfluss die Lockerung des Akzessorietätsprinzips im Jahr 1992 auf die Möglichkeit bösgläubiger Warenzeichenanmeldungen hatte. Das Warenzeichengesetz kannte zunächst nur das Prinzip der strengen Akzessorietät. Ein Zeichenrecht konnte gemäß § 1 WZG

Gericht die spätere Anmeldung des Zeichens nicht als unlauter an. Die Zeichenanmeldung des Beklagten wurde mit der Verteidigung eigener Rechte begründet.

145 OLG München, WRP 1996, 1056, 1057; *Baumbach/Hefermehl*, Wettbewerbsrecht, § 1, Rn. 240; *Fezer*, MarkenR, § 50, Rn. 24.

146 Dies wurde bejaht durch BGH, GRUR 1980, 110, 111 – *Torch*.

147 Vgl. dazu BGH, GRUR 1980, 110, 111 – *Torch*; BGH, GRUR 1967, 304 – *Siroset*.

148 BGH, GRUR 1969, 607 – *Recrin*; BGH, GRUR 1967, 304, 306 – *Siroset*.

149 *Baumbach/Hefermehl*, WZG, Einl., Rn. 48.

150 Siehe dazu BGH, GRUR 1984, 210, 211 – *AROSTAR*; BGH, GRUR 1980, 110, 111 – *Torch*.

nur entstehen, wenn der Zeichenanmelder über einen Geschäftsbetrieb verfügte und dieser Geschäftsbetrieb die Waren deckte.[151] Wurde der Geschäftsbetrieb, zu dem das Warenzeichen gehörte, nicht mehr fortgesetzt, unterlag das Zeichen gemäß § 11 Abs. 1 Nr. 2 WZG der Löschung, daneben war die Übertragung des Zeichens gemäß § 8 Abs. 1 S. 2 WZG nur möglich, wenn der entsprechende Geschäftsbetrieb ebenfalls übertragen wurde.[152] Damit sollte die Allgemeinheit vor Täuschungen über die Herkunft von Waren geschützt werden.[153]

Erst im Zuge des Gesetzes über die Erstreckung von gewerblichen Schutzrechten (Erstreckungsgesetz)[154] aus dem Jahr 1992, mit dem die Gleichstellung von Ost- und Westdeutschland auf dem Gebiet des gewerblichen Rechtsschutzes erfolgte, wurde das Akzessorietätsprinzip des WZG aufgehoben.[155] Es entfielen insbesondere der Löschungsgrund des fehlenden Geschäftsbetriebes in § 11 Abs. 1 Nr. 2 WZG sowie das Erfordernis der Angabe eines Geschäftsbetriebes bei der Anmeldung des Warenzeichens in § 2 Abs. 1 S. 3 WZG. Außerdem wurde die freie Übertragbarkeit eines Warenzeichens ohne die Übertragung des Geschäftsbetriebes in § 8 Abs. 1 S. 1 WZG eingeführt. Für die Definition des Begriffs des Warenzeichens in § 1 WZG galt aber weiterhin die Bindung an den Geschäftsbegriff. § 1 WZG lautete: „Wer sich in seinem Geschäftsbetrieb zur Unterscheidung seiner Waren von den Waren anderer eines Warenzeichens bedienen will, kann dieses Zeichen zur Eintragung in die Zeichenrolle anmelden". Aus der Einführung der freien Übertragbarkeit des Warenzeichens und der gleichzeitigen Beibehaltung des § 1 WZG wurde gefolgert, dass das Vorliegen jedes beliebigen Geschäftsbetriebs zur Anmeldung des Warenzeichens genüge.[156]

---

151 BGH, GRUR 1975, 487, 488 – *WMF-Mondmännchen*; *Baumbach/Hefermehl*, WZG, Einl., Rn. 16; v. Gamm, WZG, § 1, Rn. 30.

152 *Sattler*, Emanzipation und Expansion des Markenrechts, 12ff.; *Schosser*, Benutzungswillen, 64.

153 BGH, GRUR 1971, 573, 574 – *Nocado*; GRUR 1967, 89, 92 – *Rose*; *Baumbach/Hefermehl*, WZG, Einl., Rn. 16.

154 BGBl. I, 938ff.

155 Gem. § 47 ErstrG wurden u.a. §§ 2 Abs. 1 S. 3, 8 Abs. 1 S. 1 und 11 Abs. 1 Nr. 2 WZG gestrichen. Das DDR-Warenzeichengesetz vom 30.11.1984 enthielt keine Bindung der Marke an den Geschäftsbetrieb. DDR-Warenzeichen waren frei übertragbar gemäß § 17 Abs. 1 DDR-Warenzeichengesetz.

156 Vgl. Begr. zum ErstrG, BT-Drucks. 12/1399, 69; *Fezer*, MarkenR, § 3, Rn. 187; *Kunz-Hallstein*, GRUR 1993, 439.

Das Vorhandensein eines bestimmten, zu den angemeldeten Waren und Dienstleistungen gehörenden Geschäftsbetriebs war nicht mehr erforderlich.[157]

Der Gesetzgeber war sich dieser weitreichenden Liberalisierung des Warenzeichenrechts bewusst und führte in der Gesetzesbegründung aus, dass nunmehr die Anmeldung umfassender Waren- und Dienstleistungsverzeichnisse (sog. „character merchandising“) durch ausschließlich mit der Lizenzvergabe befasste Unternehmen sowie der Erwerb von Warenzeichen durch Holding-Gesellschaften möglich seien.[158] In der Literatur wurde dieser Schritt heftig kritisiert. Die Gegner der Liberalisierung wiesen darauf hin, dass von diesem Zeitpunkt an jedermann Warenzeichen anmelden und auf einen Verkauf oder eine Lizenzierung gegenüber den Vorbenutzern spekulieren könnte.[159] Außerdem befürchteten die Gegner der Lockerung des Akzessorietätsprinzips, dass die sog. Zeichendesigner auf die Idee kommen könnten, im Trend liegende Bezeichnungen (z. B. Bio-, Euro-, Gen-, Hepa, Immuno-, etc.) umfassend markenrechtlich zu monopolisieren, um daraus gegen die Nutzer von ähnlichen Zeichen vorzugehen.[160]

Zur Entkräftung dieser bereits während des Gesetzgebungsverfahrens vorgetragenen Bedenken verwies der Gesetzgeber auf die Praxis in anderen europäischen Staaten, bei denen trotz einer liberaleren Handhabung des Warenzeichenrechts keine der von der Literatur befürchteten Probleme entstanden seien.[161] Die angestrebte liberalere Handhabung der Warenzeichenanmeldung habe sich bereits unionsweit durchgesetzt. Die Lockerung des Akzessorietätsprinzips sei auf die zugrundeliegende europäische Rechtsentwicklung zurückzuführen. Das Warenzeichen werde in den übrigen Mitgliedstaaten der Europäischen Union zunehmend als selbständiger Vermögenswert – vergleichbar den anderen gewerblichen Schutzrechten – angesehen.[162] Die erste MarkenRL vom 21.12.1988 habe den Grundsatz der freien Übertragbarkeit nur deshalb nicht enthalten, weil die Mitgliedstaaten darüber noch kein Einvernehmen erzielt hätten. Demgegenüber habe der Vorschlag einer UMV bereits die freie Übertragbarkeit der Marken vorgesehen.[163]

---

157 *Fezer*, MarkenR, § 3, Rn. 60; *Götting*, GRUR 2001, 615, 619; *Hagemann*, Kennzeichenmissbrauch, 22. *Ticic*, Die bösgläubige Markenanmeldung, 12; *Wiedmann*, Rechtsmissbrauch, 89.

158 Begr. zum ErstrG, BT-Drucks. 12/1399, 69.

159 *Füllkrug*, GRUR 1994, 679; *Meister*, MA 1993, 214, 215.

160 So etwa *Füllkrug*, GRUR 1994, 679.

161 Begr. zum ErstrG, BT-Drucks. 12/1399, 69.

162 Siehe dazu Begr. zum ErstrG, BT-Drucks. 12/1399, 69.

163 Der Verordnungsvorschlag ist abgedruckt in GRUR Int. 1989, 388.

Der Gesetzgeber ging bei der Lockerung des Akzessorietätsprinzips davon aus, dass das Bundespatentamt, das Bundespatentgericht und die ordentlichen Gerichte die verbliebenden Vorschriften seiner Absicht entsprechend auslegen und anwenden würden.[164] Allerdings sollte es dabei bleiben, dass der Anmelder eines Warenzeichens einen Geschäftsbetrieb haben musste. Eine Verpflichtung zur Angabe des Geschäftsbetriebs bei der Anmeldung wurde aber nicht mehr als erforderlich angesehen.[165] Dieser musste auch nicht unbedingt die in der Anmeldung benannten Waren und Dienstleistungen erfassen. Eine weitergehende Loslösung der Marke von dem Geschäftsbetrieb blieb der Reform des Markenrechts vorbehalten, die mit der Einführung des MarkenG am 01.01.1995 stattfand.

Rückblickend lässt sich feststellen, dass die Bedenken von Teilen der Literatur, die Abschaffung des Akzessorietätsprinzips gehe zu weit,[166] berechtigt waren. Während die Einführung des Benutzungszwangs jedenfalls die Geltendmachung von Rechten aus rechtsmissbräuchlichen bzw. sittenwidrigen Warenzeichen beschränkte, hatte die Aufhebung der Akzessorietät zwischen Warenzeichen und Geschäftsbetrieb eine gegenteilige Wirkung. Die Möglichkeit der Anmeldung des Warenzeichens ohne einen zugehörigen Gewerbebetrieb vergrößerte das Missbrauchspotential von Anmeldungen. Hiervon profitierten vor allem sog. Markendesigner, die einen Vielzahl von Marken auf Vorrat anmelden und diese anschließend verkaufen konnten. Damit wurden die positiven Auswirkungen des Benutzungszwangs wieder in Frage gestellt.

V. Zusammenfassung

In der Zeit der Geltung des WZG von 1936 gab es Anmeldungen, die in bösgläubiger Absicht vorgenommen wurden. Da der Begriff der „Bösgläubigkeit" in diesem Zusammenhang erst später entstand, wurden diese Verhaltensweisen noch als rechtsmissbräuchliche oder sittenwidrige Warenzeichenanmeldungen bezeichnet. Neben wettbewerbsrechtlich problematischen Vorgehensweisen, wie etwa der Anmeldung zur Behinderung des Marktzutritts eines Konkurrenten oder der Ausnutzung eines geschützten Besitzstandes, wurde häufig von der Vorrats- und Defensivzeichenanmeldung Gebrauch gemacht. Vor der Einführung des Benutzungszwangs für Warenzeichen im WZG gab es hiergegen keine geeignete zeichenrechtliche Handhabe. Lediglich über § 1 UWG a.F. oder andere zivilrechtliche Generalklauseln, wie etwa § 242 BGB, konnte der Herleitung von

164 Begr. zum ErstrG, BT-Drucks. 12/1399, 69, 70.

165 Ebenda, 69.

166 *Füllkrug*, GRUR 1994, 679; *Meister*, MA 1993, 214, 215.

Rechten aus den nicht benutzten Zeichen entgegengetreten werden.[167] Dies änderte sich mit der Einführung des Benutzungszwangs, der die Möglichkeit der Vorrats- und Defensivzeichenanmeldung einschränkte. Seither musste ein angemeldetes Warenzeichen innerhalb eines Fünfjahreszeitraums ernsthaft genutzt werden. Dies führte zu einer wesentlichen Beschränkung des Missbrauchs der Warenzeichenrechte. Allerdings wurde diese begrüßenswerte Regelung durch die spätere Aufhebung des Akzessorietätsgrundsatzes torpediert. Denn ohne den Akzessorietätsgrundsatz war die Möglichkeit der Warenzeichenanmeldung in rechtsmissbräuchlicher bzw. sittenwidriger Absicht leichter als jemals zuvor. Ohne das Erfordernis der Warenzeichenanmeldung für Waren eines bestimmten Geschäftsbetriebs wurde die Tür für spekulative Warenzeichenanmeldungen in geschäftsfremden Bereichen weit aufgestoßen.

167 Hierzu näher unter Ziff. III und IV im ersten Kapitel.

Drittes Kapitel: Die bösgläubige Markenanmeldung im MarkenG von 1994: Entstehung und Überblick

Im MarkenG von 1994 wurde der Nichtigkeitsgrund des § 50 Abs. 1 Nr. 4 MarkenG a.F. eingeführt, der die Löschung einer bösgläubig angemeldeten Marke ermöglichte. Im Jahre 2004 erweiterte der Gesetzgeber den Schutz gegen bösgläubige Markenanmeldungen durch die Einführung des absoluten Eintragungshindernisses des § 8 Abs. 2 Nr. 10 MarkenG. Damit konnte bösgläubig angemeldeten Marken bereits die Eintragung versagt werden.

I. Der Löschungsgrund des § 50 Abs. 1 Nr. 4 MarkenG a.F.

Im MarkenG war die bösgläubige Markenanmeldung bis zum Jahre 2004 nur als Löschungsgrund geregelt. Der Löschungstatbestand des § 50 Abs. 1 Nr. 4 MarkenG a.F. beruht auf Art 3 Abs. 2 lit. d der Ersten Richtlinie 89/104/EWG des Rates zur Angleichung der Rechtsvorschriften der Mitgliedstaaten über Marken vom 21.12.1989. Er lautete:

> „Die Eintragung einer Marke wird auf Antrag wegen Nichtigkeit gelöscht,
> [...]
> 4. wenn der Anmelder bei der Anmeldung bösgläubig war.“

Grund der Einführung des Löschungsgrundes war, dass die Möglichkeit zur Entfernung rechtsmissbräuchlicher oder sittenwidriger Markeneintragungen aus dem Warenverzeichnis als erforderlich angesehen wurde.[168] Zur Zeit des WZG galt noch die akzessorische Bindung einer Marke an einen Geschäftsbetrieb. Diese Bindung bestand zunächst umfassend, ab 1992 nur noch in eingeschränkter Form.[169] Mit der Einführung des MarkenG im Jahre 1994 verschwand das Erfordernis der Bindung einer Marke an den Geschäftsbetrieb des Markenanmelders komplett. Da der Gesetzgeber von einer erhöhten Anzahl missbräuchlicher Anmeldungen ausging, führte er als Korrektiv den Löschungsgrund der bösgläubigen Markenanmeldung in § 50 Abs. 1 Nr. 4 MarkenG a.F. ein.[170]

---

168 *Fezer*, MarkenR, § 8, Rn. 659.

169 Vgl. Darstellung unter Ziff. IV. im zweiten Kapitel.

170 Begr. zum MarkenG, BT-Drucks. 12/6581, 95.

Den Löschungsantrag konnte „jedermann“ stellen (§ 54 Abs. 1 MarkenG a.F.). Auch vor Inkrafttreten des Markengesetzes eingetragene Marken konnten danach gelöscht werden. § 162 Abs. 2 S. 2 MarkenG regelt allerdings, dass im Falle der Eintragung vor dem 01. Januar 1995 und der Einleitung des Löschungsverfahrens nach dem 01. Januar 1995 eine Löschung nur durchgeführt werden kann, wenn die Marke sowohl nach den bis dahin geltenden Vorschriften als auch nach den Vorschriften des MarkenG nicht schutzfähig ist. Die unter Geltung des WZG bösgläubig angemeldeten Marken waren nicht schutzfähig, sondern unterlagen den bis dahin geltenden außerkennzeichenrechtlichen Löschungsansprüchen.[171] Das WZG enthielt zwar keine dem § 50 Abs. 1 Nr. 4 MarkenG a.F. vergleichbare Regelung. Anerkannt waren hingegen die außerkennzeichenrechtlichen Löschungsansprüche aus § 1 UWG a.F. sowie – in seltenen Fällen – aus § 826 BGB.[172] Das Erfordernis des wettbewerbskonformen Verhaltens galt für die Ausschließlichkeitsrechte des Markeninhabers bereits vor der Einführung des MarkenG.[173]

II. Die Einführung des absoluten Schutzhindernisses der Bösgläubigkeit (§ 8 Abs. 2 Nr. 10 MarkenG)

Die MarkenRL 89/104/EWG enthielt in Art. 3 Abs. 2 lit. d eine Regelung, wonach eine Marke von der Eintragung ausgeschlossen werden kann, wenn die Markenanmeldung bösgläubig erfolgt. Dort heißt es:

> „Jeder Mitgliedstaat kann vorsehen, dass eine Marke von der Eintragung ausgeschlossen ist oder im Falle der Eintragung der Ungültigkeit unterliegt, wenn und soweit […] der Antragsteller die Eintragung der Marke bösgläubig beantragt hat.“

Der Richtliniengeber hielt eine Verpflichtung zur Einführung der bösgläubigen Markenanmeldung als absolutes Schutzhindernis nicht für erforderlich. Er ließ es den nationalen Gesetzgebern offen, die bösgläubige Markeneintragung als Löschungsgrund oder gegebenenfalls zusätzlich als absolutes Schutzhindernis zu berücksichtigen. Seiner Ansicht nach handelte es sich bei einer bösgläubigen Markenanmeldung um keinen Tatbestand, der der Verwirklichung des gemeinsamen Binnenmarktes zwingend entgegenstand.[174] Aus diesem Grund war eine Verhinderung der Eintragung von bösgläubig angemeldeten Marken nicht zwingend vorgesehen. Der deutsche Gesetzgeber führte daraufhin zunächst nur § 50

---

171 *Ströbele* in: Ströbele/Hacker, MarkenG, § 8, Rn. 844.

172 Vgl. zur Rechtslage im WZG *Baumbach/Hefermehl*, WZG, § 2 WZG, Rn. 29.

173 *Ströbele* in: Ströbele/Hacker, MarkenG, § 8, Rn. 888; *Hacker*, MarkenR, § 9, Rn. 148.

174 Begr. zu MarkenRL 89/104/EWG, Amtsblatt-Nr. L 040 v. 11.02.1998, 2.

Abs. 1 Nr. 4 MarkenG a.F. ein, der die Löschung einer bösgläubig angemeldeten Marke ermöglichte. Erst im Zuge der Reform des Geschmacksmustergesetzes im Jahre 2004 machte der deutsche Gesetzgeber schließlich von der Möglichkeit der MarkenRL 89/104/EWG Gebrauch und führte zusätzlich das absolute Schutzhindernis der Bösgläubigkeit in § 8 Abs. 2 Nr. 10 MarkenG ein.[175] Seitdem wurde die bösgläubige Markenanmeldung nicht mehr nur als Nichtigkeitsgrund in § 50 MarkenG gesehen, sondern war bereits im Eintragungsverfahren zu berücksichtigen.[176] § 8 Abs. 2 Nr. 10 MarkenG lautet:

> „Von der Eintragung ausgeschlossen sind Marken,
> […]
> 10. die bösgläubig angemeldet worden sind."

Die Einführung der bösgläubigen Markenanmeldung als absolutes Schutzhindernis des § 8 Abs. 2 Nr. 10 MarkenG geschah auf Initiative des Freistaats Sachsens, der ein Mittel zur Verhinderung der Anmeldung von Markenrechten an berühmten Namen und Kulturgütern suchte. Der Freistaat äußerte Bedenken, ob die vorhandenen rechtlichen Möglichkeiten ausreichten, um gegen die markenrechtliche Monopolisierung von Namen berühmter Persönlichkeiten, wie etwa Johann Sebastian Bach oder Theodor Fontane, vorzugehen.[177] Es habe nicht mehr ausreichend gewährleistet werden können, dass die Namen von Künstlern und Kulturgütern für Jubiläen und Veranstaltungen verwendet werden dürfen. Die betroffenen Kommunen und Vereinen seien durch die Inhaber der Marken zur Zahlung einer Lizenzgebühr für die Benutzung der Namen gezwungen worden.[178] Da Löschungsverfahren gegen bösgläubige Markenanmeldungen regelmäßig zu lang dauerten, konnten die Namen erst nach dem jeweiligen Ereignis wieder frei verwendet werden.

Dieser rechtsmissbräuchlichen Form des „Markenwegschnappens" – bzw. des „grabbings" – müsse mit einer Gesetzesänderung begegnet werden.[179] Aus diesem Grund forderte der Freistaat Sachsen die Erweiterung der absoluten Schutzhindernisse des § 8 Abs. 2 MarkenG. Im Rahmen der Plenarsitzung des Bundesrats am 09. März 2001 wurde vorgeschlagen, die Namen berühmter

175 Durch Art. 2 Abs. 9 Nr. 1 lit. c des Geschmacksmusterreformgesetzes vom 12.03.2004, BGBl. 2004 I, 390.

176 Vgl. *Fezer*, MarkenR, § 8, Rn. 661; *Ströbele* in: Ströbele/Hacker, MarkenG, § 8, Rn. 831.

177 BR-DruckS 169/01.

178 BR-Plenarprotokoll 760, 96.

179 Ebenda.

Persönlichkeiten und Kulturgüter von der Eintragung als Marke auszuschließen.[180] Dies sei ja bereits für staatliche Wappen und Flaggen sowie sonstige Hoheitszeichen ausgeschlossen, die nicht als Marke eingetragen werden könnten.

Diesem Vorschlag wurde teilweise zugestimmt. Es bestand Einigkeit, dass man rechtsmissbräuchlichen Markenanmeldungen entgegentreten müsse. Allerdings wurden die vorhandenen gesetzlichen Instrumente hierfür als ausreichend angesehen.[181] Die §§ 3 und 8 MarkenG böten genügend Spielraum für eine sensible Prüfungs- und Eintragungspraxis. Im Übrigen vertrat man die Auffassung, dass den Marken eine Unterscheidungsfunktion zukomme und auch der Name einer berühmten Person diese Funktion erfüllen könne. Beispielhaft wurden die allseits bekannten „Mozartkugeln“ und „Bachpfeifen“ genannt. Der Bundesrat verwies die Angelegenheit daraufhin in seine Ausschüsse, ohne dabei aber nähere inhaltliche Vorgaben zur Einführung eines absoluten Schutzhindernisses zu machen.

Infolge der Diskussion im Bundesrat legte das Bundesministerium für Justiz am 22. April 2002 einen Vorschlag zur Einführung eines weiteren absoluten Schutzhindernisses in § 8 Abs. 2 Nr. 10 MarkenG vor.[182] Im Rahmen des Referentenentwurfs wurde die geplante Einführung des absoluten Schutzhindernisses damit begründet, dass die fakultative Vorgabe des Art. 3 Abs. 2 lit. d. der MarkenRL 89/104/EWG bereits in den meisten Mitgliedsstaaten umgesetzt worden sei.[183] Die Einführung als absolutes Schutzhindernis sei nötig, um den sog. „Hinterhaltsmarken“ bereits die Eintragung zu verweigern, wenn der Prüfer beim DPMA genügend Anhaltspunkte für eine rechtsmissbräuchliche Absicht des Markenanmelders sehe. Anhaltspunkte für eine rechtsmissbräuchliche Absicht des Markenanmelders böten folgende Kriterien, die im Wesentlichen den vom BGH im Rahmen seiner „Classe E“-Entscheidung herangezogenen Indizien für die rechtsmissbräuchliche Ausnutzung des formalen Markenrechts entsprachen[184]:

180 Ebenda.

181 Ebenda.

182 Zum Referentenentwurf des Geschmacksmusterreformgesetzes vom 22. April 2002 vgl. GRUR Int. 2002, 547.

183 Ebenda.

184 BGH, GRUR 2001, 242: „Von einer rechtsmissbräuchliche Ausnutzung des formalen Markenrechts auszugehen sei, wenn der Markeninhaber (1) eine Vielzahl von Marken für unterschiedliche Waren oder Dienstleistungen anmeldet, (2) hinsichtlich der in Rede stehenden Marken keinen ernsthaften Benutzungswillen hat – vor allem zur Benutzung in einem eigenen Geschäftsbetrieb oder für dritte Unternehmen auf Grund eines bestehenden oder potentiellen konkreten Beratungskonzepts – und (3)

- Die Anmeldung der Marke in zahlreichen Geschäftsbereichen, ohne dass ein ernsthafter Benutzungswille in einem eigenen Geschäftsbetrieb oder für dritte Unternehmen auf Grund eines bestehenden oder konkret geplanten Beratungskonzepts ersichtlich ist.
- Das Fehlen einer Verbindung zwischen dem Anmelder einerseits und einer konkreten oder konkretisierbaren Ware oder Dienstleistung andererseits.
- Das Vorliegen von Anhaltspunkten dafür, dass der Anmelder einen Geschäftsbetrieb als Markendesigner unterhält oder konkrete Planungen dazu aufgenommen hat.
- Der Umstand, dass in einem gerichtlichen Verfahren rechtsverbindlich festgestellt worden ist, dass der Anmelder Markenrechte in rechtsmissbräuchlicher Weise ausgenutzt hat.

Damit sollte die Prüfung der Bösgläubigkeit vom Löschungsverfahren auf das Eintragungsverfahren vorgezogen werden. Beachtlich ist der Umstand, dass der Referentenentwurf keine Einschränkung des Prüfungsumfangs vorsah. In § 37 Abs. 3 MarkenG war bis dahin nur eine Einschränkung des Prüfungsumfangs für das absolute Schutzhindernis der Täuschung in § 8 Abs. 2 Nr. 4 MarkenG geregelt. Demzufolge hätte das Eintragungshindernis der bösgläubigen Markenanmeldung – ebenso wie die sonstigen absoluten Schutzhindernisse – abschließend geprüft werden müssen. Hierdurch wäre der Prüfumfang des DPMA erheblich gestiegen. Letzteres führte teilweise zu Kritik in der Literatur.[185] Im Zentrum der Kritik standen die schlechte Nachweisbarkeit der Bösgläubigkeit des Markenanmelders bei der Markenanmeldung und die ausufernden Prüfungspflichten der Markenstellen des DPMA. Zum Nachweis der rechtsmissbräuchlichen Gesinnung des Markenanmelders sei eine Beweisaufnahme erforderlich, die das Anmeldungsverfahren unnötig in die Länge ziehen würde.[186] Gefordert wurde deshalb, das Löschungsverfahren neben dem Verfahren bei Eintragung der Marke beizubehalten. Andere erachteten eine Ausgestaltung als relatives Schutzhindernis für ausreichend, da das summarisch durchzuführende Widerspruchsverfahren genüge, um die Rechte der Vorbenutzer angemessen zu schützen.[187]

---

die Marken im Wesentlichen zu dem Zweck gehortet werden, Dritte, die identische oder ähnliche Bezeichnungen verwenden, mit Unterlassungs- und Geldansprüchen zu überziehen".

185 Grundsätzlich für die Einführung des Eintragungshindernisses sind beispielsweise *Meessen*, GRUR 2003, 672, 674 und *Ströbele* in: Ströbele/Hacker, MarkenG, 7. Auflage, § 8, Rn. 644, die aber beide Modifizierungen forderten.

186 *Ströbele* in: Ströbele/Hacker, MarkenG, 7. Auflage, § 8, Rn. 644.

187 *Meessen*, GRUR 2003, 672, 675.

Im Zuge der Reform des Geschmacksmustergesetzes nahm der Gesetzgeber schließlich die bösgläubige Markenanmeldung als Nr. 10 in die Schutzhindernisse des § 8 Abs. 2 MarkenG auf.[188] Dabei wurde der Referentenentwurf hinsichtlich einiger von der Literatur kritisierter Punkte abgeändert. Die größte Bedeutung kam der Einschränkung der Prüfungspflicht der Markenstellen des DPMA zu. Gemäß § 37 Abs. 3 MarkenG muss die Marke nunmehr lediglich darauf überprüft werden, ob die Anmeldung ersichtlich in einer rechtsmissbräuchlichen Absicht vorgenommen wird. Damit sollte das Arbeitspensum der Markenstellen des DPMA in einem verträglichen Rahmen gehalten werden. Außerdem blieb die Löschung im Wege des Nichtigkeitsverfahrens gemäß § 50 Abs. 1 i.V.m. § 8 Abs. 2 Nr. 10 MarkenG weiterhin möglich. Schließlich wurde dem Deutschen Patent- und Markenamt ebenfalls die Möglichkeit der Löschung von Amts wegen eingeräumt. Die „Amtslöschung“ wird aber dadurch erschwert, dass sie nur innerhalb eines Zeitraums von zwei Jahren nach dem Tag der Eintragung eingeleitet werden kann (§ 50 Abs. 3 Nr. 1 MarkenG) und die Eintragung ersichtlich gegen das absolute Schutzhindernis des § 8 Abs. 2 Nr. 10 MarkenG verstoßen muss (§ 50 Abs. 3 Nr. 3 MarkenG).

III. Die bösgläubige Markenanmeldung als absolutes Schutzhindernis

1. Absolute Schutzhindernisse

Nach der ständigen Rspr. des EuGH geht es bei den absoluten Schutzhindernissen im Markenrecht vor allem um die Bewahrung der Allgemeinheit vor ungerechtfertigten Rechtsmonopolen.[189] Schließlich wird mit der Eintragung eines Zeichens als Marke nicht nur die Rechtposition des Markenanmelders verbessert, sondern zugleich die Rechtsstellung der Allgemeinheit verschlechtert, da diese das Zeichen fortan nicht mehr frei verwenden kann.[190] Es spielte dabei keine Rolle, ob die Verschlechterung bereits tatsächlich eingetreten ist, denn es

188 BGBl. 2004 I, 390 (= BlPMZ 2004, 207).

189 EuGH, GRUR Int. 2011, 400 [Rn. 36] – *Zahl 1000*; EuGH; GRUR 2008, 608 [Nr. 55] – *EUROHYPO*; EuGH, GRUR 2006, 229 [Nr. 59] – *BioID*; EuGH, GRUR 2003, 604 [Nr. 51] – *Libertel*; EuGH, GRUR 2003, 513 [71] – *Linde*; EuGH, GRUR 1999, 723 [Nr. 25ff.] – *Chiemsee*; so auch BGH, GRUR 2009, 411 [Nr. 7] – *STREETBALL*; BGH, GRUR 2006, 850 [Nr. 17] – *FUSSBALL WM 2006*.

190 Vgl. *Ströbele* in: Ströbele/Hacker, MarkenG, § 8, Rn. 5.

genügte die bloße potentielle Beeinträchtigung der wettbewerblichen Grundfreiheiten.[191] Da der Markeninhaber die Nutzung seines Zeichens regelmäßig entweder verbieten oder von der Zahlung einer Lizenzgebühr abhängig machen wird, kommt es zu einer eindeutigen Verschlechterung der Rechtsstellung der Allgemeinheit. Die Bewältigung des insofern erforderlichen Ausgleichs zwischen der Monopolstellung des Rechtsinhabers und der Wettbewerbsfreiheit stellt den Hauptzweck der absoluten Schutzhindernisse dar.[192] Absolute Schutzhindernisse begründen einen Bereich, in dem keine markenrechtlichen Monopole bestehen dürfen, weil das Interesse der Allgemeinheit an der freien Verwendbarkeit der Zeichen überwiegt. In diesem Fall ist die Markenanmeldung zurückzuweisen.

2. Die Prüfung durch das DPMA

Bei der Anmeldung der Marke beim DPMA muss das Entgegenstehen absoluter Schutzhindernisse geprüft werden (§ 37 Abs. 1 MarkenG). Dabei hat das Markenamt eine vollumfängliche Überprüfung vorzunehmen. Die Intensität der Prüfung – ein zentrales Problem der Markenanmeldung – spiegelt den bereits angesprochenen Ausgleich zwischen Monopolstellung des Markeninhabers und der Wettbewerbsfreiheit wieder. Eine Einschränkung der umfassenden Prüfungspflicht ergibt sich aus § 37 Abs. 3 MarkenG. Danach wird die Anmeldung nur dann zurückgewiesen, wenn die Bösgläubigkeit ersichtlich ist.

a. Die Ersichtlichkeit der Bösgläubigkeit

Voraussetzung für die Zurückweisung der Markenanmeldung ist also, dass diese ersichtlich bösgläubig erfolgt. Fraglich ist, wann die Bösgläubigkeit einer Markenanmeldung ersichtlich ist. Der Begriff der Ersichtlichkeit darf nicht so ausgelegt werden, dass der Markenprüfer überhaupt keine Prüfungs- und Recherchetätigkeiten vornehmen kann.[193] Die Bösgläubigkeit des Markenanmelders muss für den Prüfer vielmehr aus den Anmeldunterlagen, den üblichen Informationsquellen oder aufgrund seines Fachwissens erkennbar sein.[194] Auf diese Weise wird verhindert, dass vor der Eintragung weitreichende Ermittlungen, insbesondere die Einholung demoskopischer Gutachten, erforderlich werden.

---

191 BPatG, GRUR 2010, 1017, 1019 – *Bonbonform*; BPatG, GRUR 2010, 338, 340 – *Etikett*; *Alber*, GRUR 2005, 127, 129.

192 *Ströbele*, GRUR 2001, 658, 659; *Ströbele* in: Ströbele/Hacker, MarkenG, § 8, Rn. 5, dies ist bei der Auslegung der absoluten Schutzhindernisse vorrangig zu berücksichtigen.

193 *Ströbele*: in Ströbele/Hacker, MarkenG, § 8, Rn. 850.

194 Begr. zum Entwurf des Geschmacksmusterreformgesetzes, BT-DruckS 15/1075, 67f.

Dies erspart dem DPMA eine unangemessen hohe Belastung. Gleichzeitig wird sichergestellt, dass der Prüfer nicht „sehenden Auges" eine löschungsreife Marke eintragen muss.[195] Für die Feststellung der Bösgläubigkeit kann der Prüfer auf seine eigene Sachkunde abstellen.[196] Die Einholung eines entsprechenden Sachverständigengutachtens ist hierfür nicht erforderlich und widerspräche im Übrigen dem Zweck der eingeschränkten Prüfungspflicht.

b. Unterschiede zur Prüfung der Markenanmeldung vor Einführung des § 8 Abs. 2 Nr. 10 MarkenG

Vor der Einführung des § 8 Abs. 2 Nr. 10 MarkenG wurde die bösgläubige Markenanmeldung als Nichtigkeitsgrund gemäß § 50 Abs. 1 Nr. 4 MarkenG a.F. angesehen. Daher gab es Bestrebungen, Markenanmeldungen, die bereits während des Anmeldungsverfahrens als offensichtlich missbräuchlich erachtet wurden, mit der Anwendung anderer absoluter Schutzhindernisse zu begegnen. Dabei wurden vor allem die Schutzhindernisse der fehlenden Unterscheidungskraft gemäß § 8 Abs. 2 Nr. 1 MarkenG, der Täuschungseignung gemäß § 8 Abs. 2 Nr. 4 MarkenG und des Verstoßes gegen die öffentliche Ordnung bzw. gegen die guten Sitten gemäß § 8 Abs. 2 Nr. 5 MarkenG kontrovers diskutiert.[197] In diesem Zusammenhang gab es häufige Kurswechsel in der deutschen Spruchpraxis.

Zunächst ging man davon aus, dass die absoluten Schutzhindernisse im Rahmen des Eintragungsverfahrens und im Rahmen des nachfolgenden Widerspruchs- oder Löschungsverfahrens zu berücksichtigen seien. Damit kam die damalige Praxis gut zurecht, denn Markenanmeldungen konnten auch im Widerspruchsverfahren aus absoluten Schutzhindernissen angegriffen werden. Um eine Anmeldung mit absoluten Schutzhindernissen zu bekämpfen, konnte aus jeder älteren Marke Widerspruch eingelegt werden, den man, wenn sich eine Verwechslungsgefahr nicht begründen ließ, über einen Verstoß gegen absolute Schutzhindernisse zu rechtfertigen suchte.[198] Falls das DPMA dem Anmelder recht gab, konnte hiergegen Beschwerde eingelegt werden, bei der das Bundespatentgericht die absoluten Schutzhindernisse von Amts wegen prüfen musste. Zwischenzeitlich wurde diese Praxis zugunsten einer vollständigen und abschließenden Prüfung der absoluten

195 Ebenda.
196 BGH, GRUR 2002, 550, 552 – *Elternbriefe*.
197 *Ströbele*, GRUR 2005, 93.
198 *Heydt*, GRUR 1963, 29.

Schutzhindernisse im Rahmen des Eintragungsverfahrens aufgegeben.[199] Ziel dieses Richtungswechsels war es, alle absoluten Schutzhindernisse einer angemeldeten Marke bereits im Eintragungsverfahren umfassend zu prüfen. Da sich die vollständige Prüfung der absoluten Schutzhindernisse im Rahmen des Eintragungsverfahrens aber als unpraktikabel erwies, wurde dieser Ansatz nicht weiter verfolgt. Man erkannte, dass dem Interesse der Allgemeinheit, insbesondere dem Interesse der Mitbewerber, an der Verhinderung der Eintragung schutzunfähiger Marken ebenso durch eine nachträgliche Überprüfung im kontradiktorischen Verfahren Genüge getan würde.[200]

Diese erneute Änderung der Eintragungspraxis entsprach nicht zuletzt dem Willen der mit der Überprüfung befassten Behörden und Gerichte, da die tatsächliche Ermittlung bestehender Schutzhindernisse oftmals sehr aufwendig war.[201] Als Vorteil dieses Ansatzes wurde die schnelle Eintragung einer Marke gesehen. Die erhöhte Rechtsunsicherheit – gerade im Zuge eines staatlichen Verfahrens – wurde dagegen kritisiert, denn auch Markenanmeldungen, bei denen die Bösgläubigkeit des Anmelders im Raum stand, wurden regelmäßig eingetragen.[202] Die Kontrolle auf absolute Schutzhindernisse im Eintragungsverfahren wurde auf ein Mindestmaß beschränkt und lief daher auf eine „Ersichtlichkeitsprüfung" hinaus, ohne dass dies gesetzlich vorgeschrieben war. De facto bestand daher bei der Prüfung einer Markenanmeldung auf absolute Schutzhindernisse kein Unterschied zur derzeitigen gesetzlichen Lage, bei der die Prüfung auf Bösgläubigkeit des Anmelders oder Täuschungseignung der Marke gemäß § 37 Abs. 3 MarkenG auf ersichtliche absolute Schutzhindernisse beschränkt ist.

c. *Die Vereinbarkeit des Prüfumfangs mit der Rechtsprechung des EuGH*

Der beschränkte Prüfungsumfang der mit der Markenanmeldung befassten Behörden stand wiederholt in der Kritik. Bereits im Jahre 1998 führte der EuGH – allerdings zu den relativen Schutzhindernissen – aus, dass solche Marken von der Eintragung auszuschließen seien, deren Benutzung im Wege eines gerichtlichen Verfahrens entgegengetreten werden könne.[203] Hierfür sprächen die Grundätze

199 Grundlegend hierzu BGH, GRUR 1968, 694 – *Polyestra*; BGH, GRUR 1963, 630 – *Polymar*.

200 Sehr ausführlich *Ströbele*, GRUR 2005, 93.

201 *Ströbele*, GRUR 2005, 93, 94; Ströbele, GRUR 2001, 658, 660.

202 *BGH*, GRUR 2000, 882, 883 – *Bücher für eine bessere Welt*; *Ströbele*, GRUR 2005, 93, 94; Ströbele, GRUR 2001, 658, 661.

203 EuGH, GRUR 1998, 922 [Rn. 21] – *Canon*.

der Rechtssicherheit und der ordnungsgemäßen Verwaltung. Deutlicher wird der EuGH in seiner „Libertel"-Entscheidung.[204] Dort führt er zu der Frage des Prüfungsumfangs folgendes aus:

> „[...] die Zahl und die ausführliche Beschreibung der Eintragungshindernisse in den Art. 2 und 3 der Richtlinie 89/104/EWG sowie der breite Fächer an Rechtsbehelfen bei Ablehnung der Eintragung sprechen dafür, dass die Prüfung anlässlich des Antrags auf Eintragung nicht auf ein Mindestmaß beschränkt werden darf. Diese Prüfung muss streng und vollständig sein, um eine ungerechtfertigte Eintragung von Marken zu vermeiden. Wie der EuGH bereits entschieden hat, ist aus Gründen der Rechtssicherheit und der ordnungsgemäßen Verwaltung sicherzustellen, dass Marken, deren Benutzung vor Gericht mit Erfolg entgegengetreten werden könnte, nicht eingetragen werden."

Diese Aussage bestätigt der EuGH in der „Postkantoor"-Entscheidung.[205] Darin bekräftigt er, dass das System der Richtlinie auf eine Kontrolle vor der Eintragung hinauslaufe, auch wenn sie überdies eine nachträgliche Kontrolle vorsehe. Die Prüfung der insbesondere in Art. 3 der Richtlinie aufgeführten Eintragungshindernisse, die bei Stellung des Eintragungsantrags vorgenommen werde, müsse eingehend und umfassend sein, um zu verhindern, dass eine Marke zu Unrecht eingetragen werde.

Die Folgen dieser Entscheidungen sind für die deutsche Praxis nicht zu unterschätzen. Der EuGH gab vor, dass Markenanmeldungen eingehend und umfassend auf Eintragungshindernisse geprüft werden müssen. Völlig im Gegensatz zu dieser höchstrichterlichen Vorgabe steht dagegen § 37 Abs. 3 MarkenG, wonach die Anmeldung einer Marke nur dann gemäß § 8 Abs. 2 Nr. 4 oder Nr. 10 MarkenG zurückgewiesen wird, wenn die Eignung zur Täuschung oder die Bösgläubigkeit ersichtlich sind. Damit besteht bei dieser Frage auf den ersten Blick ein Widerspruch zwischen der deutschen Gesetzgebung und der Rechtsprechung des EuGH.

Bei genauerer Betrachtung des zugrundeliegenden Problems lässt sich dieser Widerspruch aber auflösen. Sicherlich spricht für eine umfassende Prüfung der Markenanmeldungen auf Bösgläubigkeit, dass die Eintragung zunächst ein hohes Maß an Rechtssicherheit mit sich bringt. Nach der Eintragung handelt es

---

204 EuGH, GRUR 2003, 604 [Rn. 59] – *Libertel*; der EuGH sah hier wohl dringenden Klärungsbedarf, denn der Umfang der Prüfungspflichten war nicht Gegenstand der Vorlagefrage. Angesichts der üblicherweise präzisen Beantwortung der Vorlagefragen ist der ungefragte Hinweis ein deutlicher Hinweis auf die aus der Sicht des EuGH bestehende Klärungsbedürftigkeit der Frage.

205 EuGH, GRUR 2004, 674 [Rn. 123] – *Postkantoor*.

sich schließlich um ein staatlich geprüftes Recht.[206] Im Sinne eines geregelten staatlichen Prüfungsverfahrens sollten Bedenken gegen die Schutzfähigkeit der Marke nicht auf das nachfolgende Löschungsverfahren verlegt werden.[207] Die sorgfältige Durchführung des Verfahrens der Markenanmeldung liegt schließlich auch im Interesse des Markenanmelders selbst.[208] Dessen Eintragungsanspruch (§ 33 Abs. 2 MarkenG) bezieht sich nämlich nicht nur auf die Markenanmeldung als solche, sondern vielmehr auf die Erteilung des Registerschutzes für ein Zeichen, dessen Voraussetzungen korrekt geprüft wurden.[209] Zudem ist der Rechtsschein der Eintragung zu berücksichtigen. Der Rechtsverkehr verbindet mit der Eintragung einer Marke die vorherige Prüfung auf Schutzhindernisse. Aus der Eintragung ergibt sich daher ein gewisses Abschreckungspotential für Andere.[210] Es besteht darin, dass diese von einer Annäherung an die angemeldete Marke eher absehen, da sie von der Rechtmäßigkeit der Eintragung ausgehen können.

Gegen die umfassende Prüfung auf bösgläubige Absichten im Eintragungsverfahren sprechen aber bereits praktische Gesichtspunkte. Das DPMA stünde bei der Überprüfung der Schutzfähigkeit der Marke vor der Aufgabe, die subjektiven Motive des Markenanmelders zu erforschen. Die übrigen Schutzhindernisse des § 8 Abs. 2 MarkenG knüpfen an ersichtliche, objektive Umstände an. Diese sind für den Prüfer des DPMA einfach feststellbar. Er kann sich an den belegbaren Tatsachen der Markenanmeldung orientieren. Schwieriger ist etwa der Nachweis einer bösgläubigen Absicht des Anmelders gemäß § 8 Abs. 2 Nr. 10 MarkenG. Diese wäre – wenn überhaupt – nur nach einer umfassenden Recherche erkennbar. Eine solche umfassende Recherche würde eine enorme zeitliche Beanspruchung der Prüfer des DPMA nach sich ziehen. Dem stünde das Interesse an einer schnellen Bearbeitung der Markenanmeldungen entgegen, um das Registerverfahren nicht unnötig zu verzögern.

Darüber hinaus ist zu berücksichtigen, dass die zuvor dargestellten Argumente zugunsten einer umfassenden Prüfungspflicht nicht überzeugen. Der Grad der Rechtssicherheit ist im Fall der Markeneintragung ohnehin meist nicht besonders hoch. Rechtssicherheit kann nur ein umfassendes staatliches Prüfungsverfahren vermitteln. Das setzt voraus, dass dem Prüfer alle relevanten Umstände

---

206 Ströbele, GRUR 2001, 658, 661; *Ticic*, Bösgläubige Markenanmeldung, 78.

207 *Ströbele*, GRUR 2001, 658, 660.

208 Vgl. *Ströbele* in: Ströbele/Hacker, MarkenG, § 8, Rn. 9.

209 *Ströbele*, NJW-Sonderheft „100 Jahre Markenverband", 2003 (Beilage zu GRUR 2003, Heft 12), 78, 79.

210 BGH, GRUR 2000, 882, 883 – *Bücher für eine bessere Welt.*

des Einzelfalls – also auch die Absichten des Markenanmelders – bekannt sind. Ist dies nicht der Fall, bleibt die positive Entscheidung des DPMA angreifbar, weil nicht alle Umstände berücksichtigt wurden. Daher ist es sinnvoll, die im Eintragungsverfahren nicht berücksichtigten Umstände im Löschungsverfahren mit der nötigen Sorgfalt zu prüfen. Eine solche Prüfung ist nur im Löschungsverfahren möglich, denn die für oder gegen die Eintragung sprechenden Umstände werden nun von den Parteien vorgetragen und können von der prüfenden Stelle umfassend untersucht werden.[211] Sofern der Anmelder der Marke im Zeitpunkt der Anmeldung bösgläubig war, ist er auch im Hinblick auf den erworbenen Anspruch auf Eintragung gemäß § 33 Abs. 2 MarkenG nicht schutzwürdig. Das Interesse an der Rechtmäßigkeit der Eintragungen und der Richtigkeit des Markenregisters überwiegt das Interesse des Markenanmelders auf Eintragung eines im Rahmen des eingeschränkten Verfahrens überprüften Zeichens.

Schließlich muss ebenfalls berücksichtigt werden, dass die oben genannten Entscheidungen des EuGH[212] nicht zwingend für eine umfassende Prüfung der Markenanmeldungen auf sämtliche absolute Eintragungshindernisse sprechen. Die angesprochenen Fälle bezogen sich nämlich allein auf den Prüfungsumfang des Freihaltebedürfnisses in § 8 Abs. 2 Nr. 2 MarkenG. Das Freihaltebedürfnis schützt ein allgemeines Interesse an der ungehinderten Verwendbarkeit bestimmter Angaben und Zeichen, die lediglich zur Bezeichnung der Merkmale einer Ware oder Dienstleistung dienen.[213] Eine großzügigere Eintragungspraxis hätte eine starke Verwischung der Grenzen zwischen schutzfähigen Marken und rein beschreibenden Angaben zur Folge. Eingetragene Marken würden somit

211 Für das Amtsverfahren gemäß § 50 Abs. 3 MarkenG gilt ebenfalls die Einschränkung auf Ersichtlichkeit. In § 50 Abs. 3 Nr. 3 MarkenG heißt es, dass die Eintragung der Marke von Amts wegen gelöscht werden kann, wenn sie entgegen § 8 Abs. 2 Nr. 4 bis 10 MarkenG eingetragen worden ist und die Eintragung ersichtlich gegen die genannten Vorschriften vorgenommen worden ist. Demnach ist ein Vorgehen gegen die Eintragung von Amts wegen nur dann denkbar, wenn die Marke ersichtlich nicht schutzwürdig ist. Dies bedeutet, auch hier muss der zu prüfende Punkt eindeutig feststehen.

212 EuGH, GRUR 2003, 604 [Rn. 59] – *Libertel*; EuGH, GRUR 2004, 674 [Rn. 123] – *Postkantoor*.

213 St. Rspr. z.B. EuGH, GRUR Int. 2011, 400 [Rn. 37] – *Zahl 1000*; EuGH, GRUR 2006, 233 [Rn. 62] – *Deutsche SiSi-Werke*; EuGH, GRUR 2004, 428 [Rn. 41] – *Henkel*; EuGH, GRUR 2004, 146 [Rn. 31] – *Wrigley*; EuGH, GRUR 1999, 723 [Rn. 25] – *Chiemsee*; vgl. auch BGH, GRUR 2006, 850 [Rn. 35] – *FUSSBALL WM 2006*; dem folgend *Ingerl/Rohnke*, MarkenG, § 8, Rn. 198; *Ströbele* in: Ströbele/Hacker, MarkenG, § 8, Rn. 337.

nicht nur die Marken anderer Personen und Unternehmen beeinträchtigen, sondern auch deren Werbeaussagen.[214] Diese Erwägungen spielen für die Beurteilung der bösgläubigen Markenanmeldung aber keine Rolle. Bei der bösgläubigen Markenanmeldung ist eine solche Gefährdungslage nicht zu sehen. Der EuGH formuliert seine Vorgaben in der „Libertel"-Entscheidung („Die Prüfung darf nicht auf ein Mindestmaß beschränkt werden. [...] Die Prüfung muss streng und vollständig sein") zwar ohne eine Beschränkung auf das Schutzhindernis des § 8 Abs. 2 Nr. 2 MarkenG. Dennoch überzeugt die dahinter stehende Argumentation zumindest nicht für die bösgläubige Markenanmeldung. Bei bösgläubigen Markenanmeldungen genügt die vollständige Überprüfung im Löschungsverfahren. Schließlich führen bösgläubig angemeldete Marken nicht zur Vermischung objektiv schutzfähiger und objektiv schutzunfähiger Zeichen im Register, wie etwa die Eintragung beschreibender Zeichen. Es ist auch nicht zu befürchten, dass sich zukünftige Markenanmelder auf die Voreintragung berufen werden, um eigene bösgläubige Anmeldungen eingetragen zu bekommen. Hierfür spricht, dass bösgläubige Markenanmeldungen immer einzelfallbezogen zu bewerten sind und sich aus ihnen keine Rückschlüsse für zukünftige Markenanmeldungen ergeben. Die Gefahr der Heranziehung der Eintragung in zukünftigen Fällen, wie etwa bei der Anmeldung freihaltebedürftiger Marken, ergibt sich daher für bösgläubige Markenanmeldungen nicht. Die vom EuGH im Rahmen der „Libertel"-Entscheidung aufgestellten Vorgaben zum Umfang der Prüfung von Markenanmeldungen auf absolute Schutzhindernisse finden folglich für das Schutzhindernis der bösgläubigen Markenanmeldungen in § 8 Abs. 2 Nr. 10 MarkenG keine Anwendung. Die Einschränkung des Prüfungsumfangs gemäß § 37 Abs. 3 MarkenG auf ersichtliche Fälle steht nicht im Widerspruch zur Rechtsprechung des EuGH und ist daher nicht zu kritisieren.

d. Die Berücksichtigung von Hinweisen Dritter

Nach § 37 Abs. 3 MarkenG wird, wie bereits ausgeführt, eine Anmeldung nach § 8 Abs. 2 Nr. 4 oder Nr. 10 nur zurückgewiesen, wenn die Eignung zur Täuschung oder die Bösgläubigkeit ersichtlich ist. Müsste das DPMA die Hinweise Anderer im Rahmen der Prüfung auf absolute Schutzhindernisse berücksichtigen, könnten die strengen Vorgaben der Ersichtlichkeitsprüfung in § 37 Abs. 3 MarkenG relativiert werden.[215] Grundsätzlich ist § 37 Abs. 3 MarkenG darauf angelegt, die Prüfung der Markenanmeldung auf die Schutzhindernisse gemäß

214 *Ströbele*, GRUR 2001, 93,94.

215 *Lange*, Marken- und KennzeichenR, Rn. 741.

§ 8 Abs. 2 Nr. 4 oder 10 MarkenG zu vereinfachen. Daher stellt sich die Frage, ob das DPMA die Hinweise Anderer überhaupt berücksichtigen muss. Wenn dies nicht der Fall ist, wären diese Hinweise erst im Rahmen des Löschungsverfahrens nach § 50 MarkenG zu hören.

Gegen die Berücksichtigung von Hinweisen Anderer spricht, dass die Begründung zum Regierungsentwurf des Geschmacksmusterreformgesetzes diese Hinweise im Zusammenhang mit der Prüfung auf Schutzhindernisse nicht ausdrücklich genannt hat.[216] Die Schutzunfähigkeit muss sich für den Prüfer aus den Anmeldeunterlagen, seinem Fachwissen oder den sonstigen üblichen Informationsquellen ohne weitere umfangreiche Ermittlungen ergeben. Auch sonst enthält das MarkenG keine vergleichbaren Vorschriften, die zur Beantwortung dieser Frage herangezogen werden können.

Hinzu kommt, dass in der UMV eine ausdrückliche Regelung der Berücksichtigung von Hinweisen im Rahmen der Überprüfung auf Schutzhindernisse enthalten ist. Nach § 40 Abs. 1 UMV können natürliche oder juristische Personen sowie die Verbände der Hersteller, Erzeuger, Dienstleistungsunternehmer, Händler und Verbraucher beim EUIPO nach der Veröffentlichung der Anmeldung der Unionsmarke schriftliche Bemerkungen mit der Begründung einreichen, dass die Marke wegen des Vorliegens absoluter Schutzhindernisse von der Eintragung ausgeschlossen sei.[217] Hätte der deutsche Gesetzgeber ebenfalls die Berücksichtigung von Hinweisen Anderer im Rahmen des Prüfungsverfahrens gewollt, wäre eine vergleichbare Regelung ohne Weiteres möglich gewesen. Da diese unterblieb, kann davon ausgegangen werden, dass die Hinweise Anderer im Eintragungsverfahren vom DPMA nicht geprüft werden müssen.

Denkbar ist jedoch eine analoge Anwendung des Art. 40 UMV auf das deutsche Markenrecht.[218] Die Analogie setzt das Bestehen einer planwidrigen Regelungslücke bei vergleichbarer Interessenlage voraus. Zwar mag man mit *Ticic* davon ausgehen, dass das Markengesetz keine Regelung über die Berücksichtigung der Hinweise Anderer im Eintragungsverfahren trifft. Allerdings scheitert die Analogie sowohl an der mangelnden Planwidrigkeit der Lücke als auch an der nicht vergleichbaren Interessenlage.

---

216 Vgl. zu § 37 Abs. 3 MarkenG die Begr. zum Entwurf des Geschmacksmusterreformgesetzes, BT-DrucksS 15/1075, 68.

217 Zu den Einzelheiten des Verfahrens der Geltendmachung von Bemerkungen Dritter siehe Eisenführ/*Schennen*, GMV, Art. 40, Rn. 1 ff.

218 Dazu *Ticic*, Bösgläubige Markenanmeldung, 84.

Die Planwidrigkeit der Regelungslücke liegt vor, wenn der Gesetzgeber eine bestimmte Regelungsmöglichkeit nicht erkannt und infolgedessen eine Regelung unterlassen hat. Es ist allerdings wenig wahrscheinlich, dass der Gesetzgeber die Möglichkeit der Hinweiserteilung durch Andere im Rahmen des Eintragungsverfahrens nicht erkannt hat. Schließlich werden in der Regierungsbegründung verschiedene Kriterien der Kenntnisnahme durch den Prüfer genannt (z.B. Fachwissen und übliche Informationsquellen).[219] Dem Gesetzgeber dürfte es daher auch bewusst gewesen sein, dass der Prüfer durch Informationen Anderer einen Hinweis auf die bösgläubigen Absichten des Markenanmelders erhalten könnte. Er hat dies nicht kodifiziert, da die Betroffenen auf den Weg des Löschungsverfahrens verwiesen werden sollten. Die Berücksichtigung der Hinweise Anderer stünde nämlich gerade im Widerspruch zum gesetzgeberischen Ziel des schnellen Abschlusses des Eintragungsverfahrens. Zudem könnte die Berücksichtigung die Gefahr des missbräuchlichen Verhaltens Anderer hervorrufen. Denkbar sind etwa fehlerhafte oder unvollständige Hinweise, die den Eintragungsvorgang lediglich verzögern und damit einen Mitbewerber behindern sollen.

Darüber hinaus besteht auch keine vergleichbare Interessenlage. Die Regelung des § 40 Abs. 1 UMV betrifft die Berücksichtigung der Hinweise Anderer im Eintragungsverfahren. Danach muss insbesondere solchen Hinweisen nachgegangen werden, aus denen sich ergibt, dass die Eintragung der Marke gemäß Art. 7 UMV ausgeschlossen ist. Art. 7 UMV zählt die zu berücksichtigenden absoluten Schutzhindernisse auf. Die Bösgläubigkeit des Markenanmelders ist in der UMV aber gerade kein absolutes Schutzhindernis. Es handelt sich lediglich um einen Löschungsgrund gemäß Art. 52 Abs. 1 lit. b) UMV. Als Löschungsgrund kann die Bösgläubigkeit des Markenanmelders in der UMV nur über einen Nichtigkeitsantrag geltend gemacht werden. Die Berücksichtigung von Hinweisen Anderer hinsichtlich der Bösgläubigkeit des Markenanmelders im Rahmen des Eintragungsverfahrens ist demnach auch in der UMV nicht vorgesehen. Folglich entspricht die Interessenlage der Regelung des § 40 Abs. 1 UMV in systematischer Hinsicht nicht der Interessenlage der Regelung des § 37 Abs. 3 MarkenG.

Ferner sind die unterschiedlichen Voraussetzungen der Markeneintragung nach UMV und MarkenG zu beachten. Die UMV ist darauf angelegt, alle Schutzhindernisse vor der Eintragung zu prüfen. Gemäß Art. 45 UMV wird die Marke erst nach dem Abschluss eines Widerspruchsverfahrens eingetragen. Das Verfahren ist von vornherein nicht auf eine schnelle Eintragung der Marke

219 Begr. zum Entwurf des Geschmacksmusterreformgesetzes, BT-DruckS 15/1075, 68.

ausgelegt. Dies verdeutlicht § 40 Abs. 2 UMV, welcher vorsieht, dass dem Anmelder die Möglichkeit zur Stellungnahme zu geben ist, wenn der Prüfer die Bemerkungen des Anderen für zutreffend hält. Auf diesem Weg kann sich das Eintragungsverfahren länger hinauszögern. Das MarkenG sieht im Gegenteil die schnelle Prüfung der Eintragungshindernisse vor und führt sodann gemäß § 41 MarkenG direkt zur Eintragung der Marke. Der Widerspruch des Betroffenen hat dabei keinen Suspensiveffekt. Auch aus diesem Grund ist die Interessenlage nicht vergleichbar.

Hinweise Anderer müssen daher im Rahmen der eingeschränkten Prüfung nach § 37 Abs. 3 MarkenG nicht berücksichtigt werden. Auf diese Weise wird der Charakter der eingeschränkten Prüfung der Markenanmeldung auf bösgläubige Absichten gewahrt.

IV. § 8 Abs. 2 Nr. 10 MarkenG und § 50 MarkenG

Die Einführung des absoluten Schutzhindernisses der bösgläubigen Markenanmeldung in § 8 Abs. 2 Nr. 10 MarkenG hatte nicht nur weitreichende Folgen für den bis dahin in § 50 Abs. 1 Nr. 4 MarkenG normierten Löschungsgrund der bösgläubigen Markenanmeldung, sondern es wurde in § 50 Abs. 3 MarkenG außerdem die Möglichkeit zur Einleitung eines Verletzungsverfahrens von Amts wegen geschaffen.

1. Die Löschung auf Antrag

Mit der Einführung des § 8 Abs. 2 Nr. 10 MarkenG wurde die in § 50 Abs. 1 Nr. 4 MarkenG a.F. speziell normierte Regelung des Nichtigkeitsgrundes der bösgläubigen Markenanmeldung überflüssig. Da auch die Aufzählung in den Nummern 1 bis 3 nicht mehr sinnvoll war, fasste der Gesetzgeber § 50 Abs. 1 sprachlich neu.[220] Der neue § 50 Abs. 1 MarkenG lautet daher:

> „Die Eintragung einer Marke wird auf Antrag wegen Nichtigkeit gelöscht, wenn sie entgegen §§ 3, 7 oder 8 eingetragen worden ist.“

§ 50 Abs. 1 MarkenG nimmt also nur noch auf die §§ 3, 7 und 8 MarkenG Bezug. Inhaltlich enthält die Neuregelung damit keine Änderungen. Lediglich der bis dahin ausdrücklich in § 50 Abs. 1 Nr. 4 MarkenG a.F. enthaltene Löschungsgrund der bösgläubigen Markenanmeldung ist nicht mehr aufgeführt. Dieser wird nun von dem pauschalen Verweis auf § 8 MarkenG erfasst.

---

220 Begr. zum Entwurf des Geschmacksmusterreformgesetzes, BT-DruckS 15/1075, 68.

2. Die Löschung von Amts wegen

§ 50 Abs. 3 MarkenG sieht vor, dass die Markeneintragung unter bestimmten Voraussetzungen auch von Amts wegen gelöscht werden kann. Damit soll dem DPMA die Möglichkeit zur Korrektur von Fehleintragungen gegeben werden.[221] Wenn das DPMA eine bösgläubige Gesinnung erst nach der Eintragung der Marke feststellen konnte, waren dem Amt bislang die Hände gebunden. Es konnte nur bei einer Antragstellung durch einen Dritten tätig werden. Diese Einschränkung der Handlungsfähigkeit des DPMA wurde durch § 50 Abs. 3 MarkenG beseitigt. Der neugefasste § 50 Abs. 3 MarkenG lautet nun:

> „Die Eintragung einer Marke kann von Amts wegen gelöscht werden, wenn sie entgegen § 8 Abs. 2 Nr. 4 bis 10 eingetragen worden ist und
> 1. das Löschungsverfahren innerhalb eines Zeitraums von zwei Jahren seit dem Tag der Eintragung eingeleitet wird,
> 2. das Schutzhindernis gemäß § 8 Abs. 2 Nr. 4 bis 9 auch noch im Zeitpunkt der Entscheidung über die Löschung besteht, und
> 3. die Eintragung ersichtlich entgegen der genannten Vorschriften vorgenommen worden ist.“

Die Arbeitsbelastung des DPMA im Falle bösgläubiger Markenanmeldungen wird durch § 50 Abs. 3 Nr. 1 und Nr. 3 MarkenG abgemildert. Außerdem steht die Eröffnung des Löschungsverfahrens im pflichtgemäßen Ermessen des DPMA.[222] § 50 Abs. 3 Nr. 2 MarkenG spielt dagegen für die Einschränkung der Löschung einer bösgläubigen Markenanmeldung von Amts wegen keine Rolle, da hierbei nicht auf § 8 Abs. 2 Nr. 10 MarkenG verwiesen wird. Zu untersuchen ist im Folgenden (a.) die Berechtigung des Ersichtlichkeitserfordernisses im Rahmen des § 50 Abs. 3 Nr. 3 MarkenG und (b.) der Prüfungsumfang des DPMA im Rahmen des Löschungsverfahrens von Amts wegen.

a. Die Ersichtlichkeit im Löschungsverfahren von Amts wegen

Da eine Markenanmeldung bereits im Eintragungsverfahren nur bei ersichtlicher Bösgläubigkeit zurückgewiesen wird, stellt sich die Frage, inwiefern die nochmalige Beschränkung des Prüfungsumfangs auf Ersichtlichkeit im Rahmen des § 50 Abs. 3 Nr. 3 MarkenG sinnvoll ist. Schließlich dürfte bei einer nicht ersichtlich bösgläubigen Markenanmeldung kaum Anlass bestehen, diese ohne vertiefte Prüfung von Amts wegen zu löschen.

---

221 Ebenda.

222 Ebenda.

Es könnte daher die Auffassung vertreten werden, dass die Ersichtlichkeitsprüfung im Rahmen des Amtslöschungsverfahrens für bösgläubige Markenanmeldungen überflüssig ist und abgeschafft werden muss. Das DPMA wäre somit verpflichtet, die Schutzunfähigkeit der Marke im Amtslöschungsverfahren umfassend zu prüfen. Für eine solche Lösung spricht zunächst die damit gewonnene Rechtssicherheit für alle Beteiligten. Der Markeninhaber wüsste, ob seine Marke Bestand hat und die Allgemeinheit wäre vor unerkannt bösgläubig angemeldeten Marken geschützt. Mit der Streichung des Ersichtlichkeitserfordernisses im Rahmen des § 50 Abs. 3 Nr. 3 MarkenG würde außerdem vermieden, dass das Verfahrens- und das damit verbundene Prozessrisiko eines Löschungsverfahrens ausschließlich von den Betroffenen getragen werden muss. Durch den eingeschränkten Prüfungsmaßstab bei Eintragung und Amtslöschungsverfahren könnten die von der bösgläubigen Anmeldung Betroffenen nämlich in das Antragsverfahren nach § 50 Abs. 1 MarkenG gezwungen werden. Die dem DPMA nicht ersichtlichen Umstände müssten im Wege des Antragsverfahrens gemäß § 50 Abs. 1 MarkenG von den Betroffenen vorgebracht werden. Im Übrigen bliebe dem DPMA bei einer bösgläubigen Markenanmeldung auch ohne die Einschränkung auf ersichtliche Fälle ein gewisser Spielraum. Gemäß § 50 Abs. 3 MarkenG wäre das Amt auch beim Wegfall des Ersichtlichkeitserfordernisses nicht automatisch zu einer umfassenden Prüfung der betroffenen Marke verpflichtet.[223] Es steht im pflichtgemäßen Ermessen des DPMA, den Hinweisen von Anderen nachzugehen oder aufgrund eigener neuer Erkenntnisse ein Löschungsverfahren einzuleiten. Mit der Formulierung „kann [...] von Amts wegen gelöscht werden" überträgt der Gesetzgeber dem DPMA keine Pflicht zum Tätigwerden.

Die besseren Argumente sprechen allerdings gegen die Abschaffung des Ersichtlichkeitserfordernisses im Rahmen des § 50 Abs. 3 Nr. 3 MarkenG. Zunächst ist zu berücksichtigen, dass das Ersichtlichkeitserfordernis die Löschung bösgläubiger Markenanmeldungen von Amts wegen erleichtern soll. Würde eine umfassende Prüfung ermöglicht, bestünde eine Konkurrenz zum Antragsverfahren nach § 50 Abs. 1 MarkenG. Eine umfassende Prüfung aller Umstände wäre dann nämlich sowohl im Fall des Löschungsverfahrens auf Antrag als auch bei einer Löschung vom Amts wegen möglich. Da die Einleitung das Amtslöschungsverfahren im Ermessen des DPMA steht, dürfte das Amt aufgrund des Gleichlaufs des Prüfungsumfangs mit dem Antragslöschungsverfahren wohl sehr zurückhaltend hiermit umgehen.

---

223 Vgl. Begr. zum Entwurf des Geschmacksmusterreformgesetzes, BT-DruckS 15/1075, 68.

Des Weiteren dürfte sich das Argument der Rechtssicherheit wohl Kritik ausgesetzt sehen. Das Amtslöschungsverfahren dient nämlich keinesfalls der Herbeiführung von Rechtssicherheit über den Bestand einer Marke. Nach der hier vertretenen Auffassung geht es vielmehr um die Möglichkeit des DPMA, eine zunächst nicht ersichtlich bösgläubig angemeldete Marke beim nachträglichen Ersichtlichwerden solcher Umstände auf einfachstem Wege löschen zu können. Dem DPMA wird eine Korrekturmöglichkeit an die Hand gegeben, die kein Einschreiten des von der bösgläubigen Marke Betroffenen voraussetzt.[224] Letztlich dient das Amtslöschungsverfahren nur der effektiven Freihaltung des Markenregisters von offensichtlich schutzunfähigen Marken. Es sind ohnehin kaum Fälle denkbar, bei denen das DPMA nach Einleitung des Amtslöschungsverfahrens zu dem Ergebnis kommt, die Marke sei schutzfähig, denn das DPMA wird ein Löschungsverfahren von Amts wegen nur dann einleiten, wenn die bösgläubigen Motive so offenkundig sind, dass eine Löschung unvermeidbar ist. Rechtssicherheit zugunsten des Markeninhabers wird es daher nach Durchführung des Amtslöschungsverfahrens kaum geben.

Auch eine Verlagerung des Prozess- und Kostenrisikos auf die Betroffenen kann nicht als Argument gegen das Ersichtlichkeitserfordernis herangezogen werden. Hierfür spricht zum einen, dass – wie zuvor aufgezeigt – kaum Fälle denkbar sind, bei denen das DMPA eine Amtslöschung nach Einleitung des Verfahrens mangels Ersichtlichkeit der Bösgläubigkeit ablehnt und damit einen Löschungsantrag durch die Betroffenen herausfordert. Zum anderen ist aber auch zu berücksichtigen, dass die Löschung von Amts wegen nicht dem Schutz der Betroffenen dient. Keinesfalls soll das Amtslöschungsverfahren eine umfassende Überprüfung von Marken im Rahmen des Antragsverfahrens ersetzen. Gar einen Vorrang des Amtsverfahrens anzunehmen, wäre ohnehin viel zu weitgehend. Dieses Verfahren soll allein dem DPMA lediglich die Möglichkeit einer schnellen und unkomplizierten Korrektur offensichtlich fehlerhafter Eintragungen geben. Ein Schutz der Betroffenen ist lediglich ein Nebeneffekt des Amtslöschungsverfahrens. Im Übrigen sind mit der Beschränkung auf das Ersichtlichkeitserfordernis sogar Vorteile für die Betroffenen verbunden. Sollte die Beschränkung nämlich nicht bestehen und eine umfassende Prüfung aller Umstände für das Amtslöschungsverfahren möglich (aber auch erforderlich) werden, würde dieses neben dem Antragsverfahren seine Bedeutung verlieren. Im Fall der ersichtlichen Bösgläubigkeit kann der Betroffene dem Amt einen

224 Vgl. hierzu Begr. zum Entwurf des Geschmacksmusterreformgesetzes, BT-DruckS 15/1075, 68.

Hinweis geben und die Durchführung eines Amtslöschungsverfahrens anregen. Sollte das Amt dieses einleiten und die Marke anschließend löschen, wäre dies sogar von Vorteil für den Betroffenen, da er selbst kein Löschungsverfahren mehr durchführen müsste. Hätte das Amt allerdings eine Pflicht zur umfassenden Aufklärung und zur Berücksichtigung aller Umstände, wäre die Einleitung des Verfahrens unwahrscheinlicher. In diesem Fall würde das DPMA dem Parteiverfahren mit den dort geltenden Prinzipien, wie etwa dem Beibringungsgrundsatz der Parteien, aufgrund dessen besserer Eignung zur Aufklärung des Sachverhalts den Vorzug geben.

Folglich ist mit den besseren Argumenten am Ersichtlichkeitserfordernis des § 50 Abs. 3 Nr. 3 MarkenG festzuhalten. Die Beschränkung auf die Prüfung offensichtlicher Umstände führt weder zu einer unzulässigen Verlagerung des Prozess- und Kostenrisikos noch sind damit, mangels abschließender Prüfung der Marke, nachteilige Folgen für den Markeninhaber verbunden.

b. Der Prüfungsumfang

Die Auslegung des Merkmals der Ersichtlichkeit gemäß § 50 Abs. 3 Nr. 3 MarkenG erfolgt bislang im Sinne der Maßstäbe der Ersichtlichkeitsprüfung im Rahmen des § 37 Abs. 3 MarkenG.[225] Die Ersichtlichkeit wird nur dann angenommen, wenn zur Feststellung eines Verstoßes gegen die §§ 8 Abs. 2 Nr. 4 bis 10 MarkenG keinerlei Prüfungs- oder Recherchetätigkeit erforderlich ist. Es genügt bereits, dass der Verstoß von der Markenstelle unter Zuhilfenahme ihres Allgemein- und Fachwissens, des vorhandenen Prüfungs- und Recherchematerials sowie etwaiger Auskünfte der üblichen Informationsquellen ohne Weiteres erkennbar ist.[226] Die Anknüpfung an die Maßstäbe des § 37 Abs. 3 MarkenG erfolgt sowohl in der Rechtsprechung als auch in der Literatur ohne genauere Begründung. Fraglich ist jedoch, ob die Übernahme des Prüfungsumfangs aus § 37 Abs. 3 MarkenG für die Regelung des § 50 Abs. 3 Nr. 3 MarkenG sinnvoll ist. Für die Übernahme des Maßstabs der Ersichtlichkeitsprüfung aus § 37 Abs. 3 MarkenG spricht ein Bedürfnis, den Begriff der Ersichtlichkeit innerhalb des Markengesetzes einheitlich auszulegen. Damit würde die Anwendung des Markengesetzes in der Praxis erleichtert.

---

225 So etwa *Fezer*, MarkenR, § 50, Rn. 36f. unter Verweis auf die Rechtslage unter der Geltung des WZG; *Ingerl/Rohnke*, MarkenG, § 50, Rn. 21.

226 BPatG, GRUR 2009, 68, 70 – *(Ehemaliges) DDR-Symbol der Sicherheitskräfte*; *Kirschneck* in: Ströbele/Hacker, MarkenG, § 50, Rn. 23; *Ingerl/Rohnke*, MarkenG, § 50, Rn. 21.

Allerdings bestehen gewisse Unterschiede zwischen der Prüfung des Ersichtlichkeitserfordernisses nach § 37 Abs. 3 MarkenG und nach § 50 Abs. 3 Nr. 3 MarkenG. § 37 Abs. 3 MarkenG enthält eine Verpflichtung des DPMA zur Ablehnung des Eintragungsantrags im Falle der ersichtlich bösgläubigen Markenanmeldung. Dies dient der Freihaltung des Markenregisters von unerwünschten Eintragungen. Da das DPMA zu diesem Zeitpunkt in der Regel keine über den Anmeldeantrag hinaus gehenden Informationen besitzt und die Erforschung der Absichten des Anmelders problematisch ist, kann eine vertiefte Prüfung nicht verlangt werden. Dagegen enthält § 50 Abs. 3 Nr. 3 MarkenG die Möglichkeit zur Löschung der ersichtlich bösgläubig angemeldeten Marke durch das DPMA von Amts wegen. Der Gesetzgeber wollte auf diesem Wege die Korrektur einer falschen Eintragungsentscheidung ohne die Beteiligung eines Außenstehenden ermöglichen.[227]

Wenn hierfür aber erneut keine Berücksichtigung weitergehender Informationen erlaubt wäre, wäre das Amtslöschungsverfahren nutzlos. Sollte ein Prüfer mit den ihm zur Verfügung stehenden Mitteln schon die Eintragung nicht abgelehnt haben, wird er mit den gleichen Mitteln wohl kaum eine Löschung von Amts wegen einleiten. Schließlich ist er in die Benutzung der Marke nicht involviert und hat keine Kenntnisse über die Einzelheiten des Gebrauchs. Das Löschungsverfahren von Amts wegen soll aber gerade auch die Berücksichtigung der Benutzung der Marke nach der Eintragung ermöglichen, um somit offensichtlich bösgläubige Motive zu erkennen. Daher lässt sich mit guten Argumenten vertreten, dass der Prüfungsumfang der Ersichtlichkeit im Rahmen des § 50 Abs. 3 Nr. 3 MarkenG weiter ist als im Rahmen des § 37 Abs. 3 MarkenG. Der Gesetzgeber hatte nämlich nicht ausdrücklich § 37 Abs. 3 MarkenG im Blick, als er das Ersichtlichkeitserfordernis des § 50 Abs. 3 Nr. 3 MarkenG einführte. In der Regierungsbegründung zu § 50 Abs. 3 MarkenG findet sich jedenfalls kein Hinweis auf die Notwendigkeit einer einheitlichen Auslegung des Begriffs der Ersichtlichkeit.[228] Um der Amtslöschung nach § 50 Abs. 3 MarkenG eine gewichtigere Funktion zukommen zu lassen, ist daher ein anderer Maßstab der Ersichtlichkeitsprüfung erforderlich. Zum Prüfungsmaßstab sollten daher auch die Hinweise Anderer zählen, die im Rahmen des Eintragungsverfahrens

227 Vgl. hierzu Begr. zum Entwurf des Geschmacksmusterreformgesetzes, BT-DruckS 15/1075, 68.

228 In der Begr. zum Entwurf des Geschmacksmusterreformgesetzes, BT-DruckS 15/1075, 68 heißt es lediglich, die Ersichtlichkeit der fehlerhaften Eintragung nach § 50 Abs. 3 Nr. 3 lasse keine erhöhte Arbeitsbelastungen durch vermehrte Anregungen zur Löschung von Amts wegen erwarten.

unberücksichtigt bleiben.[229] Das Löschungsverfahren von Amts wegen ist geradezu auf Hinweise Anderer angewiesen, da das DPMA andernfalls auf dem Kenntnisstand des Eintragungsverfahrens bleiben würde. So könnten etwa Hinweise eines Betroffenen, der etwa zum Erwerb einer Lizenz gezwungen werden soll, starke Argumente für die Bösgläubigkeit sein. Dem steht der Sinn und Zweck des Amtslöschungsverfahrens, nämlich die schnelle und einfache Löschung schutzunfähiger Marken, nicht entgegen. Die Berücksichtigung der Hinweise von Anderen führt zu keiner umfassenden Prüfungspflicht des DPMA. Diese Hinweise schaffen lediglich die Basis für die Entscheidung des DPMA über die Bösgläubigkeit. Demzufolge überzeugt die einheitliche Auslegung des Ersichtlichkeitsbegriffs durch Rechtsprechung und die Literatur im Eintragungsverfahren und im Amtslöschungsverfahren nicht. Vielmehr muss der Maßstab erweitert werden. Die Markenstellen sollten also bei der Ermittlung möglicher Löschungsgründe auf Hinweise Anderer zurückgreifen dürfen.

V. Die Einführung des Löschungsantrags für Dritte

Gemäß § 54 Abs. 1 S. 2 MarkenG kann der Löschungsantrag wegen des Verstoßes gegen ein absolutes Schutzhindernis (§ 50 MarkenG) von jeder Person gestellt werden. Daraus wird ersichtlich, dass die Durchsetzung des Löschungsanspruchs nicht nur im Interesse des möglicherweise betroffenen Wettbewerbers steht, sondern vielmehr, dass die Möglichkeit der Löschung ungerechtfertigter Eintragungen aus dem Markenregister auch im öffentlichen Interesse Berücksichtigung findet.[230] Ein besonderes rechtliches oder wirtschaftliches Interesse an der Löschung der bösgläubig angemeldeten Marken ist nicht erforderlich.[231] Auf diesem Weg lässt sich die Freihaltung des Markenregisters von bösgläubigen und daher schutzunwürdigen Marken am besten realisieren.

---

229 Diese sind im Eintragungsverfahren nicht zu berücksichtigen, siehe hierzu die Ausführungen in diesem Kapitel unter Punkt III.2.d.

230 *Kirschneck* in: Ströbele/Hacker, MarkenG, § 54, Rn. 1.

231 Vgl. hierzu EuGH, GRUR 2010, 931 [Rn. 40f.] – *COLOR EDITION*; BGH, GRUR 2005, 1047, 1048 – *OTTO*; BPatG, GRUR 2009, 522, 523 – *Lackdoktor*; BPatG, GRUR 2006, 155 – *Salatfix*; *Bous* in: Ekey/Klippel/Bender, MarkenR, § 50, Rn. 11; *Kirschneck* in: Ströbele/Hacker, MarkenG, § 54, Rn. 1; neuerdings a.A. BPatG, BlPMZ 2010, 283, 284 – *Myphotobook*, wonach mit dem Antragserfordernis des § 50 Abs. 1 MarkenG i.V.m. § 8 Abs. 2 Nr. 1, 2 und 3 MarkenG deutlich zum Ausdruck gebracht werden, dass ein Interesse der Allgemeinheit an der Löschung nicht bestehe.

Allerdings wird die Einführung eines solchen „Popularantrags" auch kritisch gesehen.[232] Denn der Antrag auf Löschung der Marke durch einen Anderen führt gleichzeitig zum Untergang eines möglicherweise bestehenden Anspruchs des von der bösgläubigen Markenanmeldung Betroffenen auf Übertragung der Marke, wie etwa aus den Grundsätzen der unerlaubten Geschäftsführung ohne Auftrag.[233] In Einzelfällen wird die Markenanmeldung nämlich als (auch) fremdes Geschäft angesehen, so dass sich der Übertragungsanspruch aus §§ 667, 681, 687 Abs. 2 BGB ergeben könnte.[234] Ein solcher privatrechtlicher Übertragungsanspruch ist als vermögenswertes Recht gemäß Art. 14 Abs. 1 S. 1 GG geschützt. Das BVerfG sieht die wesentlichen Merkmale der verfassungsrechtlich geschützten Position des Betroffenen darin, dass ein vermögenswertes Recht dem Berechtigten ebenso ausschließlich wie Eigentum an einer Sache zur privaten Nutzung und zur eigenen Verfügung zugeordnet sei.[235] Auf dieser Grundlage bejaht es im Einzelnen den Schutz der Eigentumsgarantie nicht nur für dingliche oder sonstige absolute, gegenüber jedermann wirkende Rechtspositionen, sondern auch für Forderungen. Eine Entziehung eines vermögenswerten Rechts ist nach Art. 14 Abs. 3 S. 1 GG nur zum Wohle der Allgemeinheit möglich. Außerdem darf die Entziehung nur durch oder aufgrund eines Gesetzes erfolgen, das Art und Ausmaß der Entschädigung des Betroffenen regelt (Art. 14 Abs. 3 S. 2 GG). Bei Verlust eines Übertragungsanspruchs infolge des Löschungsantrags eines Anderen handelt es sich um einen in der Regel nicht gerechtfertigten Eingriff in dieses vermögenswerte Recht.[236]

Für die Kritiker des „Popularantrags" besteht daher kein Anlass für eine Löschung gegen den Willen des von der Markenanmeldung Betroffenen. Die Entziehung des vermögenswerten Rechts lasse sich nicht mit der Verfolgung öffentlicher Interessen an der Freihaltung des Markenregisters von schutzunfähigen Marken rechtfertigen. Allerdings könne § 54 Abs. 1 S. 2 MarkenG so ausgelegt werden, dass das DPMA vor seiner Entscheidung über den Löschungsantrag eines Anderen dem Inhaber etwaiger Übertragungsrechte die Möglichkeit

232 *Meessen*, GRUR 2003, 672, 674f.

233 Vgl. hierzu: *Ingerl/Rohnke*, MarkenG, vor §§ 14–19, Rn. 316.

234 *von Linstow*, MarkenR 1999, 83

235 BVerfGE 83, 201, 208f.

236 So auch *Meessen*, GRUR 2003, 672, 675, der den Untergang des Übertragungsanspruchs als mittelbare und unbeabsichtigte Nebenfolge des Löschungsantrags eines Unbeteiligten sieht.

zu deren Geltendmachung geben muss. Andernfalls sei die Entscheidung rechtswidrig und löse Schadensersatz- und Amtshaftungsansprüche aus.[237]

Dieser Kritik ist entgegenzuhalten, dass der Gesetzgeber in § 50 Abs. 3 MarkenG die Löschung von Amts wegen geregelt hat, bei der die Marke gelöscht wird, obwohl der Inhaber eines Übertragungsanspruchs keine Möglichkeit zur Geltendmachung seiner Rechte hatte. Dennoch erscheint es aus verfahrensökonomischer Sicht sinnvoll, eine Übertragung der Löschung vorzuziehen. Schließlich ist die Übertragung der bösgläubig angemeldeten Marke in vielen Fällen wesentlich schneller und unkomplizierter möglich, als die Löschung der Eintragung. Nach der Löschung müsste der Betroffene die Marke mit dem schlechteren Zeitrang erneut auf sich anmelden. Außerdem kann die Übertragung der Marke im Vergleich zur Löschung als das mildere Mittel angesehen werden, denn bei einer Übertragung der bösgläubig angemeldeten Marke kommt der wirtschaftliche Vorteil unmittelbar dem Betroffenen zu. Die direkte Übertragung an den Betroffenen dient somit auch dem öffentlichen Interesse.

Dies gilt jedenfalls, wenn die Beeinträchtigung des Betroffenen eindeutig erkennbar ist. Der Vorrang des Übertragungsanspruchs ist dann nicht praktikabel, wenn der Anspruch auf Übertragung der bösgläubig angemeldeten Marke erst nachgewiesen und durch Nachforschungen untermauert werden muss. In diesem Fall kommt der hier beschriebene Gedanke der Eigentumsbeeinträchtigung durch die Löschung trotz des möglicherweise bestehenden Übertragungsanspruchs nicht zur Anwendung. Zudem wäre der Aufwand zum Nachweis des Anspruchs auf Übertragung der bösgläubig angemeldeten Marke nicht mit dem Prinzip der Verfahrensökonomie vereinbar.

Folglich ist die Einführung des Löschungsantragsrechts für Andere in § 54 Abs. 1 S. 2 MarkenG durchaus zu begrüßen, solange kein nachweisbarer Übertragungsanspruch des von der bösgläubigen Markenanmeldung Betroffenen besteht. Falls ein solcher Anspruch gegeben sein sollte, ist der Übertragungsanspruch aus Gründen der Verfahrensökonomie und zum Schutz der grundrechtlich geschützten Rechtspositionen des Betroffenen vorzugswürdig. Dem kann dadurch Rechnung getragen werden, dass dem Betroffenen vor der Löschung der Marke die Möglichkeit zur Geltendmachung von Ansprüchen eingeräumt wird.

237 *Meessen*, GRUR 2003, 672, 675.

VI. Der maßgebliche Zeitpunkt für die Beurteilung der Bösgläubigkeit

Bei der Prüfung des maßgeblichen Zeitpunkts für die Beurteilung der Bösgläubigkeit im Rahmen des Eintragungsverfahrens nach § 8 Abs. 2 Nr. 10 MarkenG bzw. im Rahmen des Löschungsverfahrens gemäß § 50 Abs. 1 MarkenG i.V.m § 8 Abs. 2 Nr. 10 MarkenG werden unterschiedliche Auffassungen vertreten. Abgestellt wird entweder auf den Zeitpunkt der Anmeldung oder auf den Zeitpunkt der Eintragung.

1. Eintragungsverfahren

Bei der Überprüfung auf absolute Schutzhindernisse im Rahmen des Eintragungsverfahrens wird auf den Zeitpunkt der Eintragungsentscheidung abgestellt, denn erst aus der eingetragenen Marke können Rechte hergeleitet werden.[238] Eine Ausnahme von diesem Grundsatz wird aber für die Prüfung der bösgläubigen Markenanmeldung gemacht. Hierbei ist auf den Zeitpunkt der Anmeldung abzustellen.[239] Nach § 33 MarkenG ist das der Tag, an dem die Unterlagen nach § 32 MarkenG beim Patentamt eingereicht wurden.

Dafür spreche bereits der Wortlaut des § 8 Abs. 2 Nr. 10 MarkenG, der den Ausschluss der Eintragung vorsieht, sofern die Marke „bösgläubig angemeldet worden ist". Hier werde bereits tatbestandsmäßig auf den Zeitpunkt der Anmeldung abgestellt. Daneben seien die strukturellen Besonderheiten des § 8 Abs. 2 Nr. 10 MarkenG zu berücksichtigen.[240] Während die Eintragung bei den übrigen Schutzhindernissen in § 8 Abs. 2 Nr. 1–9 MarkenG lediglich eine formelle Voraussetzung sei, komme der Anmeldung im Rahmen des § 8 Abs. 2 Nr. 10 MarkenG eine materielle Wirkung zu. Die bösgläubige Anmeldung der Marke stelle – als Tatbestandsmerkmal – eine wichtige Voraussetzung für die Ablehnung der Eintragung dar. Dies beruhe auf dem Umstand, dass die übrigen Schutzhindernisse lediglich auf die Marken selbst abstellen, ohne die

---

238 *Fezer*, MarkenR, § 37, Rn. 18; *Ingerl/Rohnke*, MarkenG, § 8, Rn. 32; *Lange*, MarkenR, § 3, 574; von der Vorauflage abweichend und nun auf den Zeitpunkt der Anmeldung abstellend: *Ströbele* in: Ströbele/Hacker, MarkenG, § 8, Rn. 17.

239 BPatG, GRUR 2006, 1032, 1033 – *E2*; BPatG, GRUR 2000, 809, 811 – *SSZ*; *Ingerl/Rohnke*, MarkenG, § 8, Rn. 32; *Ströbele* in: Ströbele/Hacker, MarkenG, § 8, Rn. 847ff.; *Ströbele*, MarkenR 2010, 409, 410; *Bölling*, GRUR 2011, 472ff, *Treudler*, MarkenR 2000, 193, 195.

240 *Ströbele*, MarkenR 2010, 409, 410.

persönlichen Absichten des Markenanmelders zu berücksichtigen.[241] Aus diesem Grund sei es entscheidend, ob die Marke beispielsweise nach einer Eintragung die notwendige Unterscheidungskraft für die in Anspruch genommenen Waren und Dienstleistungen aufweise. Bei der Prüfung des § 8 Abs. 2 Nr. 10 MarkenG spiele die eigentliche Schutzfähigkeit der Marke dagegen kein Rolle.[242] Die Intention der Eintragung sei ausschlaggebend. Diese kann bereits vor der Eintragung der Marke zutage treten.

Des Weiteren ergeben sich für den Anmelder einer Marke nicht erst nach der Eintragung der Marke Rechte gegen die verletzende Benutzung durch Andere, denn der Markenanmelder erwirbt bereits mit der Anmeldung ein Anwartschaftsrecht.[243] Bevor die Eintragung nicht endgültig feststeht, sollte der Markenanmelder aus diesem Anwartschaftsrecht nicht die Unterlassung einer rechtsverletzenden Markenbenutzung verlangen dürfen, da sich der Unterlassungsanspruch zugunsten des Markenanmelders als „zu scharfes Schwert" darstellen würde. In Betracht käme aber die Geltendmachung eines Entschädigungsanspruchs in Analogie zu § 33 Abs. 1 PatG, welcher aufgrund seiner einfachen Rückabwicklungsmöglichkeit im Vorfeld der Eintragung sachgerecht erscheint.[244] Um eine Geltendmachung von Entschädigungsansprüchen des bösgläubigen Markenanmelders, dessen Bösgläubigkeit nach der Eintragung nicht mehr nachweisbar ist, zu vermeiden, muss maßgeblich auf den Zeitpunkt der Markenanmeldung abgestellt werden. Andernfalls wäre der – unter Umständen langjährige – Benutzer eines Zeichens schutzlos den Entschädigungsforderungen des bösgläubigen Markenanmelders ausgesetzt. Die besseren Argumente sprechen folglich für die Beurteilung der Absichten des Markenanmelders im Zeitpunkt der Markenanmeldung.

---

241 So auch *Ströbele*, MarkenR 2010, 409, 410.

242 Es wird nicht geprüft, ob die Marke unterscheidungskräftig ist, merkmalsbeschreibende Angaben, üblich gewordene Bezeichnungen, täuschende Zeichen enthält oder gegen die guten Sitten bzw. sonstige Benutzungsverbote verstößt.

243 *Brämer*, Sicherungsabtretung, 132; *Fezer*, Markenrecht, § 4, Rn. 15; *Pahlow* in: Ekey/Klippel/Bender, Markenrecht, § 27 Rn. 2; einschränkend *Hofmann*, GRUR Int. 2010, 376, 380, der darauf abstellt, ob die Anmeldung ordnungsgemäß erfolgte und der Anmeldung keine absoluten Schutzhindernisse entgegenstehen.

244 Ausführlich zu dieser umstrittenen Problematik *Hofmann*, Immaterialgüterrechtliche Anwartschaftsrechte, 212ff.

2. Löschungsverfahren

Die deutsche Rechtsprechung ist der Auffassung, dass für das Löschungsverfahren nach dem MarkenG, in dem die Marke auf absolute Schutzhindernisse überprüft wird, der Zeitpunkt der Eintragungsentscheidung heranzuziehen ist.[245] In der „Ivadal"-Entscheidung vom 02. April 2009 entschied BGH zwar, dass der Markenanmelder im Zeitpunkt der Anmeldung bösgläubig gewesen sein müsse, da dies bereits aus § 8 Abs. 2 Nr. 10 MarkenG folge. Mit dem Zeitpunkt der Anmeldung sei aber, da es sich bei § 8 Abs. 2 Nr. 10 MarkenG um ein absolutes Schutzhindernis handele, der Zeitpunkt über die Entscheidung der Eintragungsfähigkeit der Markenanmeldung gemeint.[246] Einer Marke hätte demnach auch dann die Eintragung wegen Bösgläubigkeit nach § 8 Abs. 2 Nr. 10 MarkenG versagt werden müssen, wenn diese erst nach der der Entscheidung über die Eintragung als bösgläubig zu beurteilen gewesen sei. Lediglich die nach der Eintragung liegenden Umstände seien unerheblich. Der BGH begründet seine Ansicht mit dem Verweis auf die Regierungsbegründung zum Geschmacksmusterreformgesetz, mit dem § 50 Abs. 2 MarkenG geändert wurde. Dort heißt es, bei der Prüfung der bösgläubigen Markenanmeldung sei auf den Zeitpunkt der Eintragung abzustellen.[247] Mittlerweile hält der BGH seine Ansicht für völlig unumstritten und begründet diese Abweichung vom Wortlaut des § 8 Abs. 2 Nr. 10 MarkenG in neueren Entscheidungen nicht einmal mehr.[248] Die Gründe für eine solche Argumentation liegen auf der

245 Z.B. BGH, GRUR 2009, 780 [Rn. 11] – *Ivadal.*

246 BGH, GRUR 2009, 780 [Rn. 11] – *Ivadal.*

247 Begr. zum Entwurf des Geschmacksmusterreformgesetzes, BT-DruckS. 15/1075, 68: „Nach § 50 Abs. 2 Satz 1 können die Nichtigkeitsgründe des § 8 nur solange geltend gemacht werden, als sie noch bestehen. Dieser Ausschlussgrund trifft nicht auf das neue absolute Schutzhindernis der bösgläubigen Anmeldung zu, da hier auf den *Zeitpunkt der Eintragung* abzustellen ist. Deshalb bedarf der Satz 1 einer Korrektur insoweit, als die Schutzhindernisse nach § 8 Abs. 2 Nr. 1 bis 9 im Zeitpunkt der Entscheidung über den Löschungsantrag bestehen müssen, nicht aber das Schutzhindernis nach Nummer 10".

248 So zuletzt BGH, GRUR 2010, 435, 436 – *Käse in Blütenform III*; BGH, GRUR 2010, 431, 433 – *Flasche mit Grashalm*; BGH, GRUR 2010, 138, 139 – *ROCHER-Kugel;* BGH, GRUR 2009, 411 – *STREETBALL;* auch wenn diese Entscheidungen regelmäßig von der Bösgläubigkeit bei Anmeldung der Marke sprechen, muss davon ausgegangen werden, dass der BGH seine Rechtsprechung aus der „*Ivadal*"-Entscheidung aufrecht erhält, wonach mit der Anmeldung der Zeitpunkt der Entscheidung über die Eintragung gemeint ist. Eine Änderung der Rechtsprechung des BGH liegt nicht vor, da der BGH keine abweichenden Feststellungen trifft. Dem folgend nun auch BPatG, GRUR 2011, 68, 74 – *Goldhase in neutraler Aufmachung.*

Hand. Der Wortlaut des § 50 Abs. 1 MarkenG sei insofern eindeutig, da er auf die Eintragung der Marke abstellt.[249] Anders als § 8 Abs. 2 Nr. 10 MarkenG, der explizit auf die Anmeldung abstellt, könne hier nur die Bösgläubigkeit zum Zeitpunkt der Eintragung berücksichtigt werden.[250]

Überzeugender erscheint aber die Auffassung, dass auf die Bösgläubigkeit des Markenanmelders im Zeitpunkt der Anmeldung abgestellt werden muss.[251] Zum Teil wird vertreten, der BGH verwende lediglich die falschen Begriffe, obwohl er im Prinzip den Zeitpunkt der Anmeldung für erheblich halte.[252] Das Abstellen auf den Zeitpunkt der Eintragung bezwecke lediglich eine Abgrenzung zu solchen – erst recht unerheblichen – Umständen, die nach der Eintragung (also nicht etwa zwischen Anmeldung und Eintragung) vorliegen. Der Begriff der Eintragung werde daher allein zur besseren Verdeutlichung der Unerheblichkeit dieser Umstände verwendet.[253]

Für die hier vertretene Ansicht spricht daneben aber auch, dass der Wortlaut des § 50 Abs. 1 MarkenG nicht für die Begründung der Auffassung des BGH herangezogen werden kann. Dort ist zwar die Rede davon, dass die Marke „entgegen § 8 MarkenG eingetragen worden ist". Dies ist jedoch nur ein schwaches Argument gegen die hier vertreten Ansicht, denn es ist zu berücksichtigen, dass § 50 Abs. 1 MarkenG eine Verweisung auf das Eintragungshindernis des § 8 Abs. 2 Nr. 10 MarkenG enthält. In dieser Vorschrift wird aber gerade auf die Markenanmeldung abgestellt, der hier – im Vergleich zu den übrigen Eintragungshindernissen – nicht nur eine formelle, sondern sogar materielle Wirkung zukommt.[254] Da bösgläubige Absichten nämlich bereits mit der Markenanmeldung nach außen sichtbar werden, wäre ein Abstellen auf den Zeitpunkt der Eintragung im Rahmen des Löschungsverfahrens unverständlich.

Es wäre im Übrigen fragwürdig, im Rahmen des Löschungsverfahrens einen anderen Zeitpunkt zur Beurteilung der Absichten des Anmelders heranzuziehen, als bei der Überprüfung der Markenanmeldung auf absolute Schutzhindernisse,

249 § 50 Abs. 1 MarkenG lautet: „Die *Eintragung* einer Marke wird auf Antrag wegen Nichtigkeit gelöscht, wenn sie entgegen §§ 3, 7 oder 8 eingetragen worden ist.".

250 Ebenso *Wiedmann*, Rechtsmissbrauch, 137, unter Berufung auf die Rechtslage im WZG und unter Verweis auf BPatG, 27 W (pat) 117/80 – *Yusi*, BPatG, 24 W 336/61 – *colorclip*

251 BPatG, GRUR 2000, 812, 814 – *tubeXpert*; *Bous* in: Ekey/Klippel/Bender, MarkenR, § 50, Rn. 10; *Ingerl/Rohnke*, MarkenG, § 50, Rn. 13; *Ströbele* in: Ströbele/Hacker, MarkenG, § 50, Rn. 11; *Scheffler*, MittdPA 2003, 378, 383; *Ströbele*, MarkenR 2010, 409, 410.

252 *Ingerl/Rohnke*, MarkenG, § 8, Rn. 312.

253 Hierzu auch *Ingerl/Rohnke*, MarkenG, § 8, Rn. 312.

254 Siehe hierzu Ziff. VI.1 in diesem Kapitel.

obwohl die Vorschrift zur Löschung der Marke inhaltlich auf das Eintragungshindernis verweist. Dann bestünde die Möglichkeit, dass eine Überprüfung der Markenanmeldung auf missbräuchliche Motive im Eintragungsverfahren zu anderen Ergebnissen führt als im Löschungsverfahren. Schließlich können im Rahmen eines Rechtsmittelverfahrens (beginnend mit der Ablehnung der Eintragung durch das DPMA) mehrere Jahre vergehen, bis über die Eintragung rechtskräftig entschieden wird. Innerhalb dieses Zeitraums könnten für die Bösgläubigkeit der Markenanmeldung sprechende Umstände auftreten, die im Zeitpunkt der Anmeldung noch nicht ersichtlich waren. Genauso gut könnte der bösgläubige Anschein einer Markenanmeldung durch nachträgliche Veränderungen bis zur Eintragung entfallen. Eine Berücksichtigung dieser Umstände würde dem Wortlaut des § 8 Abs. 2 Nr. 10 MarkenG („bösgläubig angemeldet“) nicht gerecht werden.

Ebenso wenig lässt sich die vom BGH vertretene Auffassung mit der Begründung des Regierungsentwurfs zum Geschmacksmusterreformgesetz untermauern.[255] Hierbei muss beachtet werden, dass sich die vom BGH zitierte Passage der Begründung des Regierungsentwurfs zum Geschmacksmusterreformgesetz thematisch in der Erläuterung der Neuregelung des § 50 Abs. 2 S. 1 MarkenG befindet und nicht in einer Einzelerläuterung zu § 8 Abs. 2 Nr. 10 MarkenG bzw. § 50 Abs. 1 MarkenG. In § 50 Abs. 2 S. 1 MarkenG kommt der Grundsatz zum Ausdruck, dass eine Marke nur gelöscht werden darf, wenn der Löschungsgrund noch im Zeitpunkt der Entscheidung über den Bestand der Marke vorliege. Der Gesetzgeber hat den strukturellen Unterschied der bösgläubigen Markenanmeldung in § 8 Abs. 2 Nr. 10 MarkenG zu den in §§ 8 Abs. 2 Nr. 1–9 MarkenG geregelten absoluten Schutzhindernissen erkannt, da er die bösgläubige Markenanmeldung in dem Ausschlusstatbestand des § 50 Abs. 2 S. 1 MarkenG nicht erwähnt. Ob die missbräuchliche Absicht des Markenanmelders noch bei der Entscheidung über die Löschung der Marke fortbesteht, ist für das auf § 8 Abs. 2 Nr. 10 MarkenG beruhende Löschungsverfahren unerheblich. Soweit in der Begründung zu § 50 Abs. 2 S. 1 MarkenG im Rahmen des Geschmacksmusterreformgesetzes aber dennoch auf den Zeitpunkt der Eintragung abgestellt wird, muss es sich um ein Versehen des Gesetzgebers handeln.[256] Mit der Gesetzesbegründung sollte lediglich verdeutlicht werden, dass für die Löschung wegen Verstoßes gegen § 8 Abs. 2 Nr. 10 MarkenG die sich erst nach der Eintragung ergebenden Umstände unerheblich sind.[257] Keineswegs wollte der Gesetzgeber den maßgeblichen Zeitpunkt für die Beurteilung der Bösgläubigkeit im Rahmen des Löschungsverfahrens festlegen.

255 *Ströbele*, MarkenR 2010, 409, 411.

256 So auch *Ströbele* in: Ströbele/Hacker, MarkenG, 10. Auflage, § 8, Rn. 536.

257 Ingerl/Rohnke, MarkenG, § 8, Rn. 312.

Für eine weite Auslegung des § 8 Abs. 2 Nr. 10 MarkenG besteht im Übrigen auch deshalb kein Bedürfnis, weil ein missbräuchliches Verhalten nach der Anmeldung ebenso durch den Einwand des Rechtsmissbrauchs abgewehrt werden kann. Dieser bleibt neben dem absoluten Schutzhindernis der bösgläubigen Markenanmeldung anwendbar.[258] Der Auffassung des BGH kann demnach nicht gefolgt werden. In einer aktuellen Entscheidung hat der BGH ebenfalls auf den Zeitpunkt der Anmeldung abgestellt.[259] Offenbar rückt er von seiner früheren Auffassung ab. Es bleibt jedoch abzuwarten, ob diese Entscheidung bestätigt wird.

VII. Bösgläubigkeit und Verfassungsrecht

Die vor der Einführung des Begriffs der Bösgläubigkeit im MarkenG gebildeten Fallgruppen der sittenwidrigen oder rechtsmissbräuchlichen Markenanmeldung werden zur Beurteilung bösgläubiger Markenanmeldungen von der Rechtsprechung und der Literatur auch nach der Einführung des MarkenG weiterhin herangezogen.[260] Zum Teil wird der Begriff der Bösgläubigkeit in Art 8 Abs. 2 Nr. 10 MarkenG aber als zu unbestimmt angesehen (1.).[261] Darüber hinaus könnte der Grundsatz der Gewaltenteilung – gemäß Art. 92 Hs. 1 GG ist die rechtsprechende Gewalt den Richtern anvertraut – dadurch verletzt sein, dass das DPMA in den Kernbereich der rechtsprechenden Gewalt eingreift (2.).[262]

1. Verstoß gegen das Bestimmtheitsgebot

Die Löschung der Marke stellt für den Inhaber einen belastenden Verwaltungsakt und gleichzeitig einen Eingriff in eine vermögenswerte Rechtsposition dar.[263] Hierfür ist eine möglichst bestimmte Rechtsgrundlage erforderlich.[264] Das BVerfG fordert,

---

258 BGH, GRUR 2004, 790, 793 – *Gegenabmahnung*; BGH, GRUR 2001, 242, 244 – *Classe E*; BGH, GRUR 2000, 1032, 1034 – *EQUI 2000;* so auch bereits Begr. zum Entwurf des MarkenG, BT-DruckS. 12/6581, 57, 64.

259 BGH, GRUR 2013, 1143 [Rn. 15] – *Aus Akten werden Fakten.*

260 Hierzu etwa BGH, GRUR 2009, 992 [Rn. 16] – *Schuhverzierung*; BGH, GRUR 2004, 510, 511 – *S100*; BGH, GRUR 2000, 1032, 1033 – *EQUI 2000*; BPatG, MarkenR 2008, 181, 182 – *Salvatore Ricci*; BPatG, GRUR 2006, 1032, 1033 – *E2*; *Ingerl/Rohnke*, MarkenG, § 8, Rn. 302; kritisch zur Übertragung der Rechtsprechungspraxis: *Füllkrug*, WRP 2006, 664, 671.

261 *Meessen*, GRUR 2003, 672, 673.

262 *Meessen*, GRUR 2003, 672, 673.

263 Vgl. hierzu *Meessen*, GRUR 2003, 672, 673.

264 BVerfGE 56, 1, 12; BVerfGE 9, 137, 147; BVerfGE 8, 274, 325.

> „[…] dass auch Ermächtigungen der Exekutive zur Vornahme belastender Verwaltungsakte durch das ermächtigende Gesetz nach Inhalt, Gegenstand, Zweck und Ausmaß hinreichender bestimmt und begrenzt sind, so dass die Eingriffe messbar und im gewissen Umfange für den Staatsbürger voraussehbar und berechenbar werden […] Das folgt insbesondere aus dem Grundsatz der Gesetzmäßigkeit der Verwaltung. Dieser Grundsatz fordert nicht nur irgendeine, sondern eine begrenzte und näher bestimmte Ermächtigung der Exekutive zur Vornahme belastender Verwaltungsakte; er zielt darauf ab, die Eingriffe der öffentlichen Gewalt möglichst berechenbar zu machen. Das Gesetz muss die Tätigkeit der Verwaltung inhaltlich normieren und darf sich nicht darauf beschränken, allgemein gehaltene Grundsätze aufzustellen".[265]

Eine „vage Generalklausel" sei mit dem Grundsatz der Gesetzmäßigkeit der Verwaltung nicht vereinbar, wenn die Bestimmung der Grenzen der Freiheit dem Ermessen der Exekutive überlassen bleibe. Zwar seien unbestimmte Rechtsbegriffe nicht schlechthin unzulässig.[266] Der jeweilige Einzelfall erfordere aber gegebenenfalls eine höhere Regelungsdichte. Rechtsvorschriften müssten nämlich so gefasst werden, wie dies „nach der Eigenart der zu ordnenden Lebenssachverhalte mit Rücksicht auf den Normzweck" möglich sei.[267] Für den Begriff der Bösgläubigkeit in § 8 Abs. 2 Nr. 10 MarkenG lässt sich daher vertreten, die gesetzliche Ausgestaltung genüge nicht diesen verfassungsrechtlichen Anforderungen an die Bestimmtheit der Norm. Das Bestimmtheitsgebot fordere eine genauere Umschreibung der Eingriffsvoraussetzungen. Der Markenanmelder habe einen Anspruch darauf, dass die Voraussetzungen der Bösgläubigkeit als Maßstab für die rechtliche Überprüfung seines Zeichens im Rahmen des Eintragungs- oder Löschungsverfahrens gesetzlich festgeschrieben werden.[268] Sofern dennoch ausnahmsweise Fälle verbleiben sollten, die nicht von einer detaillierten Regelung erfasst wären, sei deren Beurteilung den Gerichten und nicht den Markenstellen beim DPMA überlassen. Die Lösung über außermarkenrechtliche Ansprüche habe schließlich keine Rechtschutzlücken erkennen lassen.[269]

Dieser Auffassung kann nicht gefolgt werden, denn die Aufnahme von Fallgruppen der bösgläubigen Markenanmeldung in den Tatbestand des § 8 Abs. 2 Nr. 10 MarkenG ist nicht nur unpraktisch, sondern würde keinesfalls zu einer größeren Bestimmtheit führen. Würde man im Rahmen der konkreteren tatbestandlichen Ausgestaltung des § 8 Abs. 2 Nr. 10 MarkenG auf die Merkmale

---

265 BVerfGE 8, 274, 325.

266 Hierzu BVerfGE 78, 205, 212; BVerfGE 80, 103, 103; BVerfGE 87, 234, 263.

267 BVerfGE 49, 168, 181; BVerfGE 59, 104, 114; BVerfGE 93, 212, 238.

268 Hierzu *Meessen*, GRUR 2003, 672, 673 mit einem anschaulichen Beispiel.

269 *Meessen*, GRUR 2003, 672, 673.

der einzelnen Fallgruppen der bösgläubigen Markenanmeldung zurückgreifen, wäre die Eintragungsfähigkeit der Markenanmeldung auch weiterhin nicht ohne Weiteres ersichtlich. Merkmale wie die „Störung eines fremden Besitzstandes" sind nicht so aussagekräftig, dass sie die Voraussetzungen der bösgläubigen Markenanmeldung für den Rechtsanwender vorhersehbar und berechenbar machen. Diese erfordern vielmehr ihrerseits eine Auslegung durch den Rechtsanwender.

Des Weiteren würde eine Normierung aller Fallgruppen der Bösgläubigkeit zur Unübersichtlichkeit des Gesetzes führen. Gerade vor dem Hintergrund, dass die übermäßige Aufnahme von Tatbestandsvoraussetzungen im Gesetzestext nicht zur einfacheren Handhabung der Rechtsnorm führt, stellt diese Vorgehensweise keine gute Alternative zur derzeitigen Regelung dar.[270] Die fortschreitende Ausformulierung von Gesetzen mag zwar für die Verwaltung viele Vorteile bei der Anwendung haben, sie lässt aber keinen Spielraum für Anpassungen und Veränderungen. Die Flexibilität im Umgang mit dem unbestimmten Rechtsbegriff ist erforderlich, um auf die Dynamik des Alltags reagieren zu können.[271] Ohne solche flexiblen Rechtsnormen wäre der Gesetzgeber bei Änderungen der gesellschaftlichen Ansichten oder der Auslegung durch den EuGH in der Pflicht, die Rechtsvorschriften zu ändern. Er wäre gezwungen, die im Laufe der Zeit immer umfangreicheren Regelungen immer häufiger an die tatsächlichen Gegebenheiten anzupassen. Eine generalklauselartige Formulierung hat dagegen den Vorteil, dass die Rechtsprechung die Anpassungen unter den Wortlaut des unbestimmten Rechtsbegriffs übernehmen kann. Die Bildung von Fallgruppen unter einer Generalklausel, zu Kategorisierung der Fälle der Bösgläubigkeit, ist völlig legitim. Dies trägt zur Systematisierung der verschiedenen Konstellationen der Bösgläubigkeit bei und hilft bei der Umsetzung des Ziels, die Eingriffe des Staates in die Rechte der Bürger vorhersehbarer und berechenbarer zu gestalten.

Schließlich verwendet der Gesetzgeber auch bei anderen absoluten Schutzhindernisses des § 8 Abs. 2 Nr. 10 MarkenG unbestimmte Rechtsbegriffe. So greift er in § 8 Abs. 2 Nr. 1 MarkenG auf den Begriff der Unterscheidungskraft und in § 8 Abs. 2 Nr. 2 MarkenG auf den Begriff des Freihaltebedürfnisses zurück. Nach der Auffassung, die § 8 Abs. 2 Nr. 10 MarkenG als zu unbestimmt erachtet, müssten diese Begriffe ebenfalls als zu unbestimmt angesehen werden.

---

270 *Ticic*, Bösgläubige Markenanmeldung, 57.

271 So auch *Ticic*, Bösgläubige Markenanmeldung, 57; *Köhler*/Bornkamm, UWG, § 3, Rn. 6.

Dies wurde aber bislang nicht diskutiert. Allein der Umstand, dass § 8 Abs. 2 Nr. 10 MarkenG eine zuvor wettbewerbsrechtlich geprägte Rechtsprechung erfasst, kann zu keinem anderen Ergebnis führen.

Damit ist klar, dass eine höhere Bestimmtheit des Begriffs der Bösgläubigkeit nicht erforderlich ist. Die Aufnahme der richterrechtlich entwickelten Fallgruppen in den Gesetzeswortlaut würde nicht zu einer höheren Bestimmtheit des Begriffs der Bösgläubigkeit führen. Vielmehr wäre eine solche detaillierte Ausgestaltung des § 8 Abs. 2 Nr. 10 MarkenG unübersichtlich und daher unpraktisch. Außerdem ginge auf diese Weise die vom Gesetzgeber beabsichtigte Flexibilität verloren.

2. Verletzung des Grundsatzes der Gewaltenteilung

Des Weiteren wird kritisiert, dass der Grundsatz der Gewaltenteilung verletzt sein könnte, wenn das DPMA etwa bei der Löschung einer Marke in den Kernbereich der rechtsprechenden Gewalt eingreife.[272] Gemäß Art. 20 Abs. 2 GG wird die Staatsgewalt durch besondere Organe der Gesetzgebung, der vollziehenden Gewalt und der Rechtsprechung ausgeübt. Denkbar ist, dass die Ansiedlung des Löschungsverfahrens gemäß § 50 Abs. 1 MarkenG i.V.m. § 8 Abs. 2 Nr. 10 MarkenG beim DPMA gegen Art. 20 Abs. 2 GG verstößt, da gemäß Art. 92 HS. 1 GG die rechtsprechende Gewalt den Richtern anvertraut ist und nicht etwa einer Behörde. Hierfür ist zu untersuchen, ob das DPMA im Markenverfahren überhaupt rechtsprechende Gewalt ausübt (a.) und inwiefern hier ein Vorrang der richterlichen Entscheidung besteht (b.).

a. Die Ausübung rechtsprechender Gewalt durch das DPMA

Fraglich ist zunächst, ob das DPMA im Markenverfahren rechtsprechende Gewalt ausübt. Das Grundgesetz definiert diesen Begriff ebenso wenig wie den inhaltsgleichen in Art. 1 Abs. 2 sowie Art 20 Abs. 2 S. 2 und Abs. 3 GG verwendeten Begriff der Rechtsprechung.[273] Die Definition des Begriffs der Rechtsprechung ist infolge der Abgrenzungsschwierigkeiten zwischen den in Art. 20 Abs. 2 GG genannten Staatsfunktionen umstritten.[274] Kurz gesagt, kann eine Bestimmung des Begriffs der Rechtsprechung nur durch Abgrenzung zu den anderen Staatsgewalten erfolgen. Der Unterschied zwischen Rechtsprechung

---

272 *Meessen*, GRUR 2003, 672, 673f.

273 *Classen* in: v. Mangold/Klein/Starck, GG, § 92, Rn. 5; *Hillgruber* in: Maunz/Dürig, GG, Art. 92, Rn. 18.

274 *Classen* in: v. Mangold/Klein/Starck, GG, § 92, Rn. 5.

und Gesetzgebung wird darin gesehen, dass die Gesetzgebung das Recht schafft, welches als Grundlage für die Entscheidung von Rechtsstreitigkeiten herangezogen wird.[275] Verwaltung und Rechtsprechung werden hingegen dadurch abgegrenzt, dass die Verwaltung ihre Entscheidungen wieder ändern kann, während Entscheidungen der Rechtsprechung in Rechtskraft erwachsen.[276] Dieser Unterschied ergibt sich, weil die Verwaltung auch eigene Zwecke verfolgt und dementsprechend selbst die Initiative ergreifen darf.[277] In der Praxis bestehen jedoch viele Übereinstimmungen zwischen den einzelnen Säulen der staatlichen Gewalt.[278] Dies erschwert eine genaue Zuordnung, so dass auf eine genauere Bestimmung des Begriffs der Rechtsprechung nicht verzichtet werden kann.

Zum Teil wird der aus den Zeiten der Weimarer Republik stammende Begriff der rechtsprechenden Gewalt im formellen Sinne gebraucht.[279] Rechtsprechende Gewalt ist nach dieser Definition die Ausübung hoheitlicher Befugnisse, die bereits durch das Grundgesetz den Gerichten oder Richtern zugewiesen ist.[280] Nach dieser Auffassung gehören zur rechtsprechenden Gewalt sämtliche Aufgaben, die vom Grundgesetz den Gerichten übertragen sind. Somit werden alle Aufgaben, die wegen der Schwere ihres Eingriffs und ihrer Bedeutung für die Rechtsstellung des Bürgers am ehesten der Sicherung eines gerichtlichen Verfahrens bedürfen, bereits an anderer Stelle der rechtsprechenden Gewalt zugeordnet.[281] Gegen den rein formalen Ansatz kann vorgebracht werden, dass er der Regelung des Art. 92 Hs. 1 GG, wonach die rechtsprechende Gewalt den Richtern anvertraut ist, keine eigene Bedeutung zukommen lässt, indem er nur die andernorts im Grundgesetz hervorgebrachten Zuständigkeiten zusammenfasst. Art. 92 Hs. 1 GG wäre danach bedeutungslos.[282] Daneben wird gegen den formellen Ansatz vorgebracht, dass dieser Begriff der Rechtsprechung zumindest einige Richtervorbehalte, wie z.B. Art. 13 Abs. 2, Abs. 4, Abs. 5 GG oder Art. 104

---

275 *Hillgruber* in: Maunz/Dürig, GG, Art. 92, Rn. 61f.; *Meyer* in: v. Münch/Kunig, GG, § 92, Rn. 7.

276 *Classen* in: v. Mangold/Klein/Starck, GG, § 92, Rn. 15.

277 Hierzu etwa *Classen* in: v. Mangold/Klein/Starck, GG, § 92, Rn. 15; *Schulze-Fielitz* in: Dreier, GG, § 92, Rn. 27.

278 So auch BVerfGE 7, 183, 188; BVerfGE 3, 331, 347.

279 BVerfGE 103, 111, 137; BVerfGE 22, 49, 64, 74f, wobei das BVerfG auch insoweit von einem „materiellem Verständnis des Rechtsprechungsbegriffs" spricht; *Classen* in: v. Mangold/Klein/Starck, GG, § 92, Rn. 6.

280 BVerfGE 103, 111, 137.

281 BVerfGE 22, 49, 77.

282 Hierzu *Hillgruber* in: Maunz/Dürig, GG, Art. 92, Rn. 40; *Schulze-Fielitz* in: Dreier, GG, § 92, Rn. 25; *Wilke* in: HStR V, § 112, Rn. 57.

Abs. 2 GG, nicht ohne Probleme der rechtsprechenden Gewalt zugeordnet werden können, da die jeweiligen Entscheidungen nicht ausschließlich von Richtern getroffen werden.[283]

Daneben wird eine materielle Auslegung des Begriffs der rechtsprechenden Gewalt vertreten. Der Begriff wird nach dieser Auffassung maßgeblich von der konkreten sachlichen Tätigkeit bestimmt.[284] Neben den im Grundgesetz ausdrücklich angeordneten Zuständigkeiten zählen hiernach die traditionellen Kernbereiche der einzelnen Gerichtsbarkeiten zur rechtsprechenden Gewalt. Der Rechtsprechung seien daher die zentralen Aufgabenbereiche der bürgerlichen Rechtspflege und der Strafrechtspflege exklusiv vorbehalten.[285] Dem materiellen Ansatz kann entgegengehalten werden, er erfasse nur bestimmte Kernbereiche des Zivil- und Strafrechts. Gerade im Zivilrecht liegen die Zuständigkeiten häufig bei Amtswaltern, die keine Richter sind (z.B. Rechtspfleger). Umso schwieriger ist es, bestimmte Bereiche zu benennen, die unbedingt von einem Richter entschieden werden müssen. Demnach ist der Sinn der Zuordnung einer bestimmten Tätigkeit zur Rechtsprechung ebenso wenig erkennbar wie ein überzeugender Maßstab für die Zulässigkeit eventueller Abweichungen.[286] Eine Abgrenzung zu anderen hoheitlichen Aufgaben, wie etwa der Verwaltung, ist daher auch nach diesem Ansatz schwierig.

Ferner wird der Ansatz der rechtsprechenden Gewalt im funktionellen Sinne vertreten. Danach sei von rechtsprechender Gewalt auszugehen, wenn der Gesetzgeber für einen bestimmten – nicht schon dem materiellen Rechtsprechungsbegriff unterfallenden – Sachbereich ein Ausgestaltung wählt, die bei funktioneller Betrachtung nur der rechtsprechenden Gewalt zukommen könne.[287] Entscheidend hierfür sei, dass der Gesetzgeber ein gerichtliches Verfahren zur hoheitlichen Streitbeilegung vorsehe und der dort abschließenden Entscheidung eine nur von unabhängigen Gerichten herbeizuführende Rechtskraft verleihe.[288] Kennzeichnend für diesen Ansatz ist demnach die verbindliche Klärung eines Rechtsstreits im Rahmen eines besonders geregelten Verfahrens durch eine neutrale Instanz.[289] Letztlich kann aber auch die funktionelle Betrachtungsweise

283 *Classen* in: v. Mangold/Klein/Starck, GG, § 92, Rn. 6.

284 Vgl. BVerfGE, 103, 111, 137.

285 BVerfGE 27, 18, 28.

286 So auch *Classen* in: v. Mangold/Klein/Starck, GG, § 92, Rn. 8.

287 *Hillgruber* in: Maunz/Dürig, GG, Art. 92, Rn. 37.

288 BVerfGE 60, 253, 269; BVerfGE 31, 43, 46; BVerfGE 7, 183, 188; *Schulze-Fielitz* in: Dreier, GG, § 92, Rn. 25; *Classen* in: v. Mangold/Klein/Starck, GG, § 92, Rn. 7.

289 BVerfGE 103, 111, 137, *Hillgruber* in: Maunz/Dürig, GG, Art. 92, Rn. 37 m.w.N.

nicht vollständig überzeugen. Die Ansatzpunkte der funktionellen Betrachtung sind nicht zwingend und bedürfen daher der näheren inhaltlichen Ausgestaltung. So können beispielsweise auch bestandskräftige Verwaltungsakte eine verbindliche Entscheidung sein, da diese nicht mehr angefochten werden können.[290] Im Übrigen wird gegen diese Auffassung vorgebracht, dass sich nach ihr der Tatbestand – die Rechtsprechung – und die Rechtsfolgen von Art. 92 GG – die Anwendbarkeit der Art. 97, 98, 101, 103 – nicht voneinander trennen lassen.[291] Damit läge ein Zirkelschluss vor, der sich auch nicht durch den Hinweis, Richter und Rechtsprechung seien aufeinander bezogene Begriffe, überzeugend auflösen lässt.[292] Letztlich würde der Begriff der Rechtsprechung durch die organisatorische Ausgestaltung bestimmt, obwohl Art. 92 GG umgekehrt aus der Aufgabe organisatorische Konsequenzen zieht.[293]

Festzuhalten ist, dass alle drei Ansätze zur Definition des Begriffs der Rechtsprechung Schwächen aufweisen. Daher ist nach der hier vertretenen Auffassung keine strikte Trennung der einzelnen Abgrenzungsvarianten möglich. Vielmehr ist, um den Bereich der Rechtsprechung eng auszulegen, eine Kombination der Merkmale aller Abgrenzungsvarianten erforderlich. Nur dann, wenn nach allen Abgrenzungsvarianten rechtsprechende Gewalt ausgeübt wird, ist der Anwendungsbereich des Art. 92 Hs. 1 GG eröffnet. Nach dem formellen Ansatz fehlt es hierfür an einer speziellen Zuständigkeitsregelung für das Löschungsverfahren vor dem DPMA. Somit liegt danach keine Ausübung rechtsprechender Gewalt durch das DPMA vor. Auch unter Zugrundelegung des materiellen Ansatzes wird man die Tätigkeit des DPMA nicht zum Kernbereich des Zivilrechts zählen können, da das Amt vielmehr verwaltungsrechtliche Aufgaben, nämlich die Beurteilung der Eintragungsfähigkeit von Marken, wahrnimmt. Außerdem ist die Tätigkeit des DPMA innerhalb dieses Bereichs keine zentrale Aufgabe der Rechtspflege. Zur Verneinung der Zuordnung der Tätigkeit des DPMA zur rechtsprechenden Gewalt nach dem funktionalen Ansatz führt der nichtabschließende Charakter der Entscheidung der Markenstellen. Diese können im Rechtsmittelverfahren vor dem BPatG überprüft werden. Folglich ist die Tätigkeit des DPMA im Löschungsverfahren nach der hier vertretenen Auffassung

290 So auch BVerfGE 103, 111, 139, der auf diesen Punkt abstellt.

291 *Classen* in: v. Mangold/Klein/Starck, GG, § 92, Rn. 9.

292 *Schulze-Fielitz* in: Dreier, GG, § 92, Rn. 53.

293 So auch *Classen* in: v. Mangold/Klein/Starck, GG, § 92, Rn. 9; *Wolff* in: Umbach/Clemens, GG, § 92, Rn. 27.

nicht der rechtsprechenden Gewalt zuzuordnen. Zu diesem Ergebnis kam auch das BVerwG, als es entschied, dass der Schwerpunkt der Tätigkeit des DPMA im verwaltungsrechtlichen Bereich liegt.[294]

b. Der Vorrang der richterlichen Entscheidung

Nach der hier vertretenen Auffassung ist die Tätigkeit des DPMA im Rahmen des Löschungsverfahrens gemäß § 50 Abs. 1 MarkenG i.V.m. § 8 Abs. 2 Nr. 10 MarkenG verwaltungsrechtlicher Natur.[295] Fraglich ist daher, ob durch die Entscheidung des DPMA über die Löschung einer Marke eine „Vorwegnahme der Hauptsache" stattfindet.[296] Immerhin kommt der Entscheidung des DPMA eine erhebliche Bedeutung zu. Es liegt daher die Vermutung nahe, insofern einen Vorrang der richterlichen Entscheidung zu fordern.

Hierzu wird die Auffassung vertreten, für die Verfolgung subjektiver Rechte seien ausschließlich die Gerichte zuständig.[297] Sofern der Staat selbst eine am Rechtsstreit beteiligte Partei sei, könne er das betreffende Rechtsverhältnis im Wege des Erlasses eines Verwaltungsakts vor der richterlichen Streitbeilegung regeln. Dieses Vorgehen sei im Bereich des öffentlichen Rechts anerkannt. Aufgrund der Suggestivwirkung eines Verwaltungsakts sei es bei Streitigkeiten zwischen zwei Privatpersonen jedoch unzulässig, dem gerichtlichen Verfahren ein Verwaltungsverfahren voranzustellen.[298] Sofern das DPMA als Verwaltungsbehörde in den Rechtsstreit zwischen zwei Privatpersonen eingreift, dürfe es lediglich vorläufige Maßnahmen treffen, die eine Sicherung des Rechts ermöglichen.[299] Es gelte auch hier das aus dem Polizeirecht bekannte „Subsidiaritätsprinzip" zwischen der Tätigkeit von Verwaltungsbehörden und gerichtlichen Entscheidungen bei privatrechtlichen Streitigkeiten.[300] Die Löschung einer

---

294 BVerwGE 8, 350ff, dem zum Teil justizförmig ausgestalteten Verfahren hat das Gericht dabei ausdrücklich keine große Bedeutung beigemessen.

295 Soeben dargestellt unter Kapitel 3, Ziff. VII.2.a.

296 Siehe hierzu auch *Meessen*, GRUR 2003, 672, 674, der auf das polizeiliche Subsidiaritätsprinzip abstellt.

297 *Ticic*, Bösgläubige Markenanmeldung, 60 unter Verweis auf *Meessen*, GRUR 2003, 672, 674.

298 *Meessen*, GRUR 2003, 672, 674.

299 Hierzu VGH Mannheim, VBlBW 2001, 102ff.

300 Dieser Begriff wurde in die Problematik durch *Meessen*, GRUR 2003, 672, 674 eingeführt, in Bayern kommt das Subsidiaritätsprinzip z.B. in Art. 2 Abs. 2 Polizeiaufgabengesetz (PAG) zum Ausdruck. Dort heißt es: „Der Schutz privater Rechte obliegt der Polizei nach diesem Gesetz nur dann, wenn gerichtlicher Schutz nicht

Marke stelle keineswegs eine vorläufige Sicherung der Rechte einer Partei dar, sondern bedeute – falls die Entscheidung nicht in der nächsten Instanz aufgehoben wird – eine endgültige Entscheidung. Aus diesem Grund seien die Befugnisse des DPMA zu weitgehend.[301]

Dieser Ansicht ist entgegenzuhalten, dass die Löschung der bösgläubig angemeldeten Marke nicht allein im Interesse der Betroffenen erfolgt, sondern dieser Vorgang auch im öffentlichen Interesse steht.[302] Mit der Löschung soll etwa das Markenregister vor unbenutzten Marken oder vor Marken, die nicht im Sinne der Markenfunktionen benutzt werden (nämlich ausschließlich zur Behinderung) geschützt werden. Des Weiteren verhindert die Löschung bösgläubig angemeldeter Marken die Bildung ungerechtfertigter Monopolstellungen. Dies zeigt sich auch daran, dass – anders als bei relativen Schutzhindernissen – sich der Kläger bei der Geltendmachung absoluter Schutzhindernisse nicht auf ein älteres Recht berufen können muss.[303] Andere können die Bösgläubigkeit des Anmelders geltend machen, ohne davon betroffen zu sein. Sogar die Löschung einer bösgläubig angemeldeten Marke von Amts wegen ist in § 50 Abs. 3 MarkenG vorgesehen. Selbst wenn in erheblichem Umfang Individualinteressen betroffen wären, schließt das die gleichzeitige Verteidigung von Allgemeininteressen nicht aus.[304] Ein Nebeneinander von Individual- und Allgemeininteressen ist bei der Löschung einer bösgläubigen Markenanmeldung sogar absolut üblich. Dies wird vor allem bei der Antragslöschung gemäß § 50 Abs. 1 MarkenG deutlich. Die Löschung von Marken auf Antrag dient in erster Linie dem Interesse des Antragstellers, wenn dieser selbst in seinen wirtschaftlichen oder rechtlichen Interessen verletzt ist. Sie dient aber auch den Interessen der Allgemeinheit, wenn ein Antragsteller keine der genannten Interessen vorweisen kann.[305] Folglich schützt das Handeln des

---

rechtzeitig zu erlangen ist und wenn ohne polizeiliche Hilfe die Verwirklichung des Rechts vereitelt oder wesentlich erschwert werden würde".

301 *Meessen*, GRUR 2003, 672, 674.

302 EuGH, GRUR 2010, 931 [Rn. 40ff] – *COLOR EDITION* zu Art. 56 Abs. 1 UMV, der den Antrag auf Nichtigkeitserklärung aus absoluten Gründen im Unionsrecht ebenfalls als Popularantrag ausgestaltet; BGH, GRUR 2005, 1047, 1048 – *OTTO* zur Popularklage in § 55 Abs. 2 Nr. 1 MarkenG; BPatG, GRUR 2006, 155 – *Salatfix*; *Bous* in: Ekey/Klippel/Bender, MarkenR, § 54, Rn. 2; *Kirschneck* in: Ströbele/Hacker, MarkenG, § 54, Rn. 1; a.A. *Treudler*, MarkenR 2000, 193, 196.

303 *Ingerl/Rohnke*, MarkenG, § 50, Rn. 1.

304 *Ticic*, Bösgläubige Markenanmeldung, 62.

305 *Kirschneck* in: Ströbele/Hacker, MarkenG, § 54, Rn. 1.

DPMA im Löschungsverfahren nicht allein das Individualinteresse des Antragstellers, sondern auch das öffentliche Interesse. Daher ist das von der Gegenauffassung vorgebrachte Argument, die Löschung erfolge allein im privaten Interesse des Betroffenen, unzutreffend. Es besteht kein Grund, ein Subsidiaritätsverhältnis zwischen DPMA und Gerichten anzunehmen.

Zur Untermauerung der Feststellung, dass das DPMA nicht nur subsidiär tätig wird, kann auf das Kartellrecht zurückgegriffen werden. Anders als im Markenrecht ist dort – selbst für die Vertreter der Gegenansicht – die behördliche Befassung vor der gerichtlichen Entscheidung völlig selbstverständlich.[306] Die Vorschaltung eines behördlichen Verfahrens beruht darauf, dass die Erhaltung der Wettbewerbsordnung nicht nur dem Interesse der potentiellen und tatsächlichen Wettbewerber, sondern ebenfalls dem öffentlichen Interesse am Erhalt der Wettbewerbsordnung dient.[307] Genau dies ist ein Argument für die hier vertretene gegenteilige Auffassung. In der Löschung einer bösgläubig eingetragenen Marke liegt ein doppelfunktionales Handeln des DPMA, da es wie das Handeln der Kartellbehörden dem öffentlichen Interesse und der Sicherung von Individualinteressen dient. Die bestehende Interessenlage lässt keinen grundlegenden Unterschied des Markenrechts zum Kartellrecht erkennen, so dass sich keine Anhaltspunkte für eine differenzierende Betrachtung in dieser Frage ergeben.

In Übrigen kann das Handeln des DPMA auch nicht mit der Tätigkeit einer Behörde im Ordnungs- oder Sicherheitsrecht verglichen werden. Eine Polizeibehörde wird bei privatrechtlichen Streitigkeiten tätig, ohne vorher involviert gewesen zu sein (dies ergibt sich z.B. aus Art. 2 Abs. 2 PAG). An der Schaffung der Gefahr für die privaten Rechtsgüter war die Behörde nicht beteiligt. Sofern das DPMA eine Marke aufgrund der Bösgläubigkeit des Anmelders löscht, tut es das aber nicht als unbeteiligte Behörde. Denn erst durch den Rechtsakt der Eintragung entsteht die Marke im Verantwortungsbereich des DPMA. Das DPMA ist bereits bei der Entstehung der Marke involviert. Wenn das DPMA die eingetragene Marke löscht, nimmt es lediglich den von ihm selbst erteilten Rechtsakt zurück.[308] Das DPMA trifft dabei keine Entscheidung, die einem Richter vorbehalten wäre. Es korrigiert vielmehr seine eigene Entscheidung. Diese Möglichkeit ist dem Verwaltungsrecht immanent, wenn die Behörde am Erlass eines Verwaltungsakts beteiligt war. In den §§ 48 und 49 VwVfG hat der Gesetzgeber ein solches Verfahren ausgestaltet, wonach der Träger der Verwaltung

306 Zu diesem *Meessen*, GRUR 2003, 672, 674.

307 *Zimmer* in: Immenga/Mestmäcker, GWG, § 1, Rn. 13ff. m.w.N.

308 So auch *Ticic*, Bösgläubige Markenanmeldung, 63

seine rechtswidrigen oder rechtmäßige Verwaltungsakte zurücknehmen oder widerrufen kann. Ein Vorrang der gerichtlichen Entscheidung wurde hierzu bislang nicht diskutiert.

Schließlich führt die Entscheidung des DPMA im Rahmen der Löschungsklage ohnehin nicht zu einer unumkehrbaren Entscheidung. Zwar ist der Gegenansicht zuzugestehen, dass es sich bei der Löschung einer bösgläubigen Marke nicht um eine vorübergehende Sicherung der Rechtsposition des Antragstellers handelt. Die Löschung hat nichts mit dem vom Verhältnismäßigkeitsprinzip geprägten vorübergehenden Eingreifen eines Amtsträgers im Rahmen zivilrechtlicher Streitigkeiten gemeinsam.[309] Allerdings steht es dem betroffenen Markeninhaber frei, diese Maßnahme gerichtlich überprüfen zu lassen. Der Inhaber der gelöschten Marke kann gegen den Beschluss des DPMA gemäß § 66 MarkenG Beschwerde zum BPatG erheben. Gegen die Beschlüsse der Beschwerdesenate am BPatG besteht gemäß § 83 MarkenG die Möglichkeit der anschließenden Rechtsbeschwerde zum BGH. Das DPMA trifft demnach schon keine unwiderrufliche Entscheidung. Hinzu kommt, dass der mit der Angelegenheit befasste Beschwerdesenat des BPatG ohnehin nicht an die Entscheidung des DPMA gebunden ist. Das BPatG ermittelt den Sachverhalt gemäß § 73 Abs. 1 MarkenG von Amts wegen. Es entscheidet gemäß § 74 MarkenG nach eigener Beweisaufnahme im Sinne seiner freien, aus dem Gesamteindruck des Verfahrens gewonnen Überzeugung (§ 78 Abs. 1 MarkenG). Demzufolge kann nicht von einer Suggestivwirkung der Entscheidung des DPMA für die anschließende richterliche Überprüfung dieser Entscheidung gesprochen werden. Im Übrigen wäre ohnehin keine im Sinne des Verhältnismäßigkeitsprinzips weniger in die Rechte des Markeninhabers eingreifende Entscheidung des DPMA denkbar. Das MarkenG bietet für Marken, denen absolute Schutzhindernisse entgegenstehen, kein Instrumentarium der abgestuften Vorgehensweise. Denkbar wäre zwar, dass man die Geltendmachung von Rechten aus der Marke vorübergehend untersagt, die Marke aber in ihrem Bestand unverändert lässt. So etwas sieht das MarkenG für das DPMA aber nicht vor. Wenn eine Marke bösgläubig angemeldet wurde und Löschung gemäß § 50 Abs. 1 MarkenG beantragt wurde, gibt es für das DPMA keine Alternative hierzu. Sollte sich das DPMA für eine abgeschwächte Maßnahme entscheiden, wäre diese rechtswidrig und müsste im Rechtsmittelverfahren aufgehoben werden.

309 *Meessen*, GRUR 2003, 672, 674.

Die Auffassung, wonach für die Löschung einer Marke durch das DPMA gemäß § 50 Abs. 1 MarkenG i.V.m. § 8 Abs. 2 Nr. 10 MarkenG ein Vorrang der richterlichen Entscheidung besteht, ist daher abzulehnen. Entscheidungen des DPMA im Löschungsverfahren gemäß § 50 Abs. 1 MarkenG i.V.m. § 8 Abs. 2 Nr. 10 MarkenG müssen nicht durch richterliche Entscheidungen ersetzt werden.

3. Ergebnis

Als Fazit bleibt festzuhalten, dass die Aufnahme des Begriffs der Bösgläubigkeit in § 8 Abs. 2 Nr. 10 MarkenG nicht gegen das Gebot der Bestimmtheit verstößt. Des Weiteren übt das DPMA auch im Löschungsverfahren keine rechtsprechende Gewalt aus, sondern handelt als Verwaltungsbehörde. Ein Vorrang für richterliche Entscheidungen besteht bei der Löschung von Marken nicht, denn die Löschung einer Marke auf Antrag eines anderen erfolgt nicht ausschließlich in dessen Interesse, sondern zumindest auch im Interesse der Allgemeinheit. Die aufgeworfenen verfassungsrechtlichen Bedenken bestehen daher nicht.

VIII. Zusammenfassung

Der Gesetzgeber setzte mit der Einführung des MarkenG europäische Vorgaben um, die zur Harmonisierung der Markengesetze der Mitgliedstaaten erforderlich waren. Zunächst wurde im MarkenG von 1994 die bösgläubige Markenanmeldung nur als Löschungsgrund des § 50 Abs. 1 Nr. 4 MarkenG a.F. vorgesehen. Als der Gesetzgeber feststellte, dass die bloße Löschungsmöglichkeit für Anmeldungen in bösgläubiger Absicht nicht genügte, gab er dem DPMA das Eintragungshindernis des § 8 Abs. 2 Nr. 10 MarkenG an die Hand. Damit sollten ersichtlich bösgläubige Markenanmeldungen bereits von der Eintragung ausgeschlossen werden.

Das ursprünglich zentrale gesetzgeberische Motiv – die Unterbindung der Eintragung von Namen berühmter Persönlichkeiten oder von Kulturgütern – wurde mit der Einführung des absoluten Schutzhindernisses der bösgläubigen Markenanmeldung in § 8 Abs. 2 Nr. 10 MarkenG allerdings nicht erreicht. Die Ursache hierfür liegt darin, dass § 8 Abs. 2 Nr. 10 MarkenG der Eintragung entsprechender Marken nicht immer entgegensteht. Dem DPMA wird vielmehr ein Spielraum eröffnet, ersichtlich bösgläubige Markenanmeldungen zurückzuweisen. Sollte das DPMA nicht einschreiten, sind die betroffenen natürlichen oder juristischen Personen daher regelmäßig weiterhin auf den markenrechtlichen Löschungsantrag sowie die lauterkeitsrechtlichen oder die allgemeinen zivilrechtlichen Ansprüche angewiesen.

Das Ersichtlichkeitserfordernis sollte auch im Rahmen des Amtslöschungsverfahrens beibehalten werden. Eine Verlagerung des Prozess- und Kostenrisikos auf die von der bösgläubigen Anmeldung Betroffenen droht hierdurch nicht. Allerdings besteht kein vollständiger Gleichlauf zwischen § 37 Abs. 3 MarkenG im Eintragungsverfahren und § 50 Abs. 3 Nr. 3 MarkenG im Amtslöschungsverfahren. Da über das Amtslöschungsverfahren offenkundig nicht schutzfähige Marken gelöscht werden sollen, ist die Berücksichtigung der Hinweise von Anderen, hier anders als im Eintragungsverfahren, zu befürworten, da das Amt andernfalls kaum genug Informationen hätte, um eine vom Eintragungsverfahren abweichende Entscheidung zu treffen.

Streit besteht zwischen der Rechtsprechung und der Literatur über den maßgeblichen Zeitpunkt der Bösgläubigkeit bei der Prüfung im Rahmen des Nichtigkeitsverfahrens. Während beim Eintragungsverfahren einhellig auf den Zeitpunkt der Anmeldung abgestellt wird, vertritt der BGH die Auffassung, im Nichtigkeitsverfahren genüge die Bösgläubigkeit zum Zeitpunkt der Eintragung. Die besseren Argumente sprechen jedoch für die Gegenansicht, welche auf den Zeitpunkt der Anmeldung abstellt. Hierfür spricht bereits der klare Wortlaut des § 8 Abs. 2 Nr. 10 MarkenG, auf den § 50 Abs. 1 MarkenG verweist. Außerdem werden bösgläubige Motive bereits mit der Markenanmeldung nach außen sichtbar, so dass ein Abstellen auf den Zeitpunkt der Eintragung, entgegen dem klaren Gesetzeswortlaut, keine Vorteile bringt. Letztlich greift auch das Argument des BGH, die Gesetzesbegründung sehe eine Prüfung im Zeitpunkt der Eintragung vor, nicht. Die vom BGH herangezogene Passage des Regierungsentwurfs zum Geschmacksmusterreformgesetz enthält eine Regelung zu § 50 Abs. 2 S. 1 MarkenG. Darin findet sich aber keine Regelung zur bösgläubigen Markenanmeldung gemäß § 8 Abs. 2 Nr. 10 MarkenG, sondern nur zu den anderen absoluten Schutzhindernissen. Für die §§ 8 Abs. 2. Nr. 1–9 MarkenG wird unstrittig immer auf den Zeitpunkt der Eintragung abgestellt.

Verfassungsrechtliche Bedenken gegen den Tatbestand der bösgläubigen Markenanmeldung bestehen nicht. Der Einwand der Unbestimmtheit des Tatbestands ist zurückzuweisen. Eine genauere Ausformulierung des § 8 Abs. 2 Nr. 10 MarkenG wäre nicht nur nicht erforderlich, sondern auch unpraktisch. Um auf mögliche Änderungen reagieren zu können, ist eine flexible Fassung des Tatbestandes erforderlich. Im Übrigen wäre selbst bei der Aufzählung der anerkannten Fallgruppen nicht sichergestellt, dass dem Rechtsanwender sofort die korrekte Einordnung sämtlicher Konstellationen gelingt. Des Weiteren wird der

Grundsatz der Gewaltenteilung nicht verletzt. Zum einen übt das DPMA keine rechtsprechende Gewalt aus, da es eine Verwaltungsbehörde ist. Zum anderen besteht auch kein Richtervorbehalt für Löschungsverfahren gemäß § 50 Abs. 1 MarkenG i.V.m. § 8 Abs. 2 Nr. 10 MarkenG. Ein dem besonderen Verwaltungsrecht bekanntes Subsidiaritätsprinzip besteht hier nicht.

Viertes Kapitel: Die bösgläubige Markenanmeldung in der UMV und in nationalen Vorschriften

I. Die bösgläubige Markenanmeldung in der UMV

1. Die Entstehung der UMV

Das Unionsmarkenrecht wurde mit der Verordnung (EG) Nr. 40/94 des Rates vom 20. Dezember 1993 über die Gemeinschaftsmarke geschaffen. Erstmals konnte mit einer Markenanmeldung ein unionsweiter Markenschutz in allen Mitgliedsstaaten der Europäischen Union erlangt werden. Da diese Verordnung aber in den folgenden Jahren mehrfach in wesentlichen Punkten geändert wurde, erließ der Rat der Europäischen Union – aus Gründen der Übersichtlichkeit und Klarheit[310] – eine neue Gemeinschaftsmarkenverordnung. Dies geschah schließlich mit der Verordnung (EG) Nr. 207/2009 vom 26. Februar 2009 über die Gemeinschaftsmarke. Zuletzt wurde die Gemeinschaftsmarkenverordnung mit der Änderungsverordnung (EU) Nr. 2015/2424 vom 24. Dezember 2015 in einigen Punkten geändert, woraus sich auch die Umbenennung der Gemeinschaftsmarkenverordnung in Unionsmarkenverordnung (UMV) ergab.

Ziel der UMV ist es, die harmonische Entwicklung des Wirtschaftslebens innerhalb der Union und eine beständige und ausgewogene Wirtschaftsausweitung durch die Vollendung und das reibungslose Funktionieren des Binnenmarktes zu fördern, der mit einem einzelstaatlichen Markt vergleichbare Bedingungen bietet. Aus diesem Grund muss es den Unternehmen ermöglicht werden, ihren Waren- und Dienstleistungsverkehr an die unionsweite Dimension anzupassen. Dies geschieht gemäß Erwägungsgrund 2 der Begründung zur UMV von 2009 insbesondere durch Marken, mit denen die Waren und Dienstleistungen in der gesamten Union ohne Rücksicht auf die Grenzen der Mitgliedstaaten gekennzeichnet werden können.[311] Allein die Angleichung der Rechtsvorschriften wurde nicht als ausreichend zur Beseitigung des Hindernisses der territorialen Beschränkung des Markenrechts gesehen. Daher gebe es eine einheitliche und in allen Mitgliedstaaten geltende Unionsmarke.

---

310 Erwägungsgrund 1 der Begründung zur GMV 207/2009.

311 Art. 1 Abs. 2 UMV: „Die Unionsmarke ist einheitlich. Sie hat einheitliche Wirkung für die gesamte Union".

2. Bösgläubigkeit in der UMV

In der UMV ist ein Anspruch auf Löschung einer Unionsmarke vorgesehen, sofern diese Unionsmarke bösgläubig angemeldet wurde. Dieser Anspruch ist in Art. 52 Abs. 1 lit. b) UMV geregelt. Die UMV sieht die Bösgläubigkeit der Markenanmeldung nicht als absolutes Schutzhindernis vor. Daher können bösgläubig angemeldete Marken auch bei Ersichtlichkeit der Bösgläubigkeit eingetragen werden. Der Einwand der Bösgläubigkeit ist dementsprechend auch im Widerspruchsverfahren nicht möglich.[312] Der Löschungsantrag kann gemäß Art. 56 Abs. 1 lit. a) UMV von jeder natürlichen oder juristischen Person sowie jedem Interessenverband von Herstellern, Erzeugern, Dienstleistungsunternehmen, Händlern oder Verbrauchern, der nach dem für ihn maßgeblichen Recht prozessfähig ist, gestellt werden.[313] Eine individuelle Betroffenheit ist hierfür nicht erforderlich. Daraus wird ersichtlich, dass die Löschung einer bösgläubig angemeldeten Unionsmarke vorwiegend im öffentlichen Interesse erfolgt. Letzteres lässt wiederum erwarten, dass die UMV auch ein Amtslöschungsverfahren vorsieht. Dies ist jedoch, anders als im deutschen Recht, nicht der Fall.

Weiterhin kann die Bösgläubigkeit auch im Wege der Widerklage geltend gemacht werden. In Art. 100 Abs. 1 UMV befindet sich die entsprechende Vorschrift, nach der eine Widerklage auf die Nichtigkeitsgründe der UMV – demnach auch auf Art. 52 Abs. 1 lit. b) UMV – gestützt werden kann. Die Widerklage ist ein probates Mittel, falls der mit einer Geldforderungen oder Unterlassungsansprüchen Konfrontierte die bösgläubige Markenanmeldung des Klägers im Verletzungsprozess geltend machen will.

Darüber hinaus gibt es in der UMV auch ein Gegenstück zum Verwirkungstatbestand des § 21 MarkenG. Gemäß Art. 54 Abs. 1 UMV kann der Inhaber einer älteren Unionsmarke die Nutzung einer prioritätsjüngeren Unionsmarke nicht verbieten, wenn er deren Nutzung während eines Zeitraums von fünf Jahren bewusst geduldet hat. In diesem Fall kann er für die Waren und Dienstleistungen, für die eine solche jüngere Unionsmarke genutzt wurde, keine Nichtigkeitserklärung der jüngeren Marke verlangen oder sich deren Benutzung

312 EuGH, GRUR 2010, 1098 – *CK*; EuG, GRUR Int. 2012, 1158 [Rn. 30] – *Kindertraum*; *Eisenführ*/Schennen, GMV, Art. 52, Rn. 6.

313 Im deutschen MarkenG findet sich in § 54 Abs. 1 S. 2 eine vergleichbare Vorschrift. Dort wird geregelt, dass der Löschungsantrag von jeder Person gestellt werden kann. Da die in Art. 56 Abs. 1 lit. a) UMV zusätzlich genannten Antragsbefugten in der Regel juristische Personen sind, ergibt sich daraus keine Erweiterung.

widersetzen. Letzteres gilt dann nicht, wenn die prioritätsjüngere Unionsmarke bösgläubig angemeldet wurde. Diese Ausnahme ist ebenfalls aus dem deutschen MarkenG bekannt.

II. Der maßgebliche Zeitpunkt für die Beurteilung der Bösgläubigkeit in der UMV

1. Eintragungsverfahren

Nach Art. 37 Abs. 1 UMV ist die einzutragende Unionsmarke auf absolute Schutzhindernisse im Sinne des Art. 7 UMV zu untersuchen. Stehen der Unionsmarke derartige Hindernisse entgegen, so ist sie von der Anmeldung ausgeschlossen. Die in der UMV enthaltenen Schutzhindernisse stimmen im Wesentlichen mit denen des MarkenG überein. Angesichts der Bestrebungen zur unionsweiten Vereinheitlichung der Vorschriften des Markenrechts ist dies jedoch nicht überraschend.[314] Im Gegensatz zur MarkenRL und zum MarkenG sieht die UMV eine bösgläubige Markenanmeldung aber nicht als absolutes Schutzhindernis vor. Damit entspricht die Regelung der bösgläubigen Markenanmeldung in der UMV der Rechtslage in Deutschland vor der Einführung des absoluten Schutzhindernisses des § 8 Abs. 2 Nr. 10 MarkenG.[315] War der Anmelder bei der Anmeldung bösgläubig, so kann die Unionsmarke lediglich auf Antrag beim EUIPO oder im Widerklageverfahren für nichtig erklärt werden (Art. 52 Abs. 1 lit. b UMV).

2. Nichtigkeitsverfahren

Gemäß Art. 52 Abs. 1 lit. b UMV wird die Unionsmarke für nichtig erklärt, wenn der Anmelder bei der Anmeldung der Marke bösgläubig war. Damit wurde in der UMV eine dem § 50 Abs. 1 MarkenG vergleichbare Regelung geschaffen. Somit ist auch an dieser Stelle zu fragen, wann die Bösgläubigkeit vorgelegen haben muss, um eine Löschung herbeizuführen.

Der EuGH hat mit dem Urteil „Lindt & Sprüngli/Franz Hauswirth" vom 11. Juni 2009 ausdrücklich festgestellt, dass bei der Auslegung des Art. 52 Abs. 1 lit. b UMV (ex-Art. 51 Abs. 1 lit. b GMV) der maßgebliche Zeitpunkt für die Beurteilung der Frage, ob ein Anmelder bösgläubig ist, der Zeitpunkt der Anmeldung

---

314 Erwägungsgrund 2, Begr. zur GMV, ABl. v. 24. März 2009 L 78/1; so auch bereits Erwägungsgrund 2, Begr. zur MarkenRL, ABl. v. 08. November 2008, L 299/25.

315 *Eisenführ*/Schennen, GMV, Art. 52, Rn. 6.

der Unionsmarke durch den Betroffenen sei.[316] Zu diesem Ergebnis gelangt der EuGH ohne nähere Begründung, indem er auf den Wortlaut der Vorschrift abstellt, denn in Art. 52 Abs. 1 lit. b UMV (ex-Art. 51 Abs. 1 lit. b GMV) heißt es ausdrücklich „bei der Anmeldung". Hierfür spricht aber auch ein Vergleich zu dem Löschungsgrund des Art. 52 Abs. 1 lit. a UMV (ex-Art. 51 Abs. 1 lit. a GMV). Dort werde zwar darauf abgestellt, dass die Unionsmarke entgegen Art. 7 UMV eingetragen wurde. Dennoch erachten EuG und EuGH auch hier den Anmeldezeitpunkt als maßgeblich.[317] Sie begründen diese Auslegung des Löschungstatbestandes mit der (unter Umständen) langen Verfahrensdauer bis zur Eintragung. Aufgrund der in der Verordnung vorgesehenen Rechtsbehelfe, wie beispielsweise dem Widerspruchsverfahren, der Beschwerde vor der Beschwerdekammer des EUIPO, der Klage vor dem EuG und den Rechtsmitteln vor dem EuGH, sei der Eintragungszeitpunkt variabel. Das Eintragungsverfahren könne darum, bis diese Rechtsbehelfe vollständig ausgeschöpft seien und die Eintragung der Unionsmarke endgültigen Charakter habe, mehrere Jahre dauern. Daher sei es vorteilhaft, einheitlich auf den Zeitpunkt der Anmeldung einer Unionsmarke abzustellen. Andernfalls wäre der Zeitpunkt, in dem die absoluten Schutzhindernisse vorliegen müssen, von einem mehr oder weniger zufälligen Umstand abhängig, nämlich der Dauer des Eintragungsverfahrens.[318]

Diese Auffassung ist überzeugend. Nur der Zeitpunkt der Anmeldung kommt für die Prüfung der Bösgläubigkeit in Betracht.[319] Wenn die höchstrichterliche Rechtsprechung mit guten Argumenten die Auffassung vertritt, dass selbst im Rahmen des auf die Eintragung abstellenden Art. 52 Abs. 1 lit. a UMV (ex-Art. 51 Abs. 1 lit. a GMV) geprüft werden müsse, ob die Schutzhindernisse zum Zeitpunkt der Anmeldung vorlagen, ist erst recht im Rahmen des ausdrücklich auf den Zeitpunkt der Anmeldung Bezug nehmenden Art. 52 Abs. 1 lit. b UMV (ex-Art. 51 Abs. 1 lit. b GMV) auf die Anmeldung abzustellen.

III. Das Verhältnis der UMV zum nationalen Markenrecht

Das Unionsmarkenrecht und die nationalen Markenrechtsordnungen stehen in Koexistenz miteinander. Die Unionsmarke verdrängt die Möglichkeit nationaler Marken nicht. Die Unternehmen sollen nicht gezwungen werden, ihre Marken

---

316 EuGH, GRUR 2009, 763 [Rn. 35] – *Lindt & Sprüngli/Franz Hauswirth.*

317 EuG, GRUR Int. 2010, 145 – *FLUGBÖRSE*; EuGH, MarkenR 2010, 439 – *DSR touristik/Frosch Touristik.*

318 Ebd.

319 *Eisenführ*/Schennen, GMV, Art. 52, Rn. 10.

als Unionsmarken anzumelden.[320] Die nationalen Marken werden weiterhin als bedeutsam für solche Unternehmen angesehen, die keinen unionsweiten Schutz wünschen.

Die Anmeldung der Unionsmarke erfolgt beim Harmonisierungsamt für den Binnenmarkt und nicht beim Deutschen Patent- und Markenamt. Ebenso wie im deutschen Markenrecht obliegt die Prüfung der Bösgläubigkeit grundsätzlich dem Markenamt, Art. 52 Abs. 1 lit. b UMV (ex-Art. 51 Abs. 1 lit. b GMV). Schwierigkeiten entstehen dann, wenn gleichzeitig gegen eine Unionsmarke und eine identische nationale Marke vorgegangen wird. Zur Vermeidung sich widersprechender Entscheidungen war es den nationalen Gesetzgebern überlassen, ihr Verfahrensrecht - das durch die UMV nicht berührt wird - zu ändern.[321] Die materielle Beurteilung der Unionsmarke unterliegt ausschließlich dem Recht der UMV. Dabei besteht weitestgehend Übereinstimmung mit dem nationalen Begriff der Bösgläubigkeit.[322] Es bestehen aber auch Unterschiede:

1. Anwendbarkeit der Missbrauchseinrede des § 242 BGB

Während die Einrede des Rechtsmissbrauchs aus § 242 BGB im deutschen Recht jedem Anspruch aus einer Marke entgegengehalten werden kann[323], ist dieser Gedanke nicht ohne Weiteres auf die UMV zu übertragen. Denn die UMV enthält eine genaue Aufgabenverteilung zwischen dem EUIPO und den Gerichten.

Gegen die Anwendbarkeit der Einrede des Rechtsmissbrauchs spricht der Wortlaut des Art. 99 Abs. 3 UMV, wonach nur bestimmte dort genannte Einwände im Verletzungsverfahren berücksichtigt werden. Der Einwand des Rechtsmissbrauchs gehört nicht dazu. Ausgangspunkt der Überlegungen ist dabei Art. 99 Abs. 1 UMV, wonach die Unionsmarkengerichte von der Rechtsgültigkeit der den Löschungsantrag begründenden Unionsmarke auszugehen haben, sofern diese nicht durch den Beklagten mit einer Widerklage auf Erklärung des Verfalls oder der Nichtigkeit angefochten wird. Das Verfahrensrecht der UMV verlangt in diesem Fall einen Gegenangriff auf die Marke des Beklagten. Durchbrochen wird diese Regel nur durch besagten Art. 99 Abs. 3 UMV, wonach der Einwand des Verfalls oder der Nichtigkeit der Unionsmarke zulässig ist, wenn sich der Beklagte darauf beruft, dass die Unionsmarke wegen mangelnder

320 Erwägungsgrund 6 der Begründung zur GMV 207/2009.

321 Erwägungsgrund 17 der Begründung zur GMV 207/2009.

322 Siehe dazu *Brötje*, Bösgläubige Markenanmeldung, 171 ff.

323 *Fezer*, § 14, Rn. 539; *Ingerl/Rohnke*, MarkenG, vor §§ 14–19, Rn. 166ff.; *Ticic*, Bösgläubige Markenanmeldung, 166.

Benutzung für verfallen oder wegen eines älteren Rechts des Beklagten für nichtig erklärt werden könnte. Aus dieser sehr differenzierten Aufzählung wird zum Teil gefolgert, andere Einwände – auch der Einwand des Rechtsmissbrauchs – seien unbeachtlich.[324] Folglich wäre nach dieser Auffassung der Einwand des Rechtsmissbrauchs gegen einen Antrag auf Löschung nicht möglich.

Die Vertreter der Gegenauffassung halten den Rechtsmissbrauchseinwand auch als ungeschriebene Schranke (s.u.) des Unionsmarkenrechts.[325] Sie sehen in der bösgläubigen Markenanmeldung eine besondere Ausprägung des Rechtsmissbrauchs im Markenrecht.[326] Daneben bestünden noch weitere Erscheinungsformen des Rechtsmissbrauchs. Diese könnten sich etwa aus der rechtsmissbräuchlichen Verwendung eines in redlicher Absicht angemeldeten Zeichens ergeben. Unter der Prämisse des abschließenden Charakters des Art. 99 Abs. 1 und 3 UMV könne sich der Beklagte gegen einen rechtsmissbräuchlichen Löschungsantrag des Klägers nach der Anmeldung einer Unionsmarke nicht mit dem Einwand des Rechtsmissbrauchs verteidigen. Daraus wiederum ergebe sich eine Schutzlücke für den Beklagten im Unionsrecht.[327] Da dies nicht hinnehmbar sei, müsse der Einwand des Rechtsmissbrauchs – wie im deutschen Recht – auch im Unionsmarkenrecht als Schranke jeder Rechtsausübung angesehen werden. Die Aufzählung des Art. 99 Abs. 3 UMV kann daher nach dieser Auffassung nicht abschließend sein.

Die letztgenannte Auffassung verdient Zustimmung. Nicht überzeugend ist hierfür zwar das Argument, aus Art. 99 Abs. 3 UMV selbst werde ersichtlich, dass der Vorordnungsgeber einen umfassenden Schutz gegen rechtsmissbräuchliches Verhalten anvisiert habe.[328] In Art. 99 UMV ist gerade keine Berücksichtigung der Bösgläubigkeit – bzw. des damit verbundenen rechtsmissbräuchlichen Verhaltens – vorgesehen. Die Vorschrift bringt eindeutig zum Ausdruck, dass die Bösgläubigkeit nur auf Widerklage des Beklagten berücksichtigt wird. Das Verbot des Rechtsmissbrauchs ist aber auch im Unionsrecht anerkanntermaßen als ungeschriebene

324 Vgl. *Brötje*, Bösgläubige Markenanmeldung, 186.

325 BGH, GRUR 2000, 1032, 1034 – *EQUI 2000*; BGH, GRUR 1998, 1034, 1037 – *Makalu*; *Ingerl/Rohnke*, MarkenG, vor §§ 14–19, Rn. 184; *Köhler*/Bornkamm, UWG, § 4, Rn. 10.85; Ullmann, GRUR 2009, 364, 365.

326 So auch *Ticic*, Bösgläubige Markenanmeldung, 167.

327 *Ticic*, Bösgläubige Markenanmeldung, 167, der dem Verordnungsgeber die bewusste Konstruktion einer solchen Schutzlücke nicht unterstellen möchte.

328 Mit dieser Argumentation versucht *Ticic* (Bösgläubige Markenanmeldung, 168) den umfassenden Schutz zu begründen.

Ausnahme einer jeden Rechtsausübung anzusehen.[329] Art. 102 AEUV enthält Regelungen für das Verbot missbräuchlichen Handelns, die wettbewerbsrechtlichen Charakter haben und somit der Konstellation rechtsmissbräuchlichen Vorgehens aus einer bösgläubig angemeldeten Marke nahe stehen. Selbst wenn man das Unionsrecht diesbezüglich als zu punktuell ansieht, lässt sich der Grundsatz der Berücksichtigung rechtsmissbräuchlichen Verhaltens als Einwand im Verletzungsverfahren des Unionsmarkenrechts ebenso aus dem Privatrecht der Mitgliedstaaten ableiten.[330] Darum ist der Schutz des Beklagten umfassend. Eine Beschränkung der Rechte des Beklagten im Rahmen der Aufzählung des Art. 99 Abs. 1 und 3 UMV verträgt sich damit nicht.

2. Beschränkung der UMV durch nationale Vorschriften

Größere Probleme bestehen bei der Einordnung eines ausschließlich dem nationalen Recht entspringenden Einwands gegen die Unionsmarke. Dies gilt vor allem für den auf § 4 Nr. 10 UWG gestützten Anspruch auf Einwilligung in die Löschung der Marke, denn im nationalen Recht gilt es zwischen dem markenrechtlichen Löschungsverfahren beim DPMA gemäß § 50 Abs. 1 MarkenG und dem lauterkeitsrechtlichen Verfahren vor den ordentlichen Gerichten gemäß §§ 3 Abs. 1, 4 Nr. 10 UWG zu unterscheiden. Hierbei sind unterschiedliche Verfahrens und Zuständigkeitsvorschriften zu berücksichtigen.[331] Dagegen kennt die UMV eine solche Trennung nicht. Die Bösgläubigkeit kann sowohl im Amtsverfahren vor dem EUIPO als auch im gerichtlichen Verfahren im Rahmen einer Widerklage geltend gemacht werden. Der BGH ließ in der „The Colour of Elégance“-Entscheidung offen, ob aufgrund nationalen Lauterkeitsrechts gegen eine Unionsmarke wegen bösgläubiger Markenanmeldung vorgegangen werden kann.[332] Nach Ansicht des BGH lagen bei dieser Entscheidung jedenfalls die Voraussetzungen der Bösgläubigkeit nicht vor. Daher ist die Frage der Anwendbarkeit außermarkenrechtlicher Löschungsansprüche auf die UMV weiterhin offen. Fraglich ist dabei vor allem, ob die Regelungen in der UMV über die Beschränkung bzw. Löschung einer Unionsmarke abschließend sind.

---

329 EuGH, Slg. 2007, I-5795, Rn. 37 – *Kofoed;* Staudinger/*Looschelders/Olzen*, BGB, § 242, Rn. 1184; *Fleischer*, JZ 2003, 865, 871.

330 *Fleischer*, JZ 2003, 865, 871.

331 Vgl. dazu BGH, GRUR 2000, 1032 – *EQUI 2000*.

332 BGH, GRUR 2005, 581, 582 – *The Colour of Elégance*.

a. Grundsatz: Prinzip der relativen Autonomie

Es ist anerkannt, dass im Unionsmarkenrecht das Prinzip der relativen Autonomie zur Anwendung kommt.[333] Demnach richtet sich der Schutz der Unionsmarke in erster Linie nach dem Unionsmarkenrecht. Eine Einschränkung dieses Grundsatzes ergibt sich daraus, dass neben den Bestimmungen der UMV auch andere Bestimmungen des Unionsrechts und des nationalen Rechts hinsichtlich der Voraussetzungen, der Wirkungen und der Schranken der Benutzung der Unionsmarke sowie der jeweiligen Verfahren herangezogen werden können. Letzteres gilt jedoch nur, soweit die Anwendung nationalen Rechts in der UMV ausdrücklich vorbehalten ist.[334] Eine Verweisung auf das nationale Recht enthält Art. 14 Abs. 2 UMV, der eine Ausnahme von dem in Art. 14 Abs. 1 S. 1 UMV normierten Grundsatz der Autonomie des Unionsmarkenrechts darstellt. Gemäß Art. 14 Abs. 2 UMV ist ein Rückgriff auf nationale Vorschriften insbesondere für Ansprüche aus zivilrechtlicher Haftung und unlauterem Wettbewerb möglich. Im Folgenden ist daher zu diskutieren, ob die UMV insofern abschließend ist oder Spielraum für die ergänzende Anwendung nationalen Rechts gelassen hat.

b. Die UMV als abschließende Regelung

Es wird die Auffassung vertreten, die Verweisung des Art. 14 Abs. 2 UMV sei in diesem Fall überhaupt nicht anwendbar.[335] Die grundlegenden Regelungen über Entstehung, Inhalt, Umfang und Erlöschen der Unionsmarkenrechte seien in der UMV abschließend normiert, so dass ein Rückgriff auf nationales Recht nach dem zuvor dargestellten Prinzip der relativen Autonomie nicht zulässig sei.[336] Begründet wird diese Auffassung mit einem Vergleich von Art. 14 UMV und § 2 MarkenG. Gemäß § 2 MarkenG sei die Anwendung außermarkenrechtlicher Vorschriften zum *Schutz* von Marken nicht ausgeschlossen. Dieser verallgemeinerungsfähige Gedanke könne auf die Auslegung des Art. 14 UMV übertragen werden. Daraus lasse sich im Umkehrschluss die Aussage entnehmen, dass die Anwendbarkeit der nationalen lauterkeitsrechtlichen Vorschriften nicht zur *Beeinträchtigung* der Wirkung von Unionsmarken in Betracht kommen dürfe.[337]

---

333 Eisenführ/*Schennen*, GMV, Art. 1, Rn. 4; *Knaak*, GRUR 2001, 21, der zwar von „Autonomie“ spricht, diese jedoch bei einer ausdrücklichen Verweisung auf nationales Recht einschränkt; *Knaak*, GRUR Int. 2001, 665, 667.

334 Hierzu Eisenführ/*Schennen*, GMV, Art. 1, Rn. 6.

335 *Brötje*, Bösgläubige Markenanmeldung, 168.

336 Vgl. hierzu *Knaak*, GRUR Int. 2001, 665, 667.

337 *Ticic*, Bösgläubige Markenanmeldung, 171.

Folgt man dieser Ansicht, könnten nationale lauterkeitsrechtliche Vorschriften die Unionsmarke nicht beschränken, da hierfür aufgrund des abschließenden Charakters der Unionsmarkenverordnung kein Raum wäre. Eine Beschränkung der Unionsmarke könne sich nur aus den Vorschriften der Unionsmarkenverordnung ergeben.

c. *Anwendbarkeit nationaler Bestimmungen*

Gegen diese Auffassung wird vorgebracht, dass der Rechtsgedanke des § 2 MarkenG nicht auf Art. 14 UMV übertragbar sei. Zum einen enthalte Art. 14 Abs. 2 UMV keine Beschränkung auf die Anwendbarkeit außermarkenrechtlicher Vorschriften zum *Schutz* der Unionsmarken. Ein Vorgehen nach Art. 14 Abs. 2 UMV sei demnach auch dann möglich, wenn die Beeinträchtigung einer Unionsmarke im Raum stehe. Zum anderen komme § 2 MarkenG im deutschen Markenrecht ohnehin nur eine klarstellende Funktion zu. Eine Beeinträchtigung von Marken durch außermarkenrechtliche Ansprüche sei trotz der Regelung in § 2 MarkenG möglich.[338] Es müsse lediglich geprüft werden, ob die parallele Anwendung von markenrechtlichen und außermarkenrechtlichen Ansprüchen zu widersprüchlichen Ergebnissen führe.[339]

Diese Auffassung verdient Zustimmung. Der Wortlaut des Art. 14 Abs. 2 UMV spricht nicht gegen die Anwendbarkeit der Vorschriften des nationalen Lauterkeitsrechts im Rahmen eines Unterlassungsanspruchs gegen eine Unionsmarke. Art. 14 Abs. 2 UMV gewährt das Recht, „*Klagen betreffend eine Unionsmarke*" auf das innerstaatliche Recht des unlauteren Wettbewerbs zu stützen. Aus dieser Formulierung ergibt sich keine Einschränkung der Anwendbarkeit auf den Schutz der Unionsmarke. Eine Klage „*betreffend eine Unionsmarke*" stellt nämlich auch die auf außermarkenrechtliche Ansprüche gestützte Klage dar, die gegen die Unionsmarke gerichtet ist.

Auch die Systematik innerhalb des zweiten Abschnitts der UMV („Wirkungen der Unionsmarke") spricht nicht gegen die Geltendmachung nationaler lauterkeitsrechtlicher Ansprüche. In Art. 9 Abs. 1 UMV erfolgt eine positive Zuordnung der Rechte, die sich aus der Unionsmarke ergeben. Das Argument, der Verweis auf das Lauterkeitsrecht diene nur dem zusätzlichen Schutz der Unionsmarke, ist daher naheliegend.[340] Obwohl die Heranziehung der nationalen

338 Ingerl/*Rohnke*, MarkenG, § 2, Rn. 16.

339 Siehe dazu unter S. 185, wo die Anwendbarkeit des lauterkeitsrechtlichen Löschungstatbestandes neben dem markenrechtlichen Löschungstatbestand erörtert wird.

340 Vgl. dazu *Ticic*, Bösgläubige Markenanmeldung, 171.

Vorschriften zur Beschränkung einer Unionsmarke zwar auch im Abschnitt über das Verletzungsverfahren hätte geregelt werden können, ist eine solche Verortung nicht zwingend. Denn von Art. 14 Abs. 2 UMV wird auch die Möglichkeit der Beeinträchtigung der Wirkung einer Unionsmarke durch lauterkeitsrechtliche Vorschriften erfasst. Dies ergibt sich bereits aus der amtlichen Überschrift des Art. 14 UMV, die „Ergänzende Anwendung des einzelstaatlichen Rechts bei Verletzung" lautet. Daraus lässt sich nicht entnehmen, dass die Heranziehung des nationalen Lauterkeitsrechts nur zum Schutz der Unionsmarke möglich ist, aber nicht für deren Beschränkung. Außerdem befinden sich mit Art. 12 und Art. 13 zwei weitere Vorschriften zur Beschränkung der Rechte der Unionsmarke im zweiten Abschnitt der UMV. Art. 12 lit. a UMV enthält beispielsweise eine Regelung, wonach der Inhaber einer Unionsmarke Anderen nicht die Nutzung ihres Namens oder ihrer Anschrift im geschäftlichen Verkehr verbieten kann, sofern die Benutzungshandlung den anständigen Gepflogenheiten in Gewerbe oder Handel entspricht. Art 13 UMV regelt die Erschöpfung der Unionsmarke. Folglich ist die Beschränkung des Art. 14 Abs. 2 UMV auf Fälle der Anwendung nationaler lauterkeitsrechtlicher Vorschriften ausschließlich zum Schutz einer Unionsmarke auch nicht systematisch zwingend. Demnach können nationale lauterkeitsrechtliche Vorschriften durchaus zur Beschränkung oder Löschung einer Unionsmarke herangezogen werden.

IV. Zusammenfassung

Das Unionsmarkenrecht enthält ebenso wie das deutsche Markenrecht Vorschriften, die sich mit der bösgläubigen Markenanmeldung befassen. Allerdings enthält die UMV nur die Möglichkeit zur Löschung der Marke; die Eintragung einer bösgläubigen Marke kann im Unionsmarkenrecht nicht verhindert werden. Im Rahmen des Nichtigkeitsverfahrens ist bei der Prüfung der Markenanmeldung auf bösgläubige Motive des Anmelders auf den Zeitpunkt der Anmeldung – und nicht auf den Zeitpunkt der Eintragung, wie z.T. im deutsche Markenrecht vertreten – abzustellen.

Die Missbrauchseinrede, resultierend aus dem Gebot von Treu und Glauben, ist auch im Unionsmarkenrecht anwendbar. Zwar sind in Art. 99 UMV die möglichen Verteidigungsmittel, die in einem gerichtlichen Verfahren geltend gemacht werden können, abschließend aufgezählt. Dennoch gilt auch im Unionsrecht der umgeschriebene Grundsatz des Verbotes rechtsmissbräuchlichen Verhaltens, welcher aus Art. 102 AEUV und der Privatrechtstradition der Mitgliedstaaten abgeleitet wird. Daher kann der Einwand des Rechtsmissbrauchs auch bei einer Klage des Inhabers der Unionsmarke aus Art. 52 Abs. 1 lit. b UMV als Verteidigungsmittel des Beklagten geltend gemacht werden. Über das Rechtsmissbrauchsverbot können die Grundätze der bösgläubigen Markenanmeldung im Verletzungsverfahren Berücksichtigung finden. Ferner kann ein Vorgehen gegen eine Unionsmarke auf die nationalen Vorschriften des Gesetzes gegen den unlauteren Wettbewerb gestützt werden (§§ 3, 4 Nr. 10). Weder der Wortlaut noch die systematische Stellung des Art. 14 Abs. 2 UMV schließen eine Anwendung nationaler lauterkeitsrechtlicher Ansprüche auch zur Beeinträchtigung der Unionsmarke aus.

Fünftes Kapitel: Der Begriff der Bösgläubigkeit im Markenrecht

Der Begriff der Bösgläubigkeit erfordert eine Auslegung.[341] Der Gesetzgeber ging bei dessen Einführung im Markenrecht davon aus, dass sich der Anwender des Gesetzes an den von der deutschen Rechtsordnung gebildeten Fallgruppen zur rechtsmissbräuchlichen oder sittenwidrigen Markenanmeldung orientiert.[342] Eine Definition des Begriffs der Bösgläubigkeit gab er nicht.[343] Einen Anhaltspunkt für die Auslegung gibt zunächst der allgemeine Sprachgebrauch. Der prägende Bestandteil „bös" kann als „gering", „schlecht", „moralisch schlecht" oder gar „verwerflich" umschrieben werden.[344] Daraus wird ersichtlich, dass dem Begriff der Bösgläubigkeit etwas Negatives anhaftet; eine genaue Einordnung ist hierdurch aber nicht möglich. Die genauere Begriffsbestimmung steht im Mittelpunkt des folgenden Kapitels.

I. Der Begriff der Bösgläubigkeit im deutschen Zivilrecht

Der Begriff der Bösgläubigkeit ist der deutschen Rechtsordnung nicht fremd. Auch in anderen – auf internationalen Abkommen beruhenden[345] – Vorschriften findet sich der Begriff der Bösgläubigkeit. Nach Art. 16 Abs. 2 des Wechselgesetzes und Art. 21 des Scheckgesetzes scheitert der Rechtserwerb vom Nichtberechtigten, sofern der Inhaber des Schecks bzw. des Wechsels beim Erwerb im bösen Glauben war oder ihm zumindest Fahrlässigkeit zur Last fällt.[346] Allerdings dürfte der Gesetzgeber diese beiden Vorschriften nicht im Sinn gehabt haben, als er den Begriff der Bösgläubigkeit in § 50 Abs. 1 Nr. 4 MarkenG a.F. bzw. nunmehr § 8 Abs. 2 Nr. 10 MarkenG einsetzte.

Denkbar erscheint es, den Ursprung des Begriffs der Bösgläubigkeit als Gegenstück zum zivilrechtlichen Begriff der Gutgläubigkeit zu verstehen. So schließt der „böse Glaube" etwa den Eigentumserwerb vom Nichtberechtigten aus (§§ 932,

341 Begr. zum Entwurf des MarkenG, BT-DrucksS. 12/6581, 79.

342 Begr. zum Entwurf des MarkenG, BT-DrucksS. 12/6581, 95.

343 So auch *Lerach*, GRUR 2009, 107, 108.

344 Hierzu ausführlicher: *Schlosser*, Benutzungswillen, 25.

345 *Baumbach/Hefermehl/Casper*, Wechsel- und Scheckgesetz, § 16 WG, Rn. 8; *Helm*, GRUR 1996, 593, 594; *Wiedmann*, Rechtsmissbrauch, 140.

346 *Baumbach/Hefermehl/Casper*, Wechsel- und Scheckgesetz, § 16 WG, Rn. 8

933, 934) BGB und führt zu einer strengeren Haftung des Besitzers gegenüber dem Eigentümer (§ 990 BGB).[347] Allerdings wird der Begriff der Bösgläubigkeit im Gesetz nicht benutzt. Das Gesetz spricht vielmehr davon, dass der Betroffene nicht im guten Glauben ist.[348] Die Vorschrift des § 932 Abs. 2 BGB enthält eine gesetzliche Definition des Nichtvorliegens der Gutgläubigkeit. Danach ist derjenige nicht im guten Glauben, dem bekannt oder infolge grober Fahrlässigkeit unbekannt ist, dass die Sache nicht dem Veräußerer gehört. Dieser Zustand wird im allgemeinen Sprachgebrauch als „bösgläubig" bezeichnet. Im guten Glauben – und damit nicht „bösgläubig" im bürgerlich-rechtlichen Sinne – ist der Erwerber demnach, wenn er von der Nichteigentümerstellung des Veräußerers schuldlos bzw. lediglich infolge leichter Fahrlässigkeit keine Kenntnis hatte.

Dieses im Bürgerlichen Recht bestehende Verständnis von Bösgläubigkeit entspricht jedoch nicht dem Willen des Gesetzgebers bei Einführung dieses Begriffs im MarkenG und hilft daher bei der Bestimmung der markenrechtlichen Bösgläubigkeit nicht weiter.[349] Mit der Einführung des Begriffs der Bösgläubigkeit im MarkenG bezweckte der Gesetzgeber nicht die Übernahme der Definition des § 932 Abs. 2 BGB, sondern die wörtliche Umsetzung von Art. 3 Abs. 2 lit. d der MarkenRL, der den Mitgliedstaaten die Möglichkeit gibt, die Bösgläubigkeit als Eintragungshindernis und Löschungsgrund zu normieren. Dabei musste der Begriff der Bösgläubigkeit zwar nicht wörtlich übernommen werden, jedoch hätte die Verwendung der in der deutschen Rechtssprache bekannten Begriffe der Sittenwidrigkeit oder der Rechtsmissbräuchlichkeit nach Ansicht des Gesetzgebers die enge Verbindung zur MarkenRL nicht verdeutlicht.[350] Sinn und Zweck der wörtlichen Übernahme ist nämlich die Harmonisierung der unterschiedlichen Rechtsbegriffe in den einzelnen Mitgliedstaaten. Für eine vollkommene Harmonisierung des Rechts in der Union ist die Angleichung

---

347 *Helm*, GRUR 1996, 593, 594.

348 Diese Formulierung findet sich in den §§ 932, 932a, 933, 934, 937, 945, 955, 990, 1007 Abs. 1 und 3, 2024 BGB sowie § 366 Abs. 1 HGB. Sofern nur positive Kenntnis eines Umstands den Rechtserwerb verhindert, spricht das Gesetz direkt hingegen von „Kenntnis".

349 Begr. zum Entwurf des MarkenG, BT-DruckS. 12/6581, 79, wo der Gesetzgeber zum Ausdruck bringt, dass der Begriff der Bösgläubigkeit im Markenrecht nicht die gleiche Bedeutung haben soll wie der Begriff der Bösgläubigkeit in der deutschen Rechtsordnung im Übrigen.

350 Siehe hierzu Begr. zum Entwurf des MarkenG, BT-DruckS. 12/6581, 96; kritisch zur wörtlichen Übernahme des Begriffs der Bösgläubigkeit *von Linstow*, MarkenR 1999, 81 ff. und *Füllkrug*, GRUR 1994, 679, 685, die die Nähe zum bürgerlich rechtlichen Begriff der Gutgläubigkeit und die Unbestimmtheit kritisieren.

der Rechtsordnungen der Mitgliedstaaten eine wesentliche Voraussetzung.[351] Die Übernahme des Begriffs der Bösgläubigkeit ist durch diese Harmonisierungsbemühungen begründet. Sie dient der Entwicklung eines europaweit einheitlichen neuen Markenrechtsverständnisses.[352] Eine Auslegung muss daher im Lichte dieses Grundgedankens erfolgen, da dem Begriff der Bösgläubigkeit eine vollkommen eigenständige, spezifisch markenrechtliche Bedeutung zukommt. Es handelt sich folglich um einen rein markenrechtlichen Begriff, der autonom und richtlinienkonform auszulegen ist.[353]

II. Begriff der Bösgläubigkeit in anderen Mitgliedsstaaten der EU

Da die Markenrechtsrichtlinie in allen Amtssprachen verbindlich ist[354], bietet sich zur Bestimmung des Begriffs der Bösgläubigkeit ein Vergleich zu den anderen Sprachen der Europäischen Union an. Die englische Fassung lautet:

> „Any Member State may provide that a trade mark shall not be registered or, if registered, shall be liable to be declared invalid where and to the extent that: [...] the application for registration of the trade mark was made in bad faith by the applicant".

In den niederländischen und französischen Fassungen werden die Begriffe „kwader trouw" bzw. „mauvaise foi" verwendet. Allerdings werden diese Begriffe nicht zur Beschreibung eines Kenntnisstandes des Markenanmelders benutzt, sondern zur Geltendmachung einer nicht funktionsgerechten Benutzung der Marke, insbesondere einer Benutzung der Marke, ohne im Handelsverkehr eine Beziehung zwischen den Waren und dem Zeicheninhaber herzustellen.[355] Daraus wird ersichtlich, dass die einzelnen Mitgliedstaaten den Begriff der Bösgläubigkeit unterschiedlich auffassen. Allein aus den begrifflichen Übereinstimmungen lässt sich jedenfalls keine Aussage über die korrekte Auslegung herleiten. Insbesondere die Anforderungen an den subjektiven Tatbestand lassen sich hieraus nicht ableiten.

---

351 Begr. zum Entwurf des MarkenG, BT-DruckS. 12/6581, 53; *Wiedmann*, Rechtsmissbrauch, 141.

352 *Wiedmann*, Rechtsmissbrauch, 144.

353 EuGH, GRUR 2013, 919 [Rn. 29] – *Malaysia Dairy Industries Pte. Ltd/Ankenævnet for Patenter og Varemærker*; Begr. zum Entwurf des MarkenG, BT-DruckS. 12/6581, 95f; *Ingerl/Rohnke*, MarkenG, § 8, Rn. 296; *Fezer*, MarkenR, § 8, Rn. 663; *Bous* in: Ekey/Klippel/Bender, MarkenR, § 50, Rn. 11.

354 *Bleckmann*, ZGR 1992, 364, 366; *Weberndörfer*, MarkenrechtsRL, 60.

355 So bereits High Court, Chancery Division und House of Lords, GRUR Int. 1984, 445 f. – *Holly Hobbie*.

III. Die ursprüngliche Auffassung des EUIPO

Bei der Auslegung des Begriffs der Bösgläubigkeit greift das EUIPO nicht auf die deutsche Rechtsprechung zum Rechtsmissbrauch oder zur Unlauterkeit zurück.[356] Allerdings verläuft die Auslegung des deutschen und des unionsrechtlichen Begriffs der Bösgläubigkeit – aufgrund der Verwurzelung des nationalen Bösgläubigkeitsbegriffs in Art. 3 Abs. 2 lit. d MarkenRL – weitgehend parallel. Das EUIPO äußerte sich im Rahmen seiner Auslegung des Art. 51 Abs. 1 lit. b GMV a.F. bereits frühzeitig dahingehend, dass die Bösgläubigkeit mehrere Fallgruppen umfasst. Diese hätten gemeinsam, dass sie Betrug, Irreführungsabsicht anderer Personen oder sonstige unlautere Motive enthalten.[357] Böser Glaube sei demnach als „unredliche Absicht" zu verstehen, was mit den Grundsätzen des deutschen Unlauterkeitsrechts korrespondiert.[358] Diese sehr weit gefasste Definition des Bösgläubigkeitsbegriffs schließt keine der im deutschen Recht bis dahin bekannten Fallkonstellationen aus, hilft aber auch nicht bei der Definition des Begriffs der Bösgläubigkeit.

IV. Die „Goldhasen"-Entscheidung des EuGH

Inzwischen konnte der EuGH zur Auslegung des Begriffs der Bösgläubigkeit Stellung nehmen. In seiner „Goldhasen"-Entscheidung[359] vom 11. Juni 2009 nannte der EuGH wichtige Indizien, die für das Vorliegen einer bösgläubigen Markenanmeldung sprechen können. Obwohl die Entscheidung zu Art. 52 Abs. 1 lit. b UMV (Art. 51 Abs. 1 lit. b GMV a.F.) erging, ist sie auch für die Auslegung des Bösgläubigkeitsbegriffs im MarkenG von Bedeutung, da der EuGH

---

356 *Ticic*, Bösgläubige Markenanmeldung, 161.

357 HABM, MittdPA 2001, 224 – *TRILLIUM*; In der nur in englischer Sprache veröffentlichen Entscheidung HABM-BK R 0268/2006–4 v. 21.11.2007 – *MURINA/MURINA* heißt es: „Bad faith is the opposite of good faith, generally implying or involving, but not limited to, actual or constructive fraud, or a design to mislead or deceive another, or any other sinister motive. Conceptually, bad faith could be understood as 'dishonest intention'. […] Anyone who misappropriates the trade mark of a third party in such a manner would be acting in bad faith within the meaning of Art. 51 (1) b CTMR unless the contrary has been proven or can be implied from the circumstances of the case".

358 So auch *Brötje*, Bösgläubige Markenanmeldung, 174.

359 EuGH, GRUR 2009, 763ff. – *Lindt & Sprüngli/Franz Hauswirth*.

in Markensachen die letztinstanzliche Entscheidungskompetenz besitzt.[360] Zwar handelt es sich bei der UMV und den aufgrund der MarkenRL erlassenen nationalen Rechtsvorschriften um selbständige Rechtssysteme, so dass der Entscheidung des EuGH zur UMV keine verbindliche Wirkung für die Beurteilung der Rechtslage unter der MarkenRL zukommt.[361] Allerdings entscheidet der EuGH solche Rechtsfragen, die sich in beiden Systemen gleichermaßen stellen, in der Regel einheitlich.[362] Daher ist für die MarkenRL und demnach auch für die nationalen Vorschriften keine andere Auslegung zu erwarten. Es ist nicht ersichtlich, dass aufgrund des Wortlauts oder der Systematik der Vorschriften der MarkenRL oder der mit ihr verfolgten Ziele eine von den Vorschriften der UMV abweichende Auslegung angezeigt wäre.[363] Zur Auslegung der Vorschriften der MarkenRL bzw. der UMV greift auch der BGH auf die Vorgaben des EuGH zum jeweils anderen Rechtssystem zurück.[364]

1. Vorgeschichte

Das Unternehmen Lindt & Sprüngli AG (Klägerin) mit Sitz in der Schweiz ist seit dem Jahr 2000 Inhaber einer dreidimensionalen Unionsmarke, die einen sitzenden goldfarbenen Schokoladenhasen mit roter Schleife und Glöckchen mit der braunen Aufschrift „Lindt GOLDHASE“ darstellt (EM 01698885).[365] Diese Unionsmarke ist für Schokolade und Schokoladenwaren der Klasse 30 des Abkommens von Nizza über die internationale Klassifikation von Waren und Dienstleistungen für die Eintragung von Marken vom 15. Juni 1957 eingetragen.[366] In Österreich bot die Klägerin ihren Schokoladenhasen erst seit 1994 an. Das Unternehmen Franz Hauswirth (Beklagte) mit Sitz in Österreich

360 Vgl. BGH, GRUR 2005, 581, 582 – *The Colour of Elégance*; so auch *Fabry*, GRUR 2010, 566, 571.

361 *Bölling*, GRUR 2011, 472, 477; *Hacker* in: Ströbele/Hacker, MarkenG, Einl., Rn. 31.

362 Vgl. EuGH, GRUR 2006, 146 – *Class International*: Hier legt der EuGH die Benutzungshandlungen des „Anbietens“ und „Inverkehrbringens“ nach Art. 5 Abs. 3 lit. b MarkenRL und Art. 9 Abs. 2 lit. b UMV einheitlich aus; *Ströbele*, MarkenR 2010, 409, 410; *Hacker* in: Ströbele/Hacker, MarkenG, Einl., Rn. 31.

363 Vgl. *Bölling*, GRUR 2011, 472, 477.

364 BGH, GRUR 2008, 254 – *THE HOME STORE*.

365 Abrufbar auf der Markendatenbank des EUIPO, zur Eingabemaske führt der nachfolgende Link: „http://oami.europa.eu/CTMOnline/RequestManager“.

366 Eine Übersicht zu den einzelnen Waren und Dienstleistungsklassen des Nizza-Abkommens findet sich in der aktuellen Fassung auf der Website des DPMA unter: „http://www.dpma.de/docs/service/klassifikationen/nizza/nizza10_teil1.pdf“

verkaufte seit 1962 Schokoladenhasen auf dem österreichischen Markt. Dieser sieht dem Lindt-Goldhasen zwar ähnlich, ist aber mit keinem Glöckchen versehen. Nach der Eintragung der dreidimensionalen Unionsmarke begann die Klägerin gegen Hersteller vorzugehen, die Waren anboten, welche dem von ihr produzierten Goldhasen zum Verwechseln ähnlich sahen.

Die Klägerin verlangte von der Beklagten vor dem Handelsgericht in Wien, den Vertrieb der Schokoladenhasen in Österreich zu unterlassen. Die Beklagte berief sich hingegen auf die Schutzunfähigkeit der Unionsmarke und beantragte deshalb Klageabweisung. Im Rahmen einer Widerklage machte sie geltend, die Marke sei gemäß § 51 Abs. 1 lit. b GMV a.F. wegen Bösgläubigkeit bei der Anmeldung zu löschen. Sie berief sich darauf, dass sie die von der Unionsmarke geschützte Form schon seit mehreren Jahrzehnten benutze und die Klägerin die Marke lediglich erworben habe, um die Mitbewerber vom Markt zu verdrängen.[367] Die Klägerin vertrat hingegen die Ansicht, das Wissen um die Mitbewerber auf dem Markt und die Absicht, deren Marktzugang zu verhindern, begründe noch keine Bösgläubigkeit.[368]

Das Handelsgericht folgte der Beklagten und gab der Widerklage statt, woraufhin die Klägerin hiergegen Berufung einlegte. Gegen die Berufungsentscheidung des OLG Wien, wonach Bösgläubigkeit nicht vorliege, wenn das Zeichen bei der Anmeldung schon durch Benutzung oder Verkehrsgeltung geschützt war, wandten sich beide Parteien an den ÖOGH. Der ÖOGH kam zu dem Ergebnis, dass zwischen den Schokoladenhasen tatsächlich Verwechslungsgefahr bestehe.[369] Weiterhin stellte er fest, dass seine Entscheidung über die Widerklage der Beklagten davon abhänge, ob die Klägerin bei der Anmeldung der fraglichen dreidimensionalen Unionsmarke bösgläubig i.S.d. Art. 51 Abs. 1 lit. b GMV a.F. war. Daraufhin beschloss der ÖOGH, das Verfahren auszusetzen und dem Europäischen Gerichtshof gemäß Art. 267 AEUV (ex-Art. 234 EG) die folgenden Fragen zur Vorabentscheidung vorzulegen:

- Ist Art. 51 lit. b GMV dahingehend auszulegen, dass ein Anmelder einer Unionsmarke als bösgläubig anzusehen ist, wenn er im Zeitpunkt der Anmeldung weiß, dass ein Mitbewerber in (mindestens) einem Mitgliedstaat ein gleiches oder verwechselbar ähnliches Zeichen für gleiche oder ähnliche Waren oder Dienstleistungen verwendet, und er die Marke anmeldet, um den Mitbewerber an der weiteren Verwendung des Zeichens hindern zu können?

367 ÖOGH, GRUR Int. 2008, 353, 355.
368 ÖOGH, GRUR Int. 2008, 353, 355.
369 EuGH, GRUR 2009, 763 – *Lindt & Sprüngli/Franz Hauswirth.*

- Bei Verneinung von Frage 1: Ist der Anmelder als bösgläubig anzusehen, wenn er die Marke anmeldet, um einen Mitbewerber an der weiteren Verwendung des Zeichens hindern zu können, obwohl er im Zeitpunkt der Anmeldung weiß oder wissen muss, dass der Mitbewerber durch Verwendung eines gleichen oder verwechselbar ähnlichen Zeichens für gleiche oder verwechselbar ähnliche Waren oder Dienstleistungen bereits einen „wertvollen Besitzstand" erworben hat?
- Bei Bejahung von Frage 1 oder 2: Ist die Bösgläubigkeit zu verneinen, wenn der Anmelder für sein Zeichen bereits Verkehrsgeltung und damit lauterkeitsrechtlichen Schutz erlangt hat?

2. Die Kriterien des EuGH

In seiner Entscheidung vom 11. Juni 2009 stellte der EuGH zunächst fest, dass eine umfassende Beurteilung der Bösgläubigkeit zu erfolgen habe, wobei alle erheblichen Faktoren zu berücksichtigen seien.[370] Das Gericht beantwortete die Vorlagefragen nicht in der gestellten Reihenfolge, sondern führt eine „Gesamtabwägung" durch. Im Einzelnen sind, nach Ansicht des EuGH, die entscheidenden Faktoren für die Beurteilung der Bösgläubigkeit

- die Tatsache, dass der Anmelder weiß oder wissen muss, dass ein Dritter in mindestens einem Mitgliedstaat ein gleiches oder ähnliches Zeichen für eine gleiche oder mit dem angemeldeten Zeichen verwechselbare ähnliche Weise verwendet,
- die Absicht des Anmelders, diesen Dritten an der weiteren Verwendung eines solchen Zeichens zu hindern, sowie
- der Grad des rechtlichen Schutzes, den das Zeichen des Dritten und das angemeldete Zeichen genießen.

Der EuGH folgte damit im wesentlich der Argumentation der Generalanwältin Sharpston.[371] Diese hatte in ihren Schlussanträgen das Bedürfnis nach einem Katalog konkreter Umstände, die eine Markenanmeldung als bösgläubig erscheinen lassen, abgelehnt. Bösgläubig sollte nach Ansicht der Generalanwältin vielmehr jedes Verhalten sein, das von den anständigen Gepflogenheiten in Gewerbe und Handel abweicht.[372] Die anständigen Gepflogenheiten in Gewerbe

370 EuGH, GRUR 2009, 763 [Rn. 37] – *Lindt & Sprüngli/Franz Hauswirth.*

371 Schlussanträge der Generalanwältin Sharpston vom 12.03.2009, C-529/07, im Internet abrufbar unter „http://curia.europa.eu".

372 Das Kriterium der anständigen Gepflogenheiten in Gewerbe und Handel wurde bis dahin von der deutschen Rechtsprechung und Literatur nicht zur Auslegung des Begriffs der Bösgläubigkeit herangezogen.

und Handel sind, so die Generalanwältin, durch die Würdigung der objektiven Umstände des Einzelfalls festzustellen. Inhaltlich entspricht dieses Kriterium der Pflicht, den berechtigten Interessen eines Markeninhabers nicht in unlauterer Weise zuwiderzuhandeln.[373] Den Maßstab der anständigen Gepflogenheiten in Gewerbe und Handel griff der EuGH nicht ausdrücklich auf, sondern beschränkte sich auf die Prüfung der von ihm genannten Indizien.

a. Verwechslungsgefahr

Als erstes Indiz nennt der EuGH das Wissen oder Wissenmüssen von der Verwendung eines identischen oder ähnlichen Zeichens für identische oder verwechselbar ähnliche Waren und Dienstleistungen.[374] Dieses Kriterium entspricht in seinem objektiven Bestandteil grundsätzlich der gängigen Definition der Verwechslungsgefahr im deutschen und europäischen Markenrecht. Hinzu kommt aber das subjektive Element des Wissen bzw. Wissenmüssens. Zum Begriff des „Wissenmüssens" führt der EuGH aus, dieses sei umso eher anzunehmen, je länger das Produkt in dem bestimmten Wirtschaftssektor verwendet werde. Je länger die Verwendung nämlich zurückreiche, umso wahrscheinlicher sei es, dass der Anmelder davon Kenntnis gehabt haben muss.[375] Allerdings genüge das Wissen oder Wissenmüssen der Benutzung eines Produkts nicht allein zur Begründung der Bösgläubigkeit (insofern folgt der EuGH den Schlussanträgen der Generalanwältin). Vielmehr müsse die Absicht des Anmelders zum Zeitpunkt der Anmeldung berücksichtigt werden.

b. Absichten des Markenanmelders

Bei den Absichten des Markenanmelders handelt es sich um ein weiteres subjektives Merkmal, das anhand von objektiven Kriterien bestimmt werden muss. Das Gericht nannte beispielhaft die Absicht, einen Dritten an der Vermarktung

---

373 EuGH, GRUR 2004, 234 [Rn. 24] – Gerolsteiner/Putsch; EuGH, Slg. 1999 I-905 [Rn. 61] – BMW.

374 Der EuGH entschied zwar vorliegend lediglich über die Formmarke des Goldhasen. Allerdings gilt seine Rechtsprechung auch im Bereich der anderen Markenformen und insbesondere auch für Dienstleistungen. Aufgrund des identischen Schutzes für Waren und Dienstleistungen ist davon auszugehen, dass die Entscheidung des EuGH auch für Dienstleistungen gilt.

375 EuGH, GRUR 2009, 763 [Rn. 39] – *Lindt & Sprüngli/Franz Hauswirth.*

seiner Ware zu hindern.[376] Diese Absicht könne u.a. dann bejaht werden, wenn sich später herausstelle, dass der Anmelder ein Zeichen als Marke habe eintragen lassen, dessen Benutzung er nicht beabsichtige, allein um mit der Eintragung den Marktzutritt eines Anderen zu verhindern.[377] In diesem Fall diene die Marke nicht ihrem eigentlichen Hauptzweck, dem Hinweis auf die Herkunft eines Produkts von einem bestimmten Unternehmen[378], da es dem Unternehmer nicht auf die Unterscheidung seiner Waren oder Dienstleistungen von denen anderer Unternehmen ankomme.[379] Diesem subjektiven Kriterium kommt neben der Kenntnis des Anmelders von der Existenz identischer oder ähnlicher Marken eine wichtige Rolle zu. Denn letztlich lässt sich nur über die unredliche Absicht des Anmelders eine Bösgläubigkeit der Markenanmeldung konstruieren.

c. Grad des rechtlichen Schutzes

Mit dem Kriterium des Grades des rechtlichen Schutzes, welcher dem Zeichen des Anderen und dem angemeldeten Zeichen zukommt, hat der EuGH indirekt die erste Vorlagefrage verneint. Dies überrascht nicht, da eine andere Sichtweise auf die Anerkennung des Vorbenutzungsrechts im Markenrecht hinauslaufen würde.[380] Ein solches ist aber dem deutschen Markenrecht genauso fremd wie dem Unionsrecht in der MarkenRL und der UMV.[381] Der EuGH nimmt damit außerdem Bezug auf die zweite und die dritte Vorlagefrage. Bösgläubigkeit kommt demnach in Betracht, wenn ein Anderer ein Zeichen über einen längeren Zeitraum für identische oder eine mit der angemeldeten Marke verwechselbar ähnliche Waren verwendet und dieses Zeichen zu einem gewissen Grad rechtlichen Schutz genießt.[382] Nach Ansicht des Gerichts ist von einer bösgläubigen Markenanmeldung aber nicht zwangsläufig auszugehen, wenn der Anmelder durch die Eintragung lediglich verhindern wolle, dass ein Anderer, der erst seit kurzem auf dem Markt tätig ist, Nutzen aus dem Zeichen des

---

376 EuGH, GRUR 2009, 763 [Rn. 42] – *Lindt & Sprüngli/Franz Hauswirth,* so auch bereits Schlussantrag der Generalstaatsanwältin *Sharpston* vom 12.03.2009, C-529/07, im Internet abrufbar unter *http://www.curia.europa.eu.*

377 EuGH, GRUR 2009, 763 [Rn. 44] – *Lindt & Sprüngli/Franz Hauswirth.*

378 Vgl. EuGH, GRUR 2009, 756 – *L'Oreal*; EuGH, GRUR 2007, 318 – *Adam Opel*; EuGH, GRUR 2005, 509 – *Gillette*; *Ingerl/Rohnke,* MarkenG, Einl., Rn. 72.

379 So auch EuGH, Slg. 2004, I-5089, Rn. 48 – *Henkel/HABM.*

380 *Knaak,* MarkenR 2008, 285, 290.

381 So bereits BGH, GRUR 1961, 413 – *Dolex*; BGH, GRUR 1998, 412, 414 – *Analgin*; *Steinberg/Jaeckel,* MarkenR 2008, 296, 301.

382 Vgl. EuGH, GRUR 2009, 763 [Rn. 46] – *Lindt & Sprüngli/Franz Hauswirth.*

Anmelders zieht, indem er es kopiert.[383] Es sei in diesem Fall jedoch erforderlich, dass der Anmelder das Zeichen selbst schon hinreichend lange und erfolgreich benutzt habe und den Markenschutz lediglich „nachhole".[384] Weiterhin sei nicht automatisch von Bösgläubigkeit auszugehen, wenn das Zeichen des Anmelders schon vor der Anmeldung einen bestimmten Bekanntheitsgrad erlangt hat. Dies begründe dann ein berechtigtes Interesse des Anmelders daran, einen weitreichenden Schutz seines Zeichens sicherzustellen.[385] Der EuGH hat die zweite und die dritte Vorlagefrage folglich nicht uneingeschränkt bejaht.

3. Ausgang des Verfahrens

Nach der Entscheidung des EuGH beauftrage der ÖOGH das Handelsgericht Wien mit der den Vorgaben des EUGH entsprechenden Ergänzung des Verfahrens.[386] Das Handelsgericht Wien entschied sodann, dass keine Bösgläubigkeit zum Zeitpunkt der Markenanmeldung vorlag, da das Zeichen der Lindt & Sprüngli AG (Klägerin) bereits zum Anmeldezeitpunkt im Wege der Benutzung gemäß § 4 Nr. 2 MarkenG Markenschutz in Deutschland zukam.[387] Hinzu kam, dass die Klägerin das Zeichen selbst umfangreich benutze und erhebliche Investitionen in die Vermarktung des „Goldhasen" tätigte. Das Gericht sah es als erwiesen an, dass die Beklagte versuche, auf der von der Klägerin finanzierten „Goldhasenwelle" mitzuschwimmen.

Das Handelsgericht Wien bejahte daher Verwechslungsgefahr zwischen den Zeichen. Die Beklagte hätte hier bezüglich Form, Farbgestaltung oder Mimik ihres Goldhasen solche Abweichungen zum Goldhasen der Klägerin vorsehen müssen, durch die der erforderliche Zeichenabstand eingehalten worden wäre. Für eine Verwirkung der klägerischen Ansprüche aufgrund der langen, unbeanstandeten Duldung des rechtsverletzenden Zustands sah das Handelsgericht Wien keine Anhaltspunkte.[388]

---

383 EuGH, GRUR 2009, 763 [Rn. 49] – *Lindt & Sprüngli/Franz Hauswirth.*

384 Vgl. *Fabry*, GRUR 2010, 566, 571.

385 EuGH, GRUR 2009, 763 [Rn. 51f.] – *Lindt & Sprüngli/Franz Hauswirth.*

386 ÖOGH, Urt. v. 22.9.2009, Az: 17 Ob 17/09p – *Goldhase IV.*

387 HG Wien, Urt. v. 31.3.2011, Az: 19 Cg 31/04m (nicht veröffentlicht), besprochen von *Donath*, GRUR Int. 2011, 659.

388 Ebenda.

4. Kritik an der Auslegung durch den EuGH

In der „Goldhasen"-Entscheidung nennt der EuGH Kriterien für die Auslegung des Begriffs der Bösgläubigkeit. Allerdings betrifft die Entscheidung nur einen kleinen Ausschnitt aus dem Bereich der bösgläubigen Markenanmeldungen. Wünschenswert wäre es gewesen, hätte der EuGH nicht nur etwas zu solchen Zeichen gesagt, die für identische oder verwechselbar ähnliche Waren innerhalb der Union genutzten werden.[389] Darüber kann auch die Verwendung des „insbesondere"-Vorbehalts im Tenor der EuGH-Entscheidung nicht hinwegtäuschen. Weiterhin sagt die „Goldhasen"-Entscheidung nichts darüber aus, ob sich der Löschungsgrund der Bösgläubigkeit nicht auch gegen ein durch Verkehrsdurchsetzung schutzfähiges Zeichen richten kann.

a. Territoriale Begrenzung

Ein erster Kritikpunkt besteht darin, dass offenbar territoriale Unterschiede beim Schutz vor bösgläubigen Markenanmeldungen bestehen. Die Beschwerdekammer des EUIPO entschied etwa in der „FS"-Entscheidung, dass die Anmeldung einer chinesischen Marke durch ein polnisches Unternehmen nicht bösgläubig sei.[390] Dabei sprach in diesem Fall eigentlich alles für die Annahme einer bösgläubigen Markenanmeldung.[391] Dies zeigt sich vor allem am Zeitpunkt der Anmeldung der Unionsmarke. Diese erfolgte gerade dann, als sich der chinesische Zulieferer nach langjähriger Zusammenarbeit von seinem polnischen Abnehmer trennen wollte. In der Begründung der Entscheidung des EUIPO heißt es dazu, das Interesse an der Unionsmarkenanmeldung sei nur deshalb entstanden, weil die chinesische Lieferantin die Geschäftsbeziehungen habe beenden wollen.[392] Diese Entscheidung der Beschwerdekammer des Amtes verdeutlicht, dass es bereits vor der „Goldhasen"-Entscheidung Fälle der bösgläubigen Markenanmeldung gab, die über die Grenzen der Union hinausgingen. Trotzdem sieht der EuGH als wesentliches Kriterium für die Auslegung des Begriffs der Bösgläubigkeit das

---

389 *Eisenführ*/Schennen, GMV, Art. 52, Rn. 13.

390 HABM-BK, R 529/2008-4 v. 01.04.2009.

391 So sah es auch das EuG, welches die „FS"-Entscheidung des EUIPO aufhob (EuG, GRUR Int. 2012, 651 [Rn. 27ff.] – Feng Shen Technology ./. HABM). Diese Entscheidung wurde mittlerweile vom EuGH bestätigt, EuGH, GRUR-Int. 2013, 451 – *Jarosław Majtczak/Feng Shen Technology Co. Ltd.* Eine Auseinandersetzung mit dem Umstand, dass die ältere Marke außerhalb der Union angemeldet war, fand jedoch nicht statt.

392 HABM-BK R 529/2008-4 v. 01.04.2009, Rn. 23.

Kennen bzw. Kennenmüssen der Vorbenutzung eines gleichen oder ähnlichen Zeichens innerhalb mindestens eines Mitgliedsstaates. Nach der Auffassung des EuGH dürfte die Kenntnis von der Vorbenutzung in einem Nichtmitgliedstaat folglich kaum als Kriterium der Bösgläubigkeit angesehen werden.

Der EuGH hat es im Rahmen dieser Entscheidung versäumt, die territoriale Reichweite der bösgläubigen Markenanmeldung genauer zu definieren. Dies mag seinen Grund in der ersten Vorlagefrage des ÖOGH haben, welche sich ausschließlich auf die Mitgliedstaaten bezog. Allerdings hielt sich der EuGH bei der Beantwortung der Vorlagefragen des ÖOGH auch sonst nicht an die konkreten Fragestellungen. Er prüft vielmehr sämtliche Vorlagefragen zusammen, um allgemeine Kriterien für die Auslegung des Begriffs der Bösgläubigkeit entwickeln zu können.[393] Bei einem solchen Vorgehen hätte der EuGH ohne weiteres Aussagen zur Rechtslage ohne die Beschränkung der ersten Vorlagefrage auf die Anmeldung in einem Mitgliedstaat treffen können. Eine solche Klarstellung wäre vor allem im Hinblick auf die wenige Wochen zuvor ergangene „FS"-Entscheidung des EUIPO wünschenswert gewesen.

b. Begrenzung auf eingetragene Zeichen

Weiterhin trifft der EuGH mit der „Goldhasen"-Entscheidung lediglich eine Aussage zu durch Eintragung erworbenen Marken. Dies beruht darauf, dass sich die Vorlage des ÖOGH mit der Auslegung der UMV befasste. In der UMV gibt es gemäß Art. 6 nur den Markenschutz durch Eintragung. Der Markenschutz durch die Benutzung eines Zeichens im geschäftlichen Verkehr (Verkehrsgeltung) ist dem Unionsmarkenrecht fremd.[394] Deshalb kann der Entscheidung des EuGH keine Aussage über die Schutzweite eines durch Verkehrsgeltung schutzfähig gewordenen Zeichens entnommen werden. Das deutsche Recht kennt aber den Markenschutz durch erlangte Verkehrsgeltung gemäß § 4 Nr. 2 MarkenG. Mangels anderweitiger Vorgaben des EuGH kann daher weiterhin auf die deutsche Praxis abgestellt werden, wonach auf durch Verkehrsgeltung gemäß § 4 Nr. 2 MarkenG erlangten Marken die Schutzhindernisse der § 8 Abs. 2 Nr. 4–10 MarkenG anzuwenden sind.[395] Hinsichtlich dieser durch Verkehrsgeltung gemäß § 8 Abs. 3 MarkenG nicht überwindbaren absoluten Schutzhindernisse besteht

393 EuGH, GRUR 2009, 763 [Rn. 22] – *Lindt & Sprüngli/Franz Hauswirth.*

394 Sowohl Art. 6 GMV als auch Art. 5 Abs. 1 MarkenRL sprechen nur vom Schutz der eingetragenen Marke.

395 So etwa *Fezer*, MarkenR, § 4, Rn. 58; *Ingerl/Rohnke*, MarkenG, § 4, Rn. 9.

keine gesetzliche Regelung. Daher wäre es zwar denkbar, aufgrund des Wortlauts von § 8 Abs. 2 MarkenG, wonach Marken von der „Eintragung" ausgeschlossen sind, die absoluten Schutzhindernisse nur auf den durch Eintragung gemäß § 4 Nr. 1 MarkenG erworbenen Markenschutz anzuwenden. Demnach hätten die absoluten Schutzhindernisse keine Bedeutung für die durch Verkehrsgeltung erworbenen Marken. Nach einhelliger Ansicht wäre es aber nicht hinnehmbar, dass die absoluten Schutzhindernisse, die nicht über § 8 Abs. 3 MarkenG überwunden werden können, letztlich über § 4 Nr. 2 MarkenG bedeutungslos würden.[396] Der Gesetzgeber habe mit § 4 MarkenG die Gleichwertigkeit der drei Markenkategorien zum Ausdruck bringen wollen. Die absoluten Schutzhindernisse der § 8 Abs. 2 Nr. 4–10 MarkenG müssten daher im Wege der analogen Anwendung die Verkehrsgeltung verhindern.[397] Raum für die Analogie bestehe jedenfalls, da das MarkenG insofern eine Regelungslücke aufweise.

Die Entstehung des Markenschutzes für bösgläubig durch Verkehrsgeltung erworbene Marken ist demnach anhand der gleichen Kriterien zu messen wie die Markeneintragung. Für die Löschung der Marke wegen Bösgläubigkeit gemäß § 50 Abs. 1 MarkenG kommt diese Analogie nicht zur Anwendung. Gegen im Wege der Verkehrsgeltung erworbene Marken kann ein solcher Löschungsantrag nicht gestellt werden. Dies beruht darauf, dass die Verkehrsgeltung als rein tatsächlicher Vorgang nicht durch eine Löschung beseitigt werden kann.[398] Sollte also die bösgläubige Absicht des Inhabers der durch Verkehrsgeltung erworbenen Marke bereits zum Zeitpunkt der Schutzerlangung vorgelegen haben, wird über die oben angesprochene Analogie bereits die Verkehrsgeltung verhindert. Eine Löschung ist daneben nicht erforderlich, denn die nach der Verkehrsgeltung eintretenden Umstände wären ohnehin nicht mehr zu berücksichtigen. Selbst bei der bösgläubigen Markenanmeldung als Löschungsgrund gemäß § 50 Abs. 1 MarkenG ist spätestens auf den Zeitpunkt der Eintragung (nach h.M. ohnehin bereits auf den Anmeldungszeitpunkt) abzustellen.[399] Hiermit stünde ein zeitlich darüber hinausgehender Schutz der durch Verkehrsgeltung erworbenen Marke nicht im Einklang.

---

396 *Ingerl/Rohnke*, MarkenG, § 4, Rn. 9.

397 *Fezer*, MarkenR, § 4, Rn. 101 spricht hier von „Verkehrsgeltungshindernissen".

398 *Ingerl/Rohnke*, MarkenG, § 4, Rn. 26.

399 Siehe dazu Kapitel 3, Ziff. VI.2.

c. *Die Fixierung auf die Marke als Mittel des Wettbewerbs*

Der EuGH stellt auf die Identität bzw. Ähnlichkeit von Zeichen und Waren ab. Die Formulierung beruht auf der ersten und zweiten Vorlagefrage des ÖOGH, denn dieser hatte in einem Markenverletzungsprozess aufgrund der Verwechslungsgefahr zu entscheiden.[400] Allerdings ist dieses Kriterium des EuGH für die Auslegung des Begriffs der Bösgläubigkeit nicht geeignet. Wenn etwa eine Marke aus Spekulationsgründen angemeldet wird, ist noch nicht klar, für welche Waren und Dienstleistungen das Zeichen durch den Anderen in Anspruch genommen werden wird. In dieser Konstellation kann die Verwendung für identische oder verwechselbar ähnliche Zeichen bei der Anmeldung nicht wirksam überprüft werden. Eine Gefahr von Verwechslungen kann erst bei Gebrauch des Zeichens durch den Anderen eintreten. Folglich ist das Kriterium der Verwechslungsgefahr des EuGH in diesem Fall ungeeignet. Gleiches gilt für die Markenanmeldung unter Angabe falscher Informationen. Solange die Marke nicht gebraucht wird, besteht nicht ansatzweise die Gefahr der Verwechslung.

Daraus muss gefolgert werden, dass das Kriterium der Verwechslungsgefahr vorwiegend auf die Konstellation des Einsatzes eines Zeichens zur Behinderung eines Konkurrenten bzw. zur Störung eines – innerhalb der Union – bestehenden Besitzstandes zielt. Aufgrund der konkreten Fragestellung des ÖOGH hat der EuGH keine weitergehenden Aussagen zu den weiteren Fallgestaltungen (z.B. Anmeldung zu Spekulationszwecken) getroffen, bei denen eine bösgläubige Markenanmeldung vorliegen kann.

5. Schlussfolgerungen aus der Entscheidung des EuGH

Die dargelegten Kritikpunkte beweisen, dass die „Goldhasen"-Entscheidung des EuGH keinesfalls zur generellen Auslegung des Begriffs der Bösgläubigkeit geeignet ist. Der EuGH behandelt darin lediglich die Anmeldung eines verwechslungsfähigen Zeichens für gleiche oder verwechselbar ähnliche Waren. Für andere Konstellationen trifft der EuGH keine Aussage. Auch in Zukunft wird es daher mangels verbindlicher Vorgaben des EuGH Unterschiede bei der Auslegung des Begriffs der Bösgläubigkeit geben. Diesen Entscheidungsspielraum nutzten die nationalen Gerichte bisher, indem sie ein sehr ausgeklügeltes System der

400 Der EuGH befasst sich ausdrücklich nur mit der Konstellation, dass zum Zeitpunkt der Anmeldung ein Hersteller auf dem Markt gleiche oder ähnliche Zeichen für gleiche oder mit dem angemeldeten Zeichen verwechselbare Waren verwendet, GRUR 2009, 763 [Rn. 36] – *Lindt & Sprüngli/Franz Hauswirth.*

Beurteilung der bösgläubigen Markenanmeldungen etablierten.[401] Keinesfalls ist die „Goldhasen"-Entscheidung als abschließend anzusehen. Sie stellt einen ersten Schritt auf dem Weg zur Vereinheitlichung der Auslegung der Bösgläubigkeit dar. Die großen Erwartungen, welche an die erste Entscheidung des EuGH zur Bestimmung des Begriffs der Bösgläubigkeit gerichtet waren, konnte das Gericht nicht erfüllen. Die besondere Bedeutung der EuGH-Entscheidung ergibt sich daher lediglich aus dem Umstand, dass es sich hierbei um die erste Befassung des EuGH mit der Problematik der bösgläubigen Markenanmeldung handele.

Möglicherweise sollten die recht großzügigen und unkonkreten Vorgaben des EuGH den Spielraum der Mitgliedstaaten nicht allzu sehr einschränken. Für die deutsche Rechtsprechung ergibt sich infolge der „Goldhasen"-Entscheidung jedenfalls kein Änderungsbedarf. Diese stimmt – wie im nachfolgenden Kapitel verdeutlicht wird – mit den Prinzipien des EuGH bereits überein. Zum einen sind die vom EuGH zur Anwendung gebrachten Kriterien bereits seit vielen Jahren bekannt. Zum anderen wird der Grundsatz einer umfassenden Beurteilung eines Sachverhalts[402] in der deutschen Rechtsprechung ebenfalls berücksichtigt. Die einzelnen Fälle wurden von der deutschen Rechtsprechung nicht anhand einer Auswahl an starren Kriterien durchgeprüft, sondern im Rahmen einer Gesamtschau beurteilt. Daher kommt der Entscheidung des EuGH im Ergebnis keine große Bedeutung für die Auslegung des Begriffs der Bösgläubigkeit im deutschen Recht zu.

V. Weitere Entscheidungen der Unionsgerichte

1. Pollo Tropical

In der "Pollo Tropical"-Entscheidung[403] hatte sich das EuG mit der Markenanmeldung eines Restaurantbesitzers auseinanderzusetzen. Dieser meldete 1994 das Zeichen „Pollo Tropical CHICKEN ON THE GRILL" in Spanien als Marke an. Die Klägerin und Antragstellerin betrieb in über 10 Ländern etwa 100 Restaurants und nutzte das identische Zeichen seit etwa 1991. Gegen die spanische Markenanmeldung der Klägerin aus dem Jahr 1994 legte der Beklagte erfolgreich Widerspruch ein. Im Jahr 2002 meldete der Beklagte das Zeichen außerdem als Unionsmarke an und bot es der Klägerin gegen „Kompensation" in Höhe von 5 Millionen Euro zum Kauf an. Hiergegen wandte sich die Klägerin und blieb

401 *Müller/Laudonio*, GRUR Int. 2012, 417, 424.

402 EuGH, GRUR 2009, 763 [Rn. 37] – *Lindt & Sprüngli/Franz Hauswirth*.

403 EuG, GRUR Int. 2012, 453 – *Pollo Tropical CHICKEN ON THE GRILL*.

in allen Instanzen ohne Erfolg. Das EuG berief sich auf die in der „Goldhasen"-Entscheidung[404] aufgestellten Grundsätze. Insbesondere das subjektive Moment, nämlich die Absicht, einen Anderen am Marktzutritt zu behindern, sei nicht gegeben. Dem Beklagten sei die Existenz der ausländischen Marke jedenfalls zum Zeitpunkt der Anmeldung in Spanien nicht bekannt gewesen. Außerdem habe zwischen den Parteien vor der Anmeldung der Unionsmarke keinerlei Vertragsbeziehung bestanden, aus der sich die Bösgläubigkeit ableiten lasse. Ferner könne auch das Angebot, die Unionsmarke gegen die Zahlung von 5 Millionen Euro zu erwerben, für sich gesehen keine Bösgläubigkeit begründen.

Die Entscheidung ist fragwürdig, da das Angebot zur Übertragung der Unionsmarke gegen die Zahlung von 5 Millionen Euro sowie der Umstand, dass die spanische Marke kurz nach der Einführung der Marke durch die Restaurantkette in den USA angemeldet wurde, eindeutige Hinweise auf ein bösgläubiges Verhalten sind. Das EuG räumt dem Nichtbestehen vertraglicher Beziehungen hier aber weitaus größeres Gewicht als den zuvor genannten, für die Bösgläubigkeit sprechenden Umständen ein, obwohl es bei zu Spekulationszwecken angemeldeten Marken doch regelmäßig erst nach der Markenanmeldung zu einer Kontaktaufnahme kommt.

2. Feng Shen

In seiner "Feng Shen"-Entscheidung[405] befasste sich der EuGH mit einer Entscheidung des EuG zur bösgläubigen Markenanmeldung. Die Klägerin, ein taiwanesisches Modeunternehmen, produzierte Reißverschlüsse und hatte hierfür mehrere taiwanesische Marken eintragen lassen. Nach der Beendigung des Vertragsverhältnisses mit einem polnischen Importunternehmen meldete dieses eine nach Ansicht der Klägerin verwechselbare Unionsmarke für „Reißverschlüsse" an. Daraufhin beschlagnahmte der polnische Zoll mehrere Lieferungen von Reißverschlüssen bei dem neuen Vertriebspartner des taiwanesischen Unternehmens in Polen. Die Nichtigkeitsabteilung des EUIPO wies den Löschungsantrag gegen die Unionsmarke zurück. Die Beschwerde hiergegen blieb ebenfalls ohne Erfolg. Im Klageverfahren, in dem beide Parteien neue Beweise vorlegten, hob das EuG die Entscheidung auf. Der EuGH betonte, als Indiz für Bösgläubigkeit sei hier insbesondere die Tatsache zu werten, dass der Anmelder wusste oder wissen musste, dass ein Anderer in mindestens einem Mitgliedstaat ein gleiches oder ähnliches Zeichen für eine gleiche oder mit dem angemeldeten Zeichen verwechselbar

404 EuGH, GRUR 2009, 763 – *Lindt & Sprüngli/Franz Hauswirth.*

405 EuGH, GRUR-Int. 2013, 451 – *Jarosław Majtczak / Feng Shen Technology Co. Ltd.*

ähnliche Ware verwendet. Er blieb damit auf seiner Linie aus der „Goldhasen"-Entscheidung, bei der er hierauf ebenfalls abstellte.[406] Aufgrund des erneuten Abstellens auf die Vorbenutzung in einem Mitgliedstaat wird man eine andernorts durchgeführte Vorbenutzung nicht mehr als ausreichend ansehen können.

3. Yakult

Im Rahmen einer weiteren Vorabentscheidung konnte der EuGH zwischenzeitlich die Auslegung des Begriffs der Bösgläubigkeit konkretisieren.[407] Die Vorlagefrage betraf diesmal die Auslegung von Art. 4 Abs. 4 lit. g MarkenRL. Im Jahr 1965 erwirkte die Firma Yakult in Japan die Eintragung einer Plastikflasche für ein Milchgetränk als Muster oder Modell, die später in Japan und in mehreren anderen Ländern, zu denen Mitgliedstaaten der Europäischen Union gehören, als Marke eingetragen wurde. Auf Grund eines 1980 gestellten Antrags erwirkte Malaysia Dairy die Eintragung einer ähnlichen Plastikflasche als Marke unter anderem in Malaysia. Im Jahr 1995 beatragte Malaysia Dairy die Eintragung ihrer Plastikflasche in Dänemark als dreidimensionale Marke. Gegen die Eintragung legte Yakult Widerspruch mit der Begründung ein, dass Malaysia Dairy zum Zeitpunkt der Anmeldung die identischen älteren Marken von Yakult im Ausland gekannt habe oder hätte kennen müssen. Dieser Widerspruch wurde vom dänischen Patent- und Markenamt zurückgewiesen. Da die Anmelderin selbst über eine ausländische Marke in Malaysia verfüge, reiche der Umstand, dass sie zum Zeitpunkt ihrer Anmeldung Kenntnis von der ausländischen Marke von Yakult gehabt habe, nicht für die Darlegung ihrer Bösgläubigkeit aus. Diese Entscheidung wurde anschließend vom dänischen See- und Handelsgericht bestätigt. Von der Rechtsmittelinstanz wurden dem EuGH folgende Fragen zur Vorabentscheidung vorgelegt:

(1) Ist der Begriff „bösgläubig" in Art. 4 Abs. 4 lit. g MarkenRL ein allgemeiner Rechtsbegriff, der im Einklang mit nationalem Recht ausgefüllt werden kann, oder handelt es sich um einen unionsrechtlichen Begriff, der in der gesamten Union einheitlich auszulegen ist?
(2) Ist, wenn der Begriff „bösgläubig" in Art. 4 Abs. 4 lit. g MarkenRL ein unionsrechtlicher Begriff ist, dieser Begriff so zu verstehen, dass es ausreichend sein kann, dass der Anmelder zum Zeitpunkt der Anmeldung die ausländische

406 EuGH, GRUR 2009, 763 – *Lindt & Sprüngli/Franz Hauswirth.*
407 EuGH, GRUR 2013, 919 – *Malaysia Dairy Industries Pte. Ltd/Ankenævnet for Patenter og Varemærker.*

Marke kannte oder hätte kennen müssen, oder werden für die Ablehnung der Eintragung weitere Anforderungen in subjektiver Hinsicht an den Anmelder gestellt?

(3) Steht es einem Mitgliedstaat frei, einen besonderen Schutz ausländischer Marken einzuführen, der sich in Bezug auf das Erfordernis der Bösgläubigkeit dadurch von Art. 4 Abs. 4 lit. g MarkenRL unterscheidet, dass beispielsweise das zusätzliche Erfordernis aufgestellt wird, dass der Anmelder die ausländische Marke kannte oder hätte kennen müssen?

Zur ersten Vorlagefrage äußerte sich der EuGH dahingehend, dass der Begriff der Bösgläubigkeit ein eigenständiger Begriff des Unionsrechts ist, der in der Union einheitlich auszulegen sei.[408] Der fakultative Charakter einzelner Bestimmungen der MarkenRL stehe einer solchen Auslegung nicht entgegen. Im Rahmen der Beantwortung der zweiten Vorlagefrage nimmt der EuGH zunächst Bezug auf die „Goldhasen"-Entscheidung, indem er darlegt, dass für die Feststellung der Bösgläubigkeit des Anmelders im Sinne des Art. 4 Abs. 4 lit. g MarkenRL alle maßgeblichen Umstände des konkreten Falls, die zum Zeitpunkt der Einreichung der Anmeldung vorlagen, zu berücksichtigen sind. Diese zur UMV aufgestellten Grundsätze zum Begriff der Bösgläubigkeit seien im Sinne eines harmonisierten Zusammenspiels des Unionsmarkensystems und der mitgliedstaatlichen Markensysteme entsprechend der Rechtsprechung des EuGH zu Art. 52 Abs. 1 lit. b UMV („Goldhasen"-Entscheidung) auszulegen. Darauf aufbauend kommt der EuGH zu dem Ergebnis, dass es für die Bejahung der Bösgläubigkeit des Anmelders nicht allein genüge, dass der Anmelder weiß oder wissen muss, dass zum Zeitpunkt der Einreichung seiner Anmeldung ein Anderer eine Marke im Ausland benutzt, die mit der Anmeldemarke verwechselt werden kann.[409] Daneben seien auch die weiteren Umstände heranzuziehen. Auf die dritte Vorlagefrage antwortete der EuGH, dass die Mitgliedstaaten nicht ermächtigt seien, eine besondere Schutzregelung für ausländische Marken einzuführen, die darauf beruht, dass der Anmelder eine ausländische Marke kannte oder hätte kennen müssen. Die MarkenRL untersage es den Mitgliedstaaten, andere Eintragungshindernisse oder Ungültigkeitsgründe als die in der Richtlinie aufgeführten einzuführen. Dies werde durch den achten Erwägungsgrund der MarkenRL bestätigt, wonach die Eintragungshindernisse oder Ungültigkeitsgründe, die die Marke selbst betreffen,

408 EuGH, GRUR 2013, 919 [Rn. 29] – *Malaysia Dairy Industries Pte. Ltd/Ankenævnet for Patenter og Varemærker.*

409 EuGH, GRUR 2013, 919 [Rn. 36f.] – *Malaysia Dairy Industries Pte. Ltd/Ankenævnet for Patenter og Varemærker.*

beispielsweise die Konflikte zwischen der Marke und älteren Rechten, abschließend aufgeführt werden müssten, selbst wenn einige dieser Gründe als für die Mitgliedstaaten fakultativ aufgeführt seien.[410]

Mit diesem Urteil bestätigt der EuGH die Grundsätze der „Goldhasen"-Entscheidung. Für die Rechtsanwendung in Deutschland führt dies zu keiner Änderung. Da in § 8 Abs. 2 Nr. 10 MarkenG pauschal auf den Begriff der Bösgläubigkeit abgestellt wird, besteht kein Änderungsbedarf. Der dänische Gesetzgeber hatte hingegen konkret geregelt, dass die Marke gelöscht werden könne, wenn der Anmelder von der Existenz der anderen ausländischen Marke Kenntnis gehabt habe oder haben müsse. Diese Regelung ist nach Auffassung des EuGH zu wenig auf eine Abwägung der Gesamtumstände ausgerichtet und verstößt daher gegen Unionsrecht.

4. Gruppo Salini

In seiner „Gruppo Salini"-Entscheidung[411] hatte sich das EuG zuletzt mit der Markenanmeldung durch den Aktionär eines Unternehmens zu beschäftigen. Der Familienname Salini wurde in Italien seit etwa 1940 für ein Bauunternehmen verwendet und ist in Italien bekannt. Die Kapitalbeteiligung an dem Unternehmen war im Wesentlichen auf zwei Familienzweige aufgeteilt. Nach dem Ausbruch von Rechtsstreitigkeiten zwischen den Zweigen meldete die Klägerin die Unionsmarke „GRUPPO SALINI" an. Den Antrag der Gegenseite auf Nichtigkeitserklärung der Unionsmarke wegen Bösgläubigkeit der Anmeldung wies die Nichtigkeitsabteilung des EUIPO zurück. Im Beschwerdeverfahren wurde dem Antrag stattgegeben. Die Beschwerdekammer sah bösgläubige Motive für die Markenanmeldung und erklärte die Unionsmarke „GRUPPO SALINI" für nichtig. Das EuG bestätigte die Entscheidung der Beschwerdekammer und berief sich dabei auf die Grundsätze der „Goldhasen"-Entscheidung. Die Markenanmelderin habe aufgrund Ihrer Stellung im Unternehmen Kenntnis von der Vorbenutzung der Marke gehabt. Ihr sei ferner bewusst gewesen, dass das Unternehmen seinen Bekanntheitsgrad und seine Umsätze vor der Unionsmarkenanmeldung erheblich gesteigert habe. Das Schadensrisiko der Unionsmarkenanmeldung könne der Markenanmelderin daher nicht verborgen geblieben sein. Ein wichtiges Indiz für die Behinderungsabsicht könne in der Hinzufügung des Bestandteils „GRUPPO" erkannt werden, da dieser nur auf die Gegenseite als Muttergesellschaft einer Gruppe passe. Im

---

410 EuGH, GRUR 2013, 919 [Rn. 42f.] – *Malaysia Dairy Industries Pte. Ltd/Ankenævnet for Patenter og Varemærker.*

411 EuG, GRUR Int. 2014, 1720 – *GRUPPO SALINI.*

Rahmen dieses Urteils setzt sich das EuG sehr ausführlich mit der Begründung der Behinderungsabsicht anhand von objektiven Merkmalen auseinander. Die hohe Bekanntheit der Marke und die personellen Beziehungen zwischen den Beteiligten ließen sich sehr gut nachweisen. Daher kann diese Entscheidung als Beispiel für die Herleitung subjektiver Merkmale aus äußeren Umständen herangezogen werden.

5. Schlussfolgerungen

Die zuvor beispielhaft genannten Entscheidungen der Unionsmarkengerichte wenden Kriterien der zuvor untersuchte „Goldhasen"-Entscheidung des EuGH an.[412] Danach sind alle Faktoren des Einzelfalls zu berücksichtigen. Zu erkennen ist daraus eine inzwischen gefestigte Rechtsprechungslinie der Unionsmarkengerichte zum Begriff der Bösgläubigkeit. Kleine Unterschiede sind aber dennoch wahrnehmbar. So stiftete die „Pollo Tropical"-Entscheidung zunächst Verwirrung, da das Anbieten der Übertragung der Unionsmarke für einen Millionenbetrag nicht als ausreichend für die Bösgläubigkeit gesehen wurde. Daraus kann geschlossen werden, dass das EuG das Anbieten der Übertragung einer Spekulationsmarke gegen Geld nicht allein als bösgläubig erachtet. Vielmehr sind die anderen Faktoren, wie das Wissen oder Wissenmüssen der Vorbenutzung durch einen anderen oder die Berücksichtigung vertraglicher Beziehungen zwischen den Betroffenen, zu untersuchen. Aufgrund der Ausprägung des Einzelfallcharakters der markenrechtlichen Bösgläubigkeitsprüfung ist daraus jedenfalls keine konkrete Vorgabe für die deutsche Rechtsprechung zu entnehmen.

Deutlich weniger kontrovers ist die „Feng Shen"-Entscheidung des EuG. Auch in dieser Entscheidung unterstreicht das EuG die Berücksichtigung aller Umstände des jeweiligen Einzelfalls. Maßgeblich dürfte hierbei die Annäherung der Unionspraxis zur Prüfung bösgläubiger Markenanmeldung an die deutsche Rechtsprechung sein. Dies war ein wichtiges Signal nach der hier besprochenen „Pollo Tropical"-Entscheidung.[413]

Mit seinen Feststellungen zum Gleichlauf der Auslegung des Begriffs der Bösgläubigkeit in der UMV und der MarkenRL im Rahmen der „Yakult"-Entscheidung überrascht der EuGH nicht. Diese Entscheidung war deshalb nötig geworden, weil der dänische Gesetzgeber Art. 4 Abs. 4 lit. g MarkenRL nicht wörtlich umgesetzt hatte. Die MarkenRL stellt auf den Begriff der Bösgläubigkeit der Markenanmeldung ab, während § 15 Abs. 3 Nr. 3 des dänischen Markenggesetzes an das Kennen oder Kennenmüssen der älteren Marke anknüpft.

---

412 EuGH, GRUR 2009, 763 – *Lindt & Sprüngli/Franz Hauswirth.*

413 So auch besprochen von *Matthes*, GRUR-Prax 2012, 188.

Hiergegen wandte sich der EuGH und stellte klar, dass diese nicht an subjektive Voraussetzungen anknüpfende Vorschrift nicht mit dem Unionsrecht vereinbar sei, da die absoluten Schutzhindernisse in der MarkenRL abschließend aufgezählt seien. Wenn die Mitgliedstaaten die fakultative Vorschrift des Art. 4 Abs. 4 lit. g MarkenRL umgesetzt haben, muss dessen Auslegung in der gesamten Union einheitlich sein. Für die deutsche Markenpraxis hat diese Entscheidung geringe Auswirkung, da Art. 4 Abs. 4 lit. g MarkenRL durch § 8 Abs. 2 Nr. 10 MarkenG wörtlich umgesetzt wurde. Die Vorgaben der „Goldhasen"-Entscheidung werden in hierbei selbstverständlich berücksichtigt.[414]

Mit seiner „Gruppo Salini"-Entscheidung bringt das EuG ein gutes Beispiel dafür, wie allein aus objektiven Umständen auf die Bösgläubigkeit des Anmelders geschlossen werden kann. Aufgrund der Stellung der Anmelderin in der Unternehmensgruppe und den personellen Beziehungen zwischen den Beteiligten wurde die Behinderungsabsicht hier angenommen. Verstärkend wirkte der Umstand, dass der hohe Bekanntheitsgrad der Marke in Italien nachweisbar war.

VI. Der maßgebliche Zeitpunkt der Bösgläubigkeit – Bedeutung der Rechtsprechung des EuGH für das deutsche Recht

Die Frage nach dem entscheidenden Zeitpunkt für die Bösgläubigkeit ist umstritten. Hierbei bestehen unterschiedliche Auffassungen in der deutschen und der europäischen Rechtsprechung. Im deutschen Markenrecht wird zwischen dem Eintragungsverfahren und dem Löschungsverfahren unterschieden. Während im Rahmen der Überprüfung einer Eintragung auf absolute Schutzhindernisse allein auf den Zeitpunkt der Markenanmeldung abgestellt wird, steht nach der derzeitigen Rechtsprechung des BGH der Zeitpunkt der Eintragung im Löschungsverfahren im Vordergrund.[415] Die hier vertretene Gegenauffassung stellt allerdings auch bei der Überprüfung einer Markenanmeldung auf Bösgläubigkeit im Löschungsverfahren auf den Zeitpunkt der Anmeldung ab. Der EuGH stellt in seiner „Goldhasen"-Entscheidung allein auf den Zeitpunkt der Markenanmeldung ab.[416]

Fraglich ist daher, ob die unterschiedlichen Auffassungen des EuGH und des BGH bei der Feststellung des maßgeblichen Zeitpunkts für das Vorliegen der Bösgläubigkeit miteinander vereinbar sind. Hierbei muss zunächst berücksichtigt werden, dass mit der MarkenRL eine Angleichung der nationalen Vorschriften

---

414 Hierzu *Slopek*, GRUR-Prax 2013, 310.

415 Ausführlich behandelt in Kapitel 3, Ziff. VI.2.

416 Siehe hierzu Kapitel 4, Ziff. II.2.

bezweckt wurde.[417] Insbesondere Regelungsunterschiede, die zu Verfälschungen der Wettbewerbsbedingungen auf dem gemeinsamen Markt und Behinderungen des freien Waren- und Dienstleistungsverkehrs führen, sollten abgebaut werden. Die MarkenRL enthält zu diesem Zweck eine Mischung aus verpflichtenden und optionalen Vorschriften. Die in Art. 3 Abs. 1 MarkenRL geregelten absoluten Schutzhindernisse mussten von den Mitgliedstaaten umgesetzt werden. Dort wird den Mitgliedstaaten vorgegeben, dass bestimmte Marken von der Eintragung ausgeschlossen sind oder im Falle der Eintragung der Ungültigkeitserklärung unterliegen. Die Vorgaben der MarkenRL und deren Auslegung durch den EuGH sind jedenfalls für die auf Art. 3 Abs. 1 MarkenRL beruhenden nationalen Vorschriften zwingend zu beachten. Die nationalen Vorschriften der Mitgliedstaaten müssen in diesem Sinne richtlinienkonform ausgelegt werden.[418] Insbesondere ist darauf zu achten, dass die Auslegung der nationalen Vorschriften nur unionsweit einheitlich erfolgen kann.[419]

Demgegenüber ist die Umsetzung des Art. 3 Abs. 2 MarkenRL, somit also auch die Einführung des Schutzhindernisses und des Löschungsgrundes der Bösgläubigkeit in Art. 3 Abs. 2 lit. g MarkenRL, für die Mitgliedstaaten fakultativ. Fraglich ist, ob diese auch zwingend anhand der Vorgaben des EuGH ausgelegt werden müssen. In diesem Fall könnte man die Ansicht vertreten, die nationalen Gerichte seien – da die Umsetzung freiwillig erfolge – in der Auslegung frei und nicht an die Vorgaben des EuGH gebunden. Wenn den Mitgliedstaaten die Umsetzung der Vorgaben der Richtlinie überlassen werde, müsse dies bei der Auslegung der nationalen Vorschrift berücksichtigt werden. Der Spielraum, Art. 3 Abs. 2 lit. d MarkenRL gar nicht erst umzusetzen, müsse sich in der Art der möglichen Umsetzung sowie in der späteren Auslegung wiederfinden.[420] Der EuGH sieht dies anders. Im Rahmen der „Adidas/Fitnessworld"-Entscheidung führte er aus, dass der Mitgliedstaat selbstverständlich an die Auslegung der Unionsgerichte gebunden sei, sofern die fakultative Vorschrift einmal umgesetzt wurde.[421] In der genannten Entscheidung ging es darum, dass ein Mitgliedstaat

---

417 Erwägungsgrund 2, Begr. zur MarkenRL, ABl. v. 08. November 2008, L 299/25.

418 EuGH, GRUR 2004, 674 [Rn. 122] – *Koninklijke KPN Nederland*; EuGH, GRUR 2003, 55, 57 – *Arsenal Football Club;* BGH, GRUR 2010, 726, 728 – *Opel Blitz II*; *Ingerl/ Rohnke*, MarkenG, Einl., Rn. 26.

419 EuGH, GRUR 2013, 919 – *Malaysia Dairy Industries Pte. Ltd/Ankenævnet for Patenter og Varemærker*; *Ingerl/Rohnke*, MarkenG, § 8 Rn. 11.

420 *Hacker* in: Ströbele/Hacker, MarkenG, Einl., Rn. 28.

421 EuGH, GRUR 2004, 58, 60 – *Adidas/Fitnessworld.*

von der Möglichkeit des Art. 5 Abs. 2 der ersten MarkenRL[422] Gebrauch machte. Art. 5 Abs. 2 der ersten MarkenRL enthielt eine fakultative Vorgabe zum Schutz notorisch bekannter Marken. Sofern er diese fakultative Vorschrift umsetzt, sei er bei deren Auslegung an die Richtlinie gebunden. Ähnlich verhält es sich daher bei Art. 3 Abs. 2 MarkenRL. Wenn der deutsche Gesetzgeber diese fakultative Vorschrift umsetzt, ist er bei der Bestimmung des Begriffs der Bösgläubigkeit an den Wortlaut der Richtlinie und dessen Auslegung durch den EuGH gebunden.[423] Demnach ist die in Deutschland bestehende Auffassung, wonach für die Feststellung bösgläubiger Absichten im Nichtigkeitsverfahren maßgeblich auf den Zeitpunkt der Eintragung abzustellen ist, nicht richtlinienkonform.

Es stellt sich daher die Frage, wie die Divergenz zwischen der in Deutschland bestehenden Auffassung, die auf den Zeitpunkt der Eintragung für die Bestimmung der Bösgläubigkeit abstellt, und der Rechtsprechung des EuGH, die den Zeitpunkt der Markenanmeldung heranzieht, aufzulösen ist. Ein Nebeneinander der beiden Auslegungsergebnisse kommt nicht in Frage. Aus diesem Grund kommt, da die Vorschrift des § 8 Abs. 2 Nr. 10 MarkenG auf der MarkenRL beruht, das „Auslegungsmonopol" des EuGH zur Geltung.[424] Danach ist die Ansicht des EuGH maßgeblich für die Auslegung einer Richtlinie und die richtlinienkonforme Auslegung einer nationalen Vorschrift. Der EuGH geht davon aus, dass eine abweichende Beurteilung der bösgläubigen Markenanmeldung in MarkenRL und UMV nicht möglich ist. Um das Ziel der größtmöglichen Harmonisierung zu erreichen, muss daher der Zeitpunkt der Bösgläubigkeit in allen Vorschriften einheitlich ausgelegt werden.[425]

Dem EuGH ist zuzustimmen. Das „Auslegungsmonopol" des EuGH auch bei bloß fakultativ umzusetzenden Vorschriften ist erforderlich, um auch hier eine unionsweit einheitliche Auslegung der betreffenden Vorschriften (wie z.B. dem

---

422 Erste Richtlinie 89/104/EWG des Rates vom 21. Dezember 1988 zur Angleichung der Rechtsvorschriften der Mitgliedstaaten über die Marken (Vorgängerregelung der aktuellen MarkenRL).

423 So auch h.M. in Deutschland, z.B. BGH, GRUR 2009, 992 [Rn. 27] – *Schuhverzierung*; BGH, GRUR 2009, 780 [Rn. 18] – *Ivadal*; *Bölling*, GRUR 2011, 472, 476; *Fezer*, MarkenR, § 8, Rn. 664; *Grabrucker*, MittdPA 2008, 532, 536; *Hildebrandt*, § 4, Rn. 157; *Ingerl/Rohnke*, MarkenG, § 8, Rn. 12; *Ullmann*, GRUR 2009, 364, 365.

424 *Ullmann*, GRUR 2009, 364, 365.

425 Zuletzt bestätigt durch EuGH, GRUR 2013, 919 [Rn. 25] – *Malaysia Dairy Industries Pte. Ltd/Ankenævnet for Patenter og Varemærker*; vgl. auch *Bölling*, GRUR 2011, 472, 477 zu der Frage des maßgeblichen Zeitpunkts bei den absoluten Schutzhindernissen nach Art. 3 Abs. 1 MarkenRL.

Verbot der bösgläubigen Markenanmeldung) zu ermöglichen. Ohne die Vorgaben des EuGH wäre die mit der MarkenRL bezweckte Harmonisierung des Markenrechts in den Mitgliedstaaten nicht erreichbar. Der Grundsatz der richtlinienkonformen Auslegung der §§ 8 Abs. 2 Nr. 10, 50 Abs. 1 MarkenG verbietet es, wegen der entgegenstehenden Rechtsprechung des EuGH den Zeitpunkt der Eintragungsentscheidung anstelle des Anmeldezeitpunktes als maßgeblichen Zeitpunkt einer Überprüfung der Marke auf bösgläubige Motive anzusehen. Die entgegenstehende – in Deutschland zum Teil vertretene – Rechtsansicht steht nicht im Einklang mit diesen Vorgaben des Unionsrechts und muss daher aufgegeben werden.

VII. Zusammenfassung

Der markenrechtliche Begriff der Bösgläubigkeit ist ein autonom markenrechtlich zu betrachtender Terminus. Der Versuch der Definition als Gegenteil des Begriffs der Gutgläubigkeit des deutschen Zivilrechts entspricht nicht dem Willen des Gesetzgebers. Dieser wollte mit der Einführung des Begriffs der Bösgläubigkeit nämlich die enge Verbindung zur MarkenRL zum Ausdruck bringen, aus der dieser Begriff übernommen wurde. Die hiermit bezweckte Harmonisierung des Markenrechts wäre nicht möglich, wenn der Begriff der Bösgläubigkeit als Gegenteil des Begriffs der Gutgläubigkeit des deutschen Zivilrechts verstanden würde. Folglich ist es erforderlich, einen eigenen markenrechtlichen Ansatz zu entwickeln.

In den einzelnen Mitgliedstaaten wird der Begriff der Bösgläubigkeit bislang unterschiedlich ausgelegt. Somit kann die Praxis in den anderen Mitgliedstaaten nicht zur Bestimmung des Begriffs der Bösgläubigkeit beitragen.

Die ersten Versuche der Auslegung des Begriffs der Bösgläubigkeit des EUIPO sahen Bösgläubigkeit dann als gegeben an, wenn die Markenanmeldung Betrug, Irreführungsabsicht anderer Personen oder sonstige unlautere Motive enthielt. Böser Glaube wurde demnach als „unredliche Absicht" verstanden, was mit den Grundsätzen des deutschen Lauterkeitsrechts korrespondierte.

Der EuGH hat im Rahmen seiner „Goldhasen"-Entscheidung eine erste Entscheidung zur Bestimmung des Begriffs der Bösgläubigkeit getroffen. Im Rahmen seiner Entscheidung kombiniert der EuGH mehrere objektive und subjektive Kriterien, nämlich das Wissen oder Wissenmüssen von der Verwechslungsgefahr, die Behinderungsabsicht des Anmelders und den Grad des rechtlichen Schutzes des vorbenutzten Zeichens. Diese Kriterien werden von EuGH und EuG in vielen aktuellen Entscheidungen zitiert und als Ausgangspunkt der rechtlichen Bewertung gesehen. An der „Goldhasen"-Entscheidung muss kritisiert werden, dass sie sich nur mit der Vorbenutzung innerhalb der Union befasst und nicht auf die weltweite Vorbenutzung eingeht. Außerdem ist nicht klar, ob die Bösgläubigkeit auch einer nur durch Verkehrsgeltung entstandenen Marke entgegen gehalten werden kann. Schließlich ist das Abstellen auf eine möglicherweise bestehende Verwechslungsgefahr nicht für die Bestimmung der Bösgläubigkeit einer Spekulationsmarkenanmeldung geeignet.

Nachdem der EuGH im Rahmen der „Goldhasen"-Entscheidung ausdrücklich auf das Vorliegen der bösgläubigen Absichten im Zeitpunkt der Anmeldung abstellte, muss die in Deutschland vertretene Gegenauffassung, wonach auf den Zeitpunkt der Eintragung abzustellen ist, aufgegeben werden. Diese Auffassung ist nicht richtlinienkonform.

Sechstes Kapitel: Die Fallgruppen der bösgläubigen Markenanmeldung

Die deutsche Rechtsprechung bildet Fallgruppen, die zur Beurteilung der Bösgläubigkeit des Verhaltens des Markenanmelders herangezogen werden. Nach Ansicht des BGH kann auch unter Geltung des MarkenG an die unter der Geltung des WZG gebildeten Fallgruppen angeknüpft werden.[426] Diese galten sowohl zum außerkennzeichenrechtlichen Löschungsanspruch gemäß § 1 UWG a.F. als auch für den Einwand der rechtsmissbräuchlichen Markenanmeldung gemäß § 242 BGB. Für den Fortbestand der Fallgruppen spricht, dass der Gesetzgeber bei der Einführung des Begriffs der Bösgläubigkeit von einem markenrechtlichen Mittel zur Bekämpfung rechtsmissbräuchlicher bzw. unlauterer Eintragungen ausging.[427] Der Gesetzgeber wollte die vor der Zeit des MarkenG gebildeten Fallgruppen bewusst unter dem Tatbestand des § 50 Abs. 1 Nr. 4 MarkenG a.F. zusammenfassen. Regelmäßig werden die Anmeldung von Spekulations- und Sperrmarken als eigenständige Fallgruppen erfasst (I., II.).[428] Daneben spielt die Markenerschleichung (III.) eine wichtige Rolle.[429]

Aufgrund der einzelfallbezogenen Entscheidungen des EuGH, wie etwa der „Goldhasen"-Entscheidung[430], ergeben sich keine großen Änderungen für die Auslegung des Begriffs der Bösgläubigkeit im deutschen Recht.[431] Die vom EuGH betonte Abwägung aller Umstände des Einzelfalls wird im deutschen Markenrecht bei der Einordnung der bösgläubigen Markenanmeldung in Fallgruppen bereits berücksichtigt. Dem liegt der Gedanke zu Grunde, dass den im deutschen Recht gebildeten Fallgruppen eine Orientierungsfunktion zukommt,

426 BGH, GRUR 2005, 581, 582 – *The Colour of Elégance*; BGH, GRUR 2000, 1032, 1033 – *EQUI 2000*, wobei auf die Begründung zum Regierungsentwurf verwiesen wird (BT-DrucksS. 12/6581, 79, 95), in der eine Fortgeltung der Fallgruppen zur Auslegung der rechtsmissbräuchlichen Markenanmeldung angedacht ist.

427 Begr. zum Entwurf des MarkenG, BT-DrucksS. 12/6581, 95f.

428 So auch *Hildebrandt*, § 4, Rn. 158; *Müller/Laudonio*, GRUR Int. 2012, 417, 419; *Steinberg/Jaeckel*, MarkenR 2008, 296, 300ff.; *Ströbele* in: Ströbele/Hacker, MarkenG, § 8, Rn. 838.

429 Ebenso *Fabry*, GRUR 2010, 566, 571; *Müller/Laudonio*, GRUR Int. 2012, 417, 418; *Schosser*, Benutzungswillen, 39.

430 EuGH, GRUR 2009, 763ff. – *Lindt & Sprüngli/Franz Hauswirth*.

431 *Müller/Laudonio*, GRUR Int. 2012, 417, 418.

sie aber keinesfalls als abschließend anzusehen sind.[432] Die fallgruppenorientierte Bearbeitung der bösgläubigen Markenanmeldung ist demnach weiterhin möglich.

I. Spekulationsmarken

Die Anmeldung einer Marke ist seit der Einführung des MarkenG nicht mehr an einen Geschäftsbetrieb gebunden.[433] Der Markenanmelder muss daher nicht mehr auf dem Gebiet der eingetragenen Waren und Dienstleistungen tätig sein.[434] Eine solche Anmeldung kann aus redlichen Motiven geschehen, wie bei der treuhänderischen Anmeldung für einen Anderen. Denkbar sind aber auch Markenanmeldungen zu Spekulationszwecken, mit denen der Andere zum Erwerb von Lizenzen oder der Marke selbst gezwungen werden soll.

Als Spekulationsmarken[435] werden Marken bezeichnet, die in der Absicht angemeldet werden, diese später an andere zu verkaufen oder andere zu zwingen, eine Lizenz zu erwerben.[436] Charakteristisch ist, dass sich die Wirkung der Spekulationsmarke auf einen noch nicht näher bekannten Personenkreis bezieht.[437] Im Gegensatz zur Konstellation der Sperrmarkenanmeldung[438] steht nämlich nicht die Behinderung eines zum Zeitpunkt der Anmeldung bereits konkret

432 So auch *Ingerl/Rohnke*, MarkenG, § 8, Rn. 302.

433 In der Literatur wurde – wenn auch überspitzt – vor Markenanmeldungen von Studenten und Hausfrauen gewarnt, hierzu *Füllkrug*, GRUR 1994, 679; *Helm*, 1996, 593, 599; *Wiedmann*, Rechtsmissbrauch, 184.

434 *Helm*, GRUR 1996, 593, 599; *Ticic*, Bösgläubige Markenanmeldung, 29, der allerdings eher auf die Anmeldung durch Privatpersonen abstellt; allerdings zeigt sich, dass nicht nur Privatpersonen Marken in spekulativer Absicht anmelden, sondern auch Markenagenturen (BGH, GRUR 2009, 780 – *Ivadal*, *Schosser*, Benutzungswillen, 49).

435 Der Begriff der Spekulationsmarke geht – soweit ersichtlich – zurück auf *Füllkrug*, GRUR 1994, 679, der hier Parallelen zu den sog. „speculative marks“ im britischen Recht sah. Dieser Begriff wird heute fast einhellig verwendet, z.B. *Hildebrandt*, MarkenR, § 4, Rn. 168ff; *Ingerl/Rohnke*, MarkenG, § 8, Rn. 303; *Meister*, WRP 1995, 1005, 1007; *Steinberg/Jaeckel*, MarkenR 2008, 296, 307; *Ströbele* in: Ströbele/Hacker, MarkenG, § 8, Rn. 863. Zu dem teilweise verwendeten Begriff der Hinterhaltsmarke (*Helm*, GRUR 1996, 593, 599; Kiethe/Greschke, WRP 1997, 269, 273) bestehen keine inhaltlichen Unterschiede, so auch *Ingerl/Rohnke*, MarkenG, § 8, Rn. 303; *Steinberg/Jaeckel*, MarkenR 2008, 296, 307

436 BGH, GRUR 2000, 242 – *Class E*;

437 *Steinberg/Jaeckel*, MarkenR 2008, 296, 307; *Ströbele* in: Ströbele/Hacker, MarkenG, § 8, Rn. 863.

438 Hierzu Kapitel 6, Ziff. II.

bekannten Wettbewerbers im Vordergrund.[439] Vielmehr liegt der Anmeldung – wie der Name der Fallgruppe bereits zum Ausdruck bringt – etwas Spekulatives zugrunde. Der Markenanmelder weiß noch gar nicht, ob die Marke jemals zum Einsatz kommen wird.

Vorläufer der Spekulationsmarke waren die unter Geltung des WZG bekannten Vorrats- und Defensivzeichen.[440] Vorrats- und Defensivzeichen verband der Umstand, dass sie sich nicht gegen einen konkreten Dritten richteten, sondern rein spekulative Zwecke verfolgten. Sie unterschieden sich lediglich dadurch von der Fallgruppe der Spekulationsmarken, dass unter der Geltung des MarkenG kein Geschäftsbetrieb bei der Markenanmeldung erforderlich ist, während der Zeichenerwerb unter der Geltung des WZG die Angabe eines Geschäftsbetriebs voraussetzte.

1. Die „Classe E“-Entscheidung des BGH

In der neueren Rechtsprechung zu Spekulationsmarken erlangte die „Classe E“-Entscheidung des BGH aus dem Jahr 2001 große Bekanntheit.[441] Darin entschied der BGH über die Zulässigkeit der Markenanmeldung „Classe E“, die eine Privatperson international angemeldet hatte, die nun Lizenzgebühren von der DaimlerChrysler AG für die Verwendung des Zeichens „E-Klasse“ als Bezeichnung eines neuen Fahrzeugmodells verlangte. Die DaimlerChrysler AG beantragte daraufhin festzustellen, dass dem Beklagten kein Recht aus der Marke „Classe E“ bzw. „E-Klasse“ zustehe. Sie berief sich auf die Rechtsmissbräuchlichkeit der Markenanmeldung, da das Unternehmen bereits die Zeichen C-Klasse und S-Klasse nutze. Es sei daher zu erwarten gewesen, dass sie die Marke „E-Klasse“ demnächst registrieren lassen würde. Des Weiteren berief sich die DaimlerChrysler AG darauf, dass der Markenanmelder eine Vielzahl von Marken für unterschiedliche Warenklassen angemeldet habe, ohne überhaupt einen Geschäftsbetrieb zu unterhalten. Der Markenanmelder erwiderte, er sei lediglich Markendesigner und melde infolge seiner Kreativität Marken auf Vorrat an, um diese anschließend den Unternehmen zur Verfügung stellen zu können. Ein solches Vorgehen könne ihm nicht verboten werden, da es keinen gesetzlichen Ausschluss eines solchen Verhaltens gebe.

---

439 *Brötje*, Bösgläubige Markenanmeldung, 91; *Schosser*, Benutzungswillen, 50; *Ticic*, Bösgläubige Markenanmeldung, 29.

440 Hierzu wir auf die Ausführungen in Kapitel 2, unter Ziff. I. und II verwiesen.

441 BGH, GRUR 2001, 242ff. – *Classe E.*

Der BGH behandelt die dem Sachverhalt zugrunde liegende Problematik unter dem Gesichtspunkt des Rechtsmissbrauchseinwands des § 242 BGB. Dies beruht darauf, dass die Beklagte – die Daimler Chrysler AG – nicht die Löschung der Spekulationsmarke beantragt hatte, sondern allein die Herleitung von Rechten aus der Marke verhindern wollte. Dennoch wird das Urteil häufig als das Paradebeispiel einer Spekulationsmarke bezeichnet, da die Prinzipien der spekulativen Markenanmeldung vom BGH unter § 242 BGB herangezogen wurden. Im Ergebnis bestätigte der BGH die Vorinstanz[442] und entschied, dass ein Rechtsmissbrauch bzw. eine bösgläubige[443] Markenanmeldung vorliege. Ein fehlender Geschäftsbetrieb genüge jedoch nicht allein, um die Bösgläubigkeit zu begründen. Der Missbrauch ergebe sich aus mehreren Kriterien, die in ihrer Gesamtheit zu betrachten seien. Nach Ansicht des BGH muss der Markeninhaber

- im Hinblick auf die angemeldeten Waren keine ernsthafte Benutzungsabsicht haben,
- eine Vielzahl von Marken für unterschiedliche Waren und Dienstleistungen anmelden und
- die Marke ausschließlich zu dem Zweck angemeldet haben, Dritte mit Schadensersatz- oder Unterlassungsansprüchen zu überziehen.[444]

Damit wurden zum ersten Mal höchstrichterlich zur Frage der Bösgläubigkeit der Spekulationsmarkenanmeldung Stellung genommen. Die „Classe E"-Entscheidung des BGH war damit grundlegend für die Bestimmung der Fallgruppe der Spekulationsmarkenanmeldung.[445]

2. Mangelnde Benutzungsabsicht

Das Kriterium der mangelnden Benutzungsabsicht stellt die umstrittenste Voraussetzung dar. In der Begründung seiner „Classe E"-Entscheidung stellt der BGH hauptsächlich auf die mangelnde Benutzungsabsicht des Markeninhabers ab.[446] Das Erfordernis der Benutzungsabsicht sei bereits in der Rechtsprechung

---

442 OLG Frankfurt a.M., GRUR 1998, 704 – *Classe E.*

443 Zur besseren Verständlichkeit wird im Folgenden der Begriff der Bösgläubigkeit verwendet, obwohl die Entscheidung unter dem Gesichtspunkt der rechtsmissbräuchlichen Geltendmachung von Rechten aus einer Marke getroffen wurde.

444 BGH, GRUR 2001, 242, 244 – *Classe E.*

445 So auch *Fezer*, MarkenR, § 8, Rn. 678.

446 Es handelt sich dabei jedoch nicht um die Benutzungserfordernis, wie es beispielsweise von § 25, 26 MarkenG gefordert wird. Die Benutzungsabsicht muss bereits im Zeitpunkt der Anmeldung vorliegen und nicht erst innerhalb des Fünfjahreszeitraums.

zum WZG anerkannt gewesen, so der BGH, denn es handele sich hierbei um eine allgemeine Schutzvoraussetzung für das Entstehen des Markenrechts.[447] Da die Prüfung der Benutzungsabsicht regelmäßig Probleme bereite, werde auch nach der Abschaffung der Bindung der Marke an einen Geschäftsbetrieb der generelle Benutzungswille vermutet. Diese Vermutung sei im zugrunde liegenden Fall widerlegt, da die Benutzung der Marke weder erfolgt noch ernsthaft geplant war.[448] Den Einwand, die Marke würde durch Andere im Wege der Lizenz genutzt, ließ der BGH ebenfalls nicht gelten, da der Markeninhaber mit zahlreichen Marken an eine Vielzahl von Unternehmen herangetreten war und selbst über kein schlüssiges Marketingkonzept verfügte.[449]

Zu untersuchen ist im Folgenden, ob das Kriterium der Benutzungsabsicht unter der Geltung des MarkenG überhaupt herangezogen werden kann. Zwar war dieses unter der Geltung des WZG anerkannt[450]; aber es sind der Wegfall des Akzessorietätsgrundsatzes sowie die Besonderheiten des MarkenG gegenüber dem WZG, insbesondere die freie Übertragbarkeit und Lizenzierbarkeit der Marke, zu berücksichtigen. Da der BGH in seiner „Classe E“-Entscheidung dazu tendiert, die Benutzungsabsicht als Kriterium der Markenfähigkeit im Sinne des § 3 Abs. 1 MarkenG zu sehen, muss untersucht werden, ob das Kriterium der Benutzungsabsicht als generelle Eintragungsvoraussetzung (a.) oder im Rahmen der absoluten Schutzhindernisse (b.) zu verorten ist.

a. Benutzungsabsicht als Eintragungsvoraussetzung

Zum Teil folgte die Literatur dem BGH bei der Heranziehung des subjektiven Kriteriums der Benutzungsabsicht in seiner „Classe E“-Entscheidung.[451] Dies wird damit begründet, dass die Eintragung von Marken ohne Benutzungswillen eine Blockadewirkung gegenüber solchen Marken bewirke, die tatsächlich benutzt werden sollen.[452] Die im MarkenG verankerten Grundsätze des freien

447 Zum Meinungsstand unter der Geltung des WZG Kapitel 2, I. und II; BGH, GRUR 2001, 242, 244 – *Classe E.*

448 BGH, GRUR 2001, 242, 244 – *Classe E.*

449 BGH, GRUR 2001, 242, 245 – *Classe E.*

450 Z.B. BGH, GRUR 1988, 820, 821 – *Oil of…*; BGH, GRUR 1964, 454, 456 – *Palmolive.*

451 *Brötje*, Bösgläubige Markenanmeldung, 94; *Bous* in: Ekey/Klippel/Bender, MarkenR, § 50, Rn. 20; *Fezer*, MarkenR, § 3, Rn. 228; *Lange*, MarkenR, § 3, 555; *Müller* in: Spindler/Schuster, Das Recht der elektronischen Medien, § 3 MarkenG, Rn. 15; *Wiedmann*, Rechtsmissbrauch, 186.

452 *Müller* in: Spindler/Schuster, Das Recht der elektronischen Medien, § 3 MarkenG, Rn. 15.

Rechtserwerbs bzw. der freien Übertragbarkeit der Marken hätten nichts am Erfordernis eines grundsätzlichen Benutzungswillens bei der Markenanmeldung geändert.[453] Das Kriterium des Benutzungswillens ergebe sich aus dem Wesen der Marke. Gemäß § 3 Abs. 1 MarkenG diene die Marke zur Unterscheidung von Waren und Dienstleistungen eines Unternehmens von denen eines anderen Unternehmens. Das Fehlen der Benutzungsabsicht sei als Fallgruppe des Fehlens der Markenfähigkeit zu verstehen und könne daher im Eintragungsverfahren oder im Löschungsverfahren berücksichtigt werden.[454] Nach dieser Auffassung liegt der Benutzungswille bereits vor, wenn sich die Absicht zur Benutzung des Markeninhabers auf die Verwendung durch einen Anderen bezieht.[455] Eine Verwendung durch den Markeninhaber selbst müsse nicht Teil des Benutzungswillens sein. Da sich hinsichtlich des Benutzungswillens einige Beweisschwierigkeiten ergeben, sei stets von einer widerlegbaren Vermutung des Benutzungswillens bei der Anmeldung der Marke auszugehen.[456] Diese Vermutung könne durch das Gesamtverhalten des Markeninhabers widerlegt werden. Das Fehlen eines geeigneten Vermarktungskonzepts oder das wahllose Herantreten an verschiedene Unternehmen zum Zwecke des Verkaufs der Marke oder der Einräumung eines Nutzungsrechts an der Marke könnten demnach als Indizien gegen einen Benutzungswillen des Markenanmelders herangezogen werden.[457]

Andere Autoren wollen das subjektive Kriterium der Benutzungsabsicht dagegen nicht bei der Markenfähigkeit berücksichtigen, sondern nur als Kriterium für die Bösgläubigkeit der Markenanmeldung.[458] Die Kritiker des Kriteriums der Benutzungsabsicht als Voraussetzung des Markenschutzes bringen vor, dass Art. 2 MarkenRL die Kriterien der Markenfähigkeit abschließend aufzähle und dort der Verweis auf die Benutzungsabsicht nicht enthalten sei.[459] Im Übrigen müsse berücksichtigt werden, dass die Frage der Benutzungsabsicht mit der Einführung der bösgläubigen Markenanmeldung in § 50 Abs. 1 MarkenG und § 8 Abs. 2 Nr. 10

---

453 *Fezer*, MarkenR, § 3, Rn. 228 und § 50, Rn. 30a.

454 *Fezer*, MarkenR, § 3, Rn. 229.

455 BGH, GRUR 2001, 242, 244 – *Classe E*; *Helm*, GRUR 1996, 593, 599.

456 BGH, GRUR 2001, 242, 244 – *Classe E*; OLG Frankfurt, GRUR-RR 2005, 184, 185 – *Depo-Provera*; BPatG, GRUR 2006, 1032, 1034 – *E2*.

457 *Fezer*, MarkenG, § 50, Rn. 30a.

458 *Füllkrug*, GRUR 1994, 679ff.; *Füllkrug*, WRP 2006, 664, 672, *Kirschneck* in: Ströbele/Hacker, MarkenG, § 3, Rn. 36; *Ströbele* in: Ströbele/Hacker, MarkenG, § 8, Rn. 851; *Wiedmann*, Rechtsmissbrauch, 148ff.

459 *Kirschneck* in: Ströbele/Hacker, MarkenG, § 3, Rn. 36; *Ströbele* in: Ströbele/Hacker, MarkenG, § 8, Rn. 851.

MarkenG angesiedelt wurden.[460] Es könne sich bei der Benutzungsabsicht demnach nicht um ein Kriterium der Markenfähigkeit handeln. Neben der klaren gesetzlichen Einbeziehung der Benutzungsabsicht bei der Prüfung der Markenfähigkeit fehle es auch an einer Regelungslücke, die eine darüber hinausgehende Heranziehung der Benutzungsabsicht rechtfertigen würde.[461] Es genüge, wenn die mangelnde Benutzung der Marke über die §§ 25, 26 MarkenG sanktioniert werde. Schließlich werde dem Markenanmelder eine Frist von fünf Jahren zur Aufnahme der Benutzung eingeräumt. Es sei daher problematisch, wenn man dem Markenanmelder einerseits eine fünfjährige Benutzungsschonfrist einräume, aber andererseits ein ausgereiftes Nutzungskonzept des Anmelders erwarte, welches die Benutzungsabsicht bei der Markenanmeldung verdeutliche. Schließlich sei es durchaus denkbar, dass eine Marke beim DPMA angemeldet werde, ohne zuvor ein unternehmerisches Konzept entwickelt zu haben. Zu dieser Auffassung sei auch das EUIPO in der „TRILLIUM"-Entscheidung gelangt, bei der es die Bösgläubigkeit der Markenanmeldung als nicht gegeben ansah.[462] Dem Unionsmarkensystem und daher auch dem MarkenG sei das Erfordernis der Benutzungsabsicht als Eintragungsvoraussetzung fremd.

Sicherlich muss berücksichtigt werden, dass das Benutzungserfordernis dem MarkenG nicht fremd ist, denn das Gesetz stellt trotz der Abschaffung der Akzessorietät sehr wohl auf die Benutzung der Marke ab. Der Zweck des Markenschutzes besteht in der Gewährleistung der Herkunftsfunktion der Marke.[463] Diese Markenfunktion findet sich in Art. 2 MarkenRL und § 3 MarkenG wieder, wonach die Marke zur Unterscheidung der Waren und Dienstleistungen eines Unternehmens von denen eines anderen Unternehmens dient.[464] Diesen Zweck kann die Marke jedoch nur durch Benutzung erreichen. Im Übrigen zeigt sich die enorme Bedeutung der Benutzung der Marken auch anhand der Vorschriften zum Benutzungszwang. Durch §§ 25, 26 MarkenG ist der Markeninhaber gezwungen, innerhalb des Zeitraums von fünf Jahren eine Marke für die von ihr in Anspruch genommenen Waren und Dienstleistungen zu benutzen.

---

460 So etwa *Ingerl/Rohnke*, MarkenG, § 3, Rn. 11, § 50, Rn. 11, der das Erfordernis des Benutzungswillens für die Eintragung einer Marke im Allgemeinen ablehnt, jedoch im Rahmen von § 8 Abs. 2 Nr. 10 MarkenG neuerdings bejaht (ab 3. Auflage); *Oechsler*, LMK 2008, 261255; *Ticic*, Bösgläubige Markenanmeldung, 42ff., der ebenfalls im Rahmen von § 8 Abs. 2 Nr. 10 MarkenG eine Benutzungsabsicht fordert.

461 *Ingerl/Rohnke*, MarkenG, § 3, Rn. 14.

462 HABM, Beschluss vom 28.03.2000, Az: C000053447/1 – *TRILLIUM*.

463 So auch *Schosser*, Benutzungswillen, 108.

464 Vgl. *Ingerl/Rohnke*, MarkenG, Einl., Rn. 72.

Gegen die Berücksichtigung der Benutzungsabsicht als Eintragungsvoraussetzung spricht aber, dass die konkrete Benutzungsabsicht kein Kriterium des § 3 Abs. 1 MarkenG ist. Dort wird die Benutzung nämlich nur abstrakt geregelt, die Marke muss abstrakt zur Unterscheidung von Waren und Dienstleistungen dienen können.[465] Da die Überprüfung der Markenfähigkeit also ohne Berücksichtigung des konkreten Waren- und Dienstleistungsverzeichnisses erfolgt, darf die Eintragungsfähigkeit nach § 3 Abs. 1 MarkenG nicht an eine konkrete Benutzungsabsicht geknüpft werden. Die Benutzungsabsicht im Sinne der hier vertretenen Auffassung ist auf die konkreten Waren und Dienstleistungen des Warenverzeichnisses bezogen und kann nicht losgelöst davon betrachtet werden. Daneben ist die Benutzungsabsicht aber auch keine über § 3 Abs. 1 MarkenG hinausgehende Schranke für den Markenschutz, denn die Vorschriften zum Benutzungszwang knüpfen nicht an eine Benutzungsabsicht an, sondern lediglich an die tatsächliche Benutzung.[466] Die bloße Benutzungsabsicht – mag sie auch innerhalb der fünfjährigen Benutzungsschonfrist gefasst worden sein – wird die Voraussetzungen des § 26 MarkenG, die auf die ernsthafte Benutzung der Marke abstellt, nicht erfüllen. Der Benutzungszwang bestimmt lediglich einen Zeitraum, in dem die Benutzungsabsicht in die tatsächliche Benutzung der Marke gemündet sein muss.[467] Es spielt daher keine Rolle, wann der Markenanmelder den Beschluss zur Benutzung fasst, solange die Benutzung innerhalb des Fünfjahreszeitraums stattfindet.

Im Übrigen ist die praktische Wirksamkeit des ungeschriebenen Tatbestandsmerkmals der Benutzungsabsicht im Rahmen der Prüfung der abstrakten Eintragungsfähigkeit recht gering, da dessen Vorliegen nach der herrschenden Ansicht ohnehin zunächst vermutet wird.[468] Im Ergebnis würde sich zumindest in den ersten fünf Jahren nach der Eintragung nichts ändern. Sowohl nach der Auffassung, die den Benutzungswillen bei der Eintragung voraussetzt (aber auch vermutet) als auch nach der hier vertretenen Gegenauffassung wäre die Marke innerhalb der Benutzungsschonfrist, ohne das Hinzutreten weiterer Umstände, die eine fehlende Benutzungsabsicht darlegen, nicht angreifbar. Nach Ablauf dieses Zeitraums müsste auch nicht auf die Bösgläubigkeit der Markenanmeldung

465 *Fuchs-Wissemann* in: Ekey/Klippel/Bender, MarkenR, § 3, Rn. 1; *Helm*, GRUR 1996, 593, 597; *Meister*, WRP 1995, 1005, 1008.

466 *Schosser*, Benutzungswillen, 113.

467 Zum WZG bereits *Fezer*, Benutzungszwang, 156.

468 *Fezer*, MarkenR, § 3, Rn. 77; *Ströbele* in: Ströbele/Hacker, MarkenG, § 8, Rn. 854; *Bous* in: Ekey/Klippel/Bender, MarkenR, § 50, Rn. 20; *Brötje*, Bösgläubige Markenanmeldung, 92ff.; *Wiedmann*, Rechtsmissbrauch, 186.

zurückgegriffen werden, sondern es könnte nach beiden Auffassungen die Nichtbenutzung gemäß §§ 25, 26 MarkenG geltend gemacht werden.

Schließlich ist daran zu denken, dass der Gesetzgeber § 1 WZG, die Rechtsgrundlage für das Erfordernis des Benutzungswillens unter der Geltung des WZG, nicht ohne Bedacht ersatzlos gestrichen hat. Vielmehr sah er die Einführung von § 50 Abs. 1 Nr. 4 MarkenG als notwendiges Korrektiv an.[469] Er handelte hierbei nicht versehentlich, ohne über die Konsequenzen der Streichung nachzudenken, denn sonst hätte er diesen Fehler spätestens mit der Einführung des § 8 Abs. 2 Nr. 10 MarkenG korrigiert. Eine solche Korrektur erfolgte aber nicht, vielmehr wurde in § 8 Abs. 2 Nr. 10 ein weiteres Korrektiv zum Fehlen des Benutzungswillens als Eintragungsvoraussetzung gesehen. Ersichtlich spekulative Markenanmeldungen sollten nun auch unter § 8 Abs. 2 Nr. 10 MarkenG berücksichtigt werden können.[470] Daraus wird klar, dass selbst der Gesetzgeber die Benutzungsabsicht nicht mehr als allgemeine Schutzvoraussetzung für die Erlangung des Markenschutzes sieht.

Im Ergebnis ist daher der Auffassung zu folgen, nach der die Benutzungsabsicht des Markenanmelders keine Schutzvoraussetzung ist. Die Benutzungsabsicht muss sich daher lediglich innerhalb der fünfjährigen Benutzungsschonfrist manifestieren. Die darüber hinausgehende Auffassung, wonach die Benutzungsabsicht bereits bei Anmeldung und Eintragung der Marke vorliegen müsse, ist abzulehnen.

b. Fehlende Benutzungsabsicht als Kriterium der Bösgläubigkeit

In neueren Entscheidungen tendiert die Rechtsprechung dazu, die vom BGH im Rahmen der „Classe E“-Entscheidung vorgenommene Einordnung der Benutzungsabsicht als Merkmal der Markenfähigkeit nicht mehr aufrecht zu erhalten.[471] Zwar nimmt der BGH nicht eindeutig Abstand von seiner früheren Auffassung, dennoch sieht er das Fehlen der Benutzungsabsicht nur noch als eines der Indizien unter § 8 Abs. 2 Nr. 10 MarkenG. Zunächst hielt das BPatG die Einordnung der Benutzungsabsicht – die es ansonsten nicht in Frage stellte – als Voraussetzung der Markenfähigkeit für fragwürdig.[472] Das BPatG stützte

469 Begr. zum Entwurf des MarkenG, BT-DrucksS. 12/6581, 95.

470 Begr. zum Entwurf des Geschmacksmusterreformgesetzes, BT-DrucksS. 15/1075, 67.

471 BGH, GRUR 2009, 780 – *Ivadal*; BPatG, GRUR 2007, 324 – *kinder (schwarz-rot)*; nicht ganz schlüssig, wo das Kriterium der fehlenden Benutzungsabsicht zu prüfen ist BPatG, Beschluss vom 15.12.2010, Az.: 29 W (pat) 551/10 – *arztrente*.

472 BPatG, GRUR 2007, 324 – *kinder (schwarz-rot)*.

seine Kritik auf den abschließenden Charakter der MarkenRL und das Fehlen eines Hinweises auf die Benutzungsabsicht in Art. 2 MarkenRL, der die Voraussetzungen der Markenfähigkeit regelt. Daher sei es sinnvoll, so das BPatG, die fehlende Benutzungsabsicht unter § 8 Abs. 2 Nr. 10 MarkenG zu fassen.[473] Wenig später war auch der BGH erneut mit einer spekulativen Markenanmeldung befasst und deutete an, die mangelnde Benutzungsabsicht ebenfalls unter § 8 Abs. 2 Nr. 10 MarkenG einzuordnen.[474] In der „Ivadal"-Entscheidung sah der BGH die generelle Benutzungsabsicht als widerlegt an und kam zu dem Schluss, die Markenanmeldung sei bösgläubig im Sinne des § 8 Abs. 2 Nr. 10 MarkenG erfolgt. Eine Auseinandersetzung mit seiner bis dahin vertretenen Auffassung, die Benutzungsabsicht sei ein allgemeines Kriterium der Markenfähigkeit, unterblieb jedoch. In der Literatur wurde diese Entwicklung überwiegend begrüßt.[475]

Der Einordnung der Benutzungsabsicht in § 8 Abs. 2 Nr. 10 MarkenG, mit den nachstehend behandelten Folgen im Falle des Fehlens der Benutzungsabsicht, ist zuzustimmen. Hierfür spricht, dass § 8 Abs. 2 Nr. 10 MarkenG unter anderem auch der Umsetzung des bis dahin in der Rechtsprechung entwickelten Verbots der rechtsmissbräuchlichen Markenanmeldung bzw. rechtsmissbräuchlichen Ausübung von Markenrechten dient.[476] Der Aspekt des Verbots des Rechtsmissbrauchs ist als übergeordneter Gedanke bei jeder Rechtsbegründung bzw. Rechtsausübung zu berücksichtigen.[477] Aus einer rechtsmissbräuchlichen Markenanmeldung heraus kann der Inhaber nicht gegen Andere vorgehen. Im Gegenteil, nach der Normierung des Rechtsmissbrauchsverbots im Tatbestand der bösgläubigen Markenanmeldung kann daraus sogar gegen diese Marken vorgegangen werden. Dementsprechend kann die Marke sich zwar in der Benutzungsschonfrist befinden, es gibt aber keinen Grund, die Marke nicht unter Verweis auf dieses rechtsmissbräuchliche Verhalten gemäß § 50 Abs. 1 i.V.m. § 8 Abs. 2 Nr. 10 MarkenG zu löschen.

473 *Ticic*, Bösgläubige Markenanmeldung, 44, sieht darin bereits eine Abkehr des BPatG von der Rechtsprechung des BGH, eher zurückhaltend hingegen *Schosser*, Benutzungswillen, 100.

474 BGH, GRUR 2009, 780 – *Ivadal*.

475 *Hacker*, MarkenR, § 9, En. 160; *Ingerl/Rohnke*, MarkenG, § 3, Rn. 14; *Ströbele* in: Ströbele/Hacker, MarkenG, § 8, Rn. 851.

476 Begr. zum Entwurf des MarkenG, BT-DruckS. 12/6581, 95.

477 Hierzu u.a. *Grüneberg* in: Palandt, BGB, § 242, Rn. 1.

3. Berücksichtigung weiterer Umstände

Häufig wird allerdings die Einschränkung vorgenommen, dass das bloße Fehlen der Benutzungsabsicht nicht zur Bösgläubigkeit der Marke führe. Hierfür seien weitere zusätzliche Umstände erforderlich, die die Markenanmeldung bei einem Fehlen der Benutzungsabsicht als bösgläubig erscheinen lassen.[478] Dies ist nach der hier vertretenen Auffassung zutreffend. In der Tat müssen weitere „äußere" Umstände hinzukommen, über die sich die Bösgläubigkeit manifestiert. Denkbar wären hierfür etwa (a.) das Vorgehen aus der Marke, wie etwa die Geltendmachung von Unterlassungs- oder Schadensersatzansprüchen, (b.) das Nichtvorhandensein eines Gewerbebetriebs, (c.) die erkennbare Behinderungsabsicht und (d.) eine rechtsmissbräuchliche Verwendungsabsicht.

a. Geltendmachung von Unterlassungs- oder Geldansprüchen

In seiner „Classe E"-Entscheidung stellte der BGH neben dem Benutzungswillen auf die Eintragung der Marke zur Geltendmachung von Unterlassungs- oder Geldansprüchen ab.[479] Der Gesetzgeber nahm darauf bei der Begründung des Geschmacksmusterreformgesetzes Bezug und stellt darauf ab, dass die Anmeldung nach § 8 Abs. 2 Nr. 10 MarkenG zurückzuweisen sei, wenn der Anmelder mit dem Ziel vorgehe, Unterlassungs- oder Geldansprüche gegen einen Anderen durchsetzen zu können.[480] Dieses objektiv nachprüfbare Kriterium hat auf den ersten Blick den Vorteil, dass es im Rahmen des Löschungsverfahrens nach § 50 Abs. 1 i.V.m. § 8 Abs. 2 Nr. 10 MarkenG leicht überprüfbar sein dürfte.

Allerdings hat es Schwächen bei der Nachweisbarkeit im Rahmen des Eintragungsverfahrens, denn vor der Markeneintragung wird der Inhaber der Spekulationsmarke kaum aus dieser vorgehen. Ferner kann die vom BGH im Rahmen seiner „Classe E"-Entscheidung vorgenommene Beschränkung auf die Geltendmachung von Unterlassungs- oder Geldansprüchen nicht verallgemeinert werden.[481] In dieser Entscheidung stellte der BGH vorrangig auf den Benutzungswillen als allgemeine Voraussetzung der Markenfähigkeit ab. Daher ist die Annahme naheliegend, dass die Bezugnahme durch den Gesetzgeber im Rahmen

---

478 *Bous* in: Ekey/Klippel/Bender, MarkenG, § 50, Rn. 23; *Hacker*, MarkenR, § 9, Rn. 160; *Ingerl/Rohnke*, MarkenG, § 8, Rn. 303; *Ohly* in: Piper/Ohly/Sosnitza, UWG, § 4, Rn. 10.81; *Ströbele* in: Ströbele/Hacker, MarkenG, § 8, Rn. 855; *Steinberg/Jaeckel*, MarkenR 2008, 296, 307.

479 BGH, GRUR 2001, 242, 244 – *Classe E.*

480 Begr. zum Entwurf des Geschmacksmusterreformgesetzes, BT-DruckS 15/1075, 67.

481 BGH, GRUR 2001, 242, 244 – *Classe E.*

der Begründung des Geschmacksmusterreformgesetzes nur als Klarstellung dahingehend zu verstehen ist, dass die Geltendmachung von Unterlassungs- oder Geldansprüchen unter § 8 Abs. 2 Nr. 10 MarkenG zu berücksichtigen ist.[482] Im Übrigen wollte der Gesetzgeber bei der Einführung des Begriffs der Bösgläubigkeit in § 50 Abs. 1 Nr. 4 MarkenG a.F. ausdrücklich alle rechtsmissbräuchlichen Markenanmeldungen bekämpfen.[483] Unter § 8 Abs. 2 Nr. 10 MarkenG, welcher den Begriff der Bösgläubigkeit enthält, sollten daher auch Fälle des verbotenen Markenrechtserwerbs gefasst werden.[484] Deswegen stünde die Beschränkung der zusätzlich zu berücksichtigenden Umstände auf die Geltendmachung von Unterlassungs- oder Geldansprüchen im Widerspruch zu der gesetzgeberischen Intention. Das zusätzliche Kriterium der Geltendmachung von Unterlassungs- oder Geldansprüchen ist daher nicht allein geeignet, bösgläubige Markenanmeldungen von redlichen Markenanmeldungen zu unterscheiden, zumal sich ein bösgläubiges Verhalten nicht zwangsläufig in der Geltendmachung solcher Ansprüche zeigen muss.

b. Anknüpfung an kaufmännische Betätigung

Daneben wird die Auffassung vertreten, § 7 MarkenG sei dahingehend zu beschränken, dass die Markeneintragung an das Vorhandensein eines Gewerbebetriebs bzw. einer kaufmännischen Betätigung gebunden ist. Diese Auffassung, welche die Eintragung weiterhin vom Vorhandensein irgendeines Gewerbebetriebs abhängig machen möchte, stützt sich darauf, dass Markeninhaber ohnehin nur derjenige sein könne, der sich gewerblich betätige.[485] § 7 MarkenG, der die Inhaberschaft von Marken regelt, müsse restriktiv ausgelegt werden, denn diese Vorschrift diene dem Zweck, die Marke nicht vollständig von ihrem unter der Geltung des WZG erforderlichen kaufmännischen Bezug zu lösen. Der Wegfall der Akzessorietät zwischen Marke und Geschäftsbetrieb im Zuge der Einführung des Markengesetzes habe lediglich zur Folge, dass der vorhandene

---

482 So auch *Schosser*, Benutzungswillen, 154, wonach die ausdrückliche Bezugnahme auf die „Classe E“-Entscheidung durch den Gesetzgeber diesen Schluss nahe lege.

483 Begr. zum Entwurf des MarkenG, BT-DruckS. 12/6581, 95.

484 *Bous* in: Ekey/Klippel/Bender, MarkenG, § 50, Rn. 8; *Ingerl/Rohnke*, MarkenG, § 8, Rn. 302; *v. Linstow*, MarkenR 1999, 81, 83.

485 *Meister*, Marke und Recht, 41; *Meister*, WRP 1995, 1005, 1007.

Geschäftsbetrieb die Marke nicht decken müsse. Es sei aber abzulehnen, dass die Marke ohne jeden Bezug zur kaufmännischen Sphäre angemeldet werde und der Markeninhaber keinen Gewerbebezug habe.[486]

Gegen diese Auffassung ist vorzubringen, dass sich im Markengesetz kein Anhaltspunkt für die Beibehaltung der Verbindung der Marke mit einem Geschäftsbetrieb findet. Der Wortlaut des § 7 MarkenG lässt keinen Spielraum für Einschränkungen im Sinne der Bindung der Marke an einen kaufmännischen Betrieb. Der Gesetzgeber hat dort keine Einschränkung des Kreises möglicher Markenrechtsinhaber vorgesehen. Gemäß § 7 Nr. 1–3 MarkenG können natürliche Personen, juristische Personen und rechtsfähige Personengesellschaften Inhaber von Marken sein. An das Bestehen eines Geschäftsbetriebs oder einer gewerblichen Betätigung des Markenanmelders ist die Eintragung nicht geknüpft.[487] Auch bei der Begründung des Markengesetzes ging der Gesetzgeber von der Abschaffung der Akzessorietät zwischen Marke und Geschäftsbetrieb aus. Er stellt unmissverständlich klar, dass das Vorhandensein eines Gewerbebetriebes für den Markenerwerb nicht mehr erforderlich ist.[488] Vielmehr wurde die Einführung des § 50 Abs. 1 Nr. 4 MarkenG a.F., der die Löschung bösgläubiger Markenanmeldungen regelte, als geeignetes Korrektiv für den Wegfall der Akzessorietät gesehen.[489] Da sich auch in anderen Vorschriften keine Anhaltspunkte für die Beibehaltung der Akzessorietät, etwa über eine restriktive Auslegung des § 7 MarkenG, ergeben, ist diese Auffassung abzulehnen.

c. *Anmeldung einer Vielzahl von Marken*

Des Weiteren stellte der BGH im Rahmen seiner „Classe E"-Entscheidung auf die Anzahl der Markenanmeldungen ab.[490] Ohne nähere Begründung zieht der BGH im Rahmen seiner Prüfung dieses Kriterium heran. Nach Auffassung des BGH ist die Anmeldung einer Vielzahl von Marken jedenfalls ein Indiz für eine Spekulationsabsicht.

Dieses Kriterium verfügt jedoch nur über geringe Aussagekraft, da ihm an sich – unabhängig von den übrigen Kriterien – nichts Missbräuchliches zu entnehmen ist. Das MarkenG enthält keine Begrenzung der Anzahl der durch einen Markenanmelder angemeldeten Marken. Dementsprechend haftet einer

486 *Meister*, Marke und Recht, 40ff.
487 So bereits *Helm*, GRUR 1996, 593, 596.
488 Begr. zum Entwurf des MarkenG, BT-DruckS. 12/6581, 56.
489 Begr. zum Entwurf des MarkenG, BT-DruckS. 12/6581, 95.
490 BGH, GRUR 2001, 242, 244 – *Classe E.*

Markenanmeldung grundsätzlich nichts Negatives an, wenn der Anmelder bereits Inhaber einer Vielzahl von Voreintragungen sein sollte. Ein Indiz für eine bösgläubige Anmeldung könnte lediglich darin gesehen werden, dass Markenanmeldungen durch Privatpersonen für eine Vielzahl von Waren- oder Dienstleistungsklassen in solchen Wirtschaftsbereichen vorgenommen werden, in denen üblicherweise nur Unternehmen auftreten und am Markt bleiben können.[491] Dennoch muss insbesondere auch bei Markenanmeldungen durch Privatpersonen, mit denen eine Vielzahl an Waren und Dienstleistungsklassen in Anspruch genommen werden, die allgemeine fünfjährige Benutzungsschonfrist eingeräumt werden. Sollte die Marke nicht für alle angemeldeten Waren- und Dienstleistungsklassen genutzt werden, steht nach dem Ablauf der fünfjährigen Benutzungsschonfrist das Löschungsverfahren wegen Verfalls (§ 49 Abs. 1 MarkenG) zur Verfügung. Die bloße Anmeldung einer Vielzahl von Marken, auch für solche mit sehr umfangreichen Waren- und Dienstleistungsverzeichnis, ist demnach nicht ausreichend, um die Bösgläubigkeit zu begründen.[492]

d. Behinderungsabsicht

Häufig wird die Behinderungsabsicht als zusätzliches Kriterium zur Bestimmung von Spekulationsmarkenanmeldungen genannt.[493] Die Behinderungsabsicht ist kein rein markenrechtliches Kriterium, sondern entspringt dem Wettbewerbsrecht. So handelt etwa gemäß § 4 Nr. 10 UWG derjenige unlauter, der Mitbewerber gezielt behindert. Fraglich ist aber, ob die Heranziehung der Behinderungsabsicht und des damit verbundenen starken wettbewerbsrechtlichen Bezugs mit der Fallgruppe der Spekulationsmarke kompatibel ist. Im Gegensatz zu der – noch darzustellenden – Sperrmarke kommt es bei der Spekulationsmarke schließlich nicht auf eine Störung bzw. die Behinderung eines Anderen an. Ziel der Spekulationsmarke ist vielmehr die Ausnutzung der Drucksituation,

491 So auch *Ticic*, Bösgläubige Markenanmeldung, 39.

492 So das BPatG, welches sich mit der Anmeldung einer Marke für eine Vielzahl von Waren und Dienstleistungen auseinanderzusetzen hatte. Es kam zu dem Ergebnis, dass sich allein aus der Beanspruchung einer Vielzahl von einzelnen Waren und Dienstleistungen oder von ganzen Klassen durch die Anmeldung der Oberbegriffe der jeweiligen Klassen ein bösgläubiges Verhalten nicht ableiten lasse, BPatG, GRUR 2012, 840, 841 – *Soulhelp*.

493 *Bous* in: Ekey/Klippel/Bender, MarkenG, § 50, Rn. 21; *Ingerl/Rohnke*, MarkenG, § 8, Rn. 303; *Ströbele* in: Ströbele/Hacker, MarkenG, § 8, Rn. 859.

die dadurch entsteht, dass ein Anderer die Marke wegen des markenrechtlichen Prioritätsprinzips nicht mehr anmelden kann und somit zum Erwerb oder zur Lizenzierung der Marke gezwungen wird.[494]

Gegen die Berücksichtigung der Behinderungsabsicht für die Fallgruppe der Spekulationsmarke wird vorgebracht, dass es im Wesen einer jeden Marke liege, im Wettbewerb zum Nachteil des Konkurrenten eingesetzt zu werden.[495] In der Anmeldung der Marke zu Spekulationszwecken liegt zudem noch keine Behinderung im Sinne des Wettbewerbsrechts, sondern vielmehr die missbräuchliche Ausnutzung des markenrechtlichen Prioritätsprinzips. Mit der Ausrichtung auf die Behinderungsabsicht würde eine größere Annäherung der Spekulationsmarke an die Sperrmarke erreicht, was dem Charakter der Fallgruppe der Spekulationsmarke nicht entsprechen würde.[496] Spekulationsmarke und Sperrmarke würden sich lediglich dadurch unterscheiden, dass die Sperrmarke bereits im Inland oder im Ausland durch einen Anderen genutzt wurde, während mit der Spekulationsmarke die noch bevorstehende Nutzung durch einen möglicherweise unbekannten Dritten behindert werden soll.

Für die Berücksichtigung der Behinderungsabsicht im Rahmen des § 8 Abs. 2 Nr. 10 MarkenG spricht aber, dass auch die Spekulationsmarke einen Bezug zum Wettbewerbsrecht hat.[497] § 8 Abs. 2 Nr. 10 MarkenG enthält eine Normierung der Rechtsprechung zur sittenwidrigen bzw. rechtsmissbräuchlichen Markenanmeldung, welche zuvor auf außermarkenrechtlichen Vorschriften – wie z.B. § 242 BGB und § 1 UWG a.F. – gestützt wurde. Des Weiteren ist die problematische Abgrenzung der Fallgruppen der bösgläubigen Markenanmeldungen untereinander kein gutes Argument für den Verzicht auf jegliche wettbewerbsrechtlich geprägten Kriterien bei der Beurteilung von Spekulationsmarken. Für die Heranziehung der wettbewerbsrechtlich geprägten Behinderungsabsicht spricht, dass die Anmeldung der Marke zum Zwecke des Verkaufs oder der Lizenzierung die Marke nicht mehr als Mittel des lauteren Wettbewerbskampfs erscheinen lässt, sondern nur noch auf die Ausnutzung einer bloßen Formalstellung abzielt.[498] Die Anmeldung und das Vorgehen aus einer Marke zur Erreichung eines solchen verwerflichen Zwecks sind stets unlauter.[499] Es spielt daher keine

494 *Ströbele* in: Ströbele/Hacker, MarkenG, § 8, Rn. 864.
495 *Füllkrug*, WRP 2006, 664, 667.
496 Vgl. *Schosser*, Benutzungswillen, 123.
497 Vgl. *Ingerl/Rohnke*, MarkenG, § 50, Rn. 14.
498 *Ticic*, Bösgläubige Markenanmeldung, 48.
499 So bereits BGH, GRUR 1984, 210, 211 – *AROSTAR*; BGH, GRUR 1980, 110, 111 – *Torch*, *Ticic*, Bösgläubige Markenanmeldung, 47.

Rolle, ob das Kriterium der Behinderungsabsicht wettbewerbsrechtlich geprägt ist, da die Anmeldung mit Behinderungsabsicht, egal in welcher Fallgruppe, immer unlauter ist. Daher könnte argumentiert werden, im „Classe E"-Fall habe sich eine Behinderung daraus ergeben, dass der Markenanmelder die von ihm angemeldete Marke in Bereitschaft hielt, um das betroffene Automobilunternehmen zum Kauf der Marke oder zur Zahlung überhöhter Lizenzforderungen zu zwingen.[500] Er verhielt sich gerade nicht wie ein redlicher Markendesigner, der eine Marke entwickelt und anschließend dem interessierten Unternehmen zur Lizenzierung anbietet. Vielmehr trat er erst dann an das Unternehmen heran, als dieses die Bezeichnung „E-Klasse" bereits gewählt und in der Öffentlichkeit präsentiert hatte.[501] Dabei ging der Beklagte unter unzweideutigem Hinweis auf sein Markenrecht vor. Er brachte die Klägerin in eine Drucksituation, die er zur Erzielung einer überhöhten Lizenzgebühr ausnutzen wollte. Dieses Abstellen auf die formale Rechtsposition stellt einen zweckwidrigen Einsatz der Marke zu Spekulationszwecken dar.

Dennoch kann die Auffassung, die sich für die Heranziehung des zusätzlichen Kriteriums der Behinderungsabsicht ausspricht, nicht überzeugen. Es kann nämlich nicht abgestritten werden, dass die Heranziehung dieses Kriteriums nicht den Kern der Spekulationsmarkenanmeldung trifft. Die Fokussierung auf die Behinderungsabsicht berücksichtigt nicht, dass die Behinderung des Anderen bei der Spekulationsmarkenanmeldung nicht das Hauptziel ist. Hauptziel ist es, den Anderen zum Abschluss einer Lizenz oder zum Kauf der Marke zu bewegen. Daher mag die Behinderung zwar ein gewünschter Nebeneffekt sein, dem Markeninhaber geht es aber entscheidend um die Verwirklichung seiner monetären Interessen. Dies zeigt sich daran, dass die Fallgruppe der Spekulationsmarke gerade nicht an die wettbewerbsrechtliche Rechtsprechung zu § 1 UWG a.F. anknüpft. Es handelt sich vielmehr um eine Weiterentwicklung der unter der Geltung des WZG bekannten Fallgruppen der Defensivzeichen bzw. der Vorratsmarken. Bei diesen wurde nicht auf die Behinderung der anderen Marktteilnehmer abgestellt, sondern auf die Anmeldung ohne Benutzungsabsicht. Gleiches gilt im Ergebnis auch für Spekulationsmarken. Aus diesem Grund geht die Heranziehung der Behinderungsabsicht als weiteres Kriterium zu weit.

500 Die geltend gemachte Lizenzgebühr stand nach Auffassung des OLG Frankfurt a.M. (GRUR 1998, 704, 706 – *Classe E*) in keinem Verhältnis zu der Besonderheit der Markenschöpfung.

501 BGH, GRUR 2001, 242, 244 – *Classe E;* OLG Frankfurt a.M., GRUR 1998, 704, 706 – *Classe E.*

e. *Rechtsmissbräuchliche Verwendungsabsicht*

Wesentlich besser ist das Kriterium der rechtsmissbräuchlichen Verwendungsabsicht geeignet, als zusätzliches Kriterium herangezogen zu werden. Dieses Kriterium nannte der BGH in seiner „Ivadal"-Entscheidung zum ersten Mal.[502] Dort stellte der BGH darauf ab, ob der Markenanmelder in rechtsmissbräuchlicher Weise versuchen werde, Andere zum Erwerb der Markenrechte zu veranlassen.[503] Näher konkretisiert er dieses zusätzliche Kriterium aber nicht. Eine gelungene Definition bietet aber etwa *Schosser*, die an die Markenfunktionen anknüpft.[504] Danach sind die Untersagungstatbestände des § 14 Abs. 2 Nr. 1–3 MarkenG davon abhängig, ob die Marke in ihren Funktionen – wie etwa der Herkunftsfunktion[505] oder neuerdings ebenso wichtig die Qualitäts-, Werbe- und Kommunikationsfunktion[506] – angegriffen wird.[507] Nach Auffassung *Schossers* muss geprüft werden, ob der Markenanmelder das Ausschließlichkeitsrecht erwirbt, um es später bei Bedarf zum Schutz der Marke *ge*brauchen zu können oder ob das Ausschließlichkeitsrecht erworben wird, um es später zweckentfremdet einzusetzen, es also zu *miss*brauchen.[508] Eine missbräuchliche Verwendungsabsicht liege daher vor, wenn die Marke nur erworben werde, um die hierdurch für einen Anderen geschaffene Zwangslage auszunutzen. Die Marke diene in diesem Fall nur der Durchsetzung nicht berechtigter Ansprüche und soll den Betroffenen zum Erwerb der Marke oder einer Lizenz zwingen.[509]

Dem ist zuzustimmen. Für dieses Kriterium spricht, dass lediglich solche Marken als Spekulationsmarken angesehen werden, die nicht den Markenfunktionen entsprechen, d.h. die sich außerhalb des Schutzbereichs des Markenrechts

---

502 BGH, GRUR 2009, 780 [Rn. 22] – *Ivadal*.

503 BGH, GRUR 2009, 780 [Rn. 20, 22] – *Ivadal*.

504 *Schosser*, Benutzungswillen, 154.

505 Hierzu EuGH, GRUR 2010, 1008 [Rn. 38] – *Lego*; EuGH, GRUR 2009, 593 [Rn. 22] – *Copad/Dior*; EuGH, GRUR 2005, 1042 [Rn. 23] – *THOMSON LIFE*; EuGH, GRUR 2003, 604 [Rn. 62] – *Libertel*; EuGH, GRUR 2003, 55 [Rn. 48] – *Arsenal Football Club*; EuGH, GRUR 2001, 1148 [Rn. 22] – *Bravo*; BGH, GRUR 2005, 1047, 1049 – *Otto*; *Hacker* in: Ströbele/Hacker, MarkenG, Einl., Rn. 35.

506 So z.B. EuGH, GRUR 2010, 445 [Rn. 77] – *Google und Google France*; EuGH, GRUR 2009, 756 [Rn. 58] – *L'Oréal/Bellure*; *Hacker* in: Ströbele/Hacker, MarkenG, Einl., Rn. 36.

507 EuGH, GRUR 2010, 445 [Rn. 75] – *Google und Google France*; EuGH, GRUR 2009, 756 [Rn. 58] – *L'Oréal/Bellure;* Hildebrandt, MarkenR, § 10, Rn. 13.

508 *Schosser*, Benutzungswillen, 155, unter Verweis auf die Rechtsprechung des BPatG.

509 *Schosser*, Benutzungswillen, 156.

bewegen. Wenn eine Marke etwa nicht als Herkunftshinweis dienen soll, dann ist dies ein gewichtiges Indiz für die Bösgläubigkeit der Anmeldung. Im Gegensatz zum Kriterium der Behinderungsabsicht wird mit dem Kriterium der missbräuchlichen Verwendungsabsicht nicht vorrangig auf die Behinderung Anderer abgestellt, sondern auf die nicht den Markenfunktionen entsprechende Verwendung. Dies wird der Spekulationsmarkenanmeldung gerecht, da hier die Behinderung ohnehin nicht im Mittelpunkt des Interesses des Anmelders steht. Vielmehr wird der Markeninhaber Anderen die Benutzung seiner Marke, etwa gegen die Zahlung überhöhter Lizenzgebühren, ermöglichen. Sein Ziel ist es nicht, den Anderen vom Markt zu drängen oder dessen Marktzutritt zu erschweren, sondern dessen Interesse an der Marke monetär zu nutzen. Eine solche Anmeldung in spekulativer Absicht ist jedoch nicht von der Absicht der rechtmäßigen Verwendung, sondern von der Absicht des Missbrauchs der formalen Rechtstellung geprägt. Für die Berücksichtigung des Kriteriums der rechtsmissbräuchlichen Verwendungsabsicht spricht außerdem, dass auf diesem Wege alle Anmeldungen, unabhängig ob von Privatperson oder von Unternehmer, egal ob mit oder ohne dazugehörigen Gewerbebetrieb beurteilt werden können. Die teilweise vertretene Auffassung, die bösgläubige Absicht des Markenanmelders könne daran abgelesen werden, dass dieser keinen entsprechenden Gewerbebetrieb unterhält,[510] ist – wie bereits ausgeführt – nach der Einführung des Markengesetzes überholt. Die weiteren Kriterien, wie etwa die Geltendmachung von Unterlassungs- oder Geldansprüchen oder die Anmeldung einer Vielzahl von Marken[511], greifen entweder nicht weit genug oder sind zur Bestimmung der bösgläubigen Markenanmeldung nicht geeignet, da Ihnen nichts Verwerfliches innewohnt. Die zuletzt genannten, nicht an eine Absicht geknüpften Bedingungen können allenfalls als Indizien für die rechtsmissbräuchliche Verwendungsabsicht herangezogen werden.

4. Zwischenergebnis

Spekulationsmarken werden als bösgläubige Markenanmeldungen gemäß § 8 Abs. 2 Nr. 10 MarkenG angesehen. Die wesentlichen Kriterien für die Annahme einer Spekulationsmarke sind nach der Rechtsprechung des BGH die Anmeldung einer Marke für eine Vielzahl von Waren und Dienstleistungen, die Geltendmachung von Unterlassungs- und Geldansprüchen sowie die mangelnde Benutzungsabsicht für eigene Waren und Dienstleistungen. Das wichtigste Kriterium

---

510 *Meister*, Marke und Recht, 41; *Meister*, WRP 1995, 1005, 1007.

511 BGH, GRUR 2001, 242, 244 – *Classe E.*

ist dabei die Benutzungsabsicht. Der vom BGH im Rahmen seiner „Classe E"-Entscheidung vertretenen Auffassung, wonach die Benutzungsabsicht als Voraussetzung für die Markenfähigkeit gesehen werden müsse, kann nicht gefolgt werden. Vielmehr ist die Benutzungsabsicht im Rahmen der bösgläubigen Markenanmeldung gemäß § 8 Abs. 2 Nr. 10 MarkenG zu berücksichtigen. Ein dahingehendes Verständnis deutete auch der BGH in neueren Entscheidungen an.[512]

Die fehlende Benutzungsabsicht allein rechtfertigt aber keine Löschung oder Zurückweisung der Markenanmeldung. Andernfalls bestünde ein Widerspruch zu den Vorschriften des Benutzungszwangs, die dem Markenanmelder auch ohne konkrete Benutzungsabsicht bei der Markenanmeldung einen Zeitraum von fünf Jahren zur Entwicklung eines geeigneten Konzepts für die Benutzung geben. Es sind daher weitere Umstände erforderlich, die die Spekulationsabsicht des Markenanmelders verdeutlichen. Allein durch objektive Kriterien, wie etwa durch das Abstellen auf die Geltendmachung von Unterlassungs- oder Geldansprüchen, das Anknüpfen an eine kaufmännische Betätigung oder das Anmelden einer Vielzahl von Marken, lässt sich nach der hier vertretenen Auffassung die Bösgläubigkeit des Markenanmelders nicht bestimmen. Ebensowenig kann auf die Behinderungsabsicht abgestellt werden, weil bei Spekulationsmarken zwar eine Behinderungswirkung ausgenutzt wird, dies aber nicht das Hauptmotiv ist. Eine Behinderung mag zwar vom Anmelder der Spekulationsmarke als angenehmer Nebeneffekt empfunden werden, da hiermit der Druck auf den Betroffenen steigt. Hauptziel des Anmelders der Spekulationsmarke ist aber stets die Erlangung einer Geldzahlung für den Verkauf oder die Lizenzierung der Marke. Daher taugt das Merkmal der Behinderungsabsicht für die Beurteilung von Spekulationsmarken nicht. Besser geeignet ist nach der hier vertretenen Auffassung das Kriterium der rechtsmissbräuchlichen Verwendungsabsicht. Dieses Kriterium hat den Vorteil, dass es eine Vielzahl von Fallkonstellationen erfassen kann und somit etwa über die Anknüpfung an die Anzahl der Markenanmeldungen hinausgeht. Zudem trifft das Kriterium der rechtsmissbräuchlichen Verwendungsabsicht die Fallkonstellation der Spekulationsmarkenanmeldung im Kern. Es geht um eine – auf den ersten Blick völlig normale – Markenanmeldung, die aber dann zur Erzielung von Gewinn gegen Andere eingesetzt werden soll. Sofern neben der fehlenden Benutzungsabsicht die rechtsmissbräuchliche Verwendungsabsicht erkennbar ist, kann die Marke noch innerhalb der fünfjährigen Benutzungsschonfrist gelöscht werden.

512 BGH, GRUR 2009, 780 – *Ivadal.*

Als Konsequenz daraus lässt sich für die unter Geltung des WZG herausgebildeten Fallgruppen der Vorrats- und Defensivzeichen[513] Folgendes feststellen: Vorratsmarken, z.B. von Werbeagenturen oder Markendesignern, wird man weiterhin als zulässig ansehen können. Die Anmelder verfügen in der Regel über einen generellen Benutzungswillen.[514] Eine rechtsmissbräuchliche Verwendungsabsicht ist im (gewöhnlichen) Anbieten der Marke zum Verkauf nicht zu erkennen. Das Fehlen eines konkreten Verwendungskonzepts macht die Anmeldung noch nicht bösgläubig.[515] Nur wenn eine Erpressung oder gar eine Nötigung des Betroffenen durch den Markeninhaber hinzutreten, wird man die rechtsmissbräuchliche Verwendungsabsicht des Markeninhabers bejahen können. In diesem Fall kann die Bösgläubigkeit des Markenanmelders etwa im Rahmen eines Löschungsantrags gegen die Marke geltend gemacht werden. Die Einordnung von Defensivmarken ist hingegen weiterhin schwierig. Ein genereller Benutzungswillen wird zwar grundsätzlich auch für Defensivmarken vermutet.[516] Allerdings sprechen gute Gründe dafür, die rechtsmissbräuchliche Verwendungsabsicht bei Defensivmarken immer zu bejahen. Denn durch eine möglichst breite Absicherung der Hauptmarke sollen Mitbewerber zur Lizenzierung oder zum Markenerwerb gezwungen werden. Dies lässt sich gut am Beispiel der FIFA-Marken verdeutlichen. Die FIFA[517] meldete zur Fußball-Weltmeisterschaft 2006 eine Vielzahl von Marken mit umfangreichen Warenverzeichnissen an, um hiermit einen möglichst umfassenden Schutz zu erlangen (z.B. „FUSSBALL WM DEUTSCHLAND", „WM 2006", „WM Deutschland 2006" und „WM"). Aus diesem weitreichenden Markenportfolio ging die FIFA gegen jeden Mitbewerber vor, der seine Produkte mit diesen Marken bezeichnete. Nach der hier vertretenen Auffassung spricht einiges dafür, diese Marken als Defensivzeichen anzusehen. Ein konkretes Verwendungskonzept bestand für diese Marken nicht und sollte auch zu nicht entwickelt werden. Ihr alleiniger Zweck ist die Verbreiterung des Schutzes der FIFA-Hauptmarke „Fußball Weltmeisterschaft 2006", um die Verwendung von Marken, die an diese Hauptmarke angelehnt sind möglichst effektiv zu unterbinden. Daher besteht eine rechtsmissbräuchliche Verwendungsabsicht für diese Marken. Deren Anmeldung ist nach der hier

---

513 Vgl. Kapitel 2, Ziff. I. und II., für Vorratsmarken wurde ein Schutzbedürfnis angenommen, für Defensivmarken war dies umstritten.

514 So auch *Bous* in: Ekey/Klippel/Bender, MarkenR, § 50, Rn. 22.

515 OLG Dresden, NJW 2001, 615, 618 – *Johann Sebastian Bach.*

516 *Lerach*, GRUR 2009, 107, 109.

517 Die FIFA (Fédération Internationale de Football Association) ist der Weltfußballverband.

vertretenen Auffassung als bösgläubig einzustufen. Demzufolge wäre sogar eine Löschung innerhalb der Benutzungsschonfrist möglich.

II. Sperrmarken

Den sog. „Sperrmarken"[518] kommt in der Praxis nach wie vor die größte Bedeutung zu. Als Sperrmarken werden Marken bezeichnet, mit denen der Anmelder beabsichtigt, einen Anderen vom gemeinsam genutzten Markt zu verdrängen bzw. dessen geplanten Marktzutritt zu verhindern.[519] Die vor der Einführung des Begriffs der Bösgläubigkeit gebildeten lauterkeitsrechtlichen Fallgruppen werden zur Beurteilung von Sperrmarken weiterhin herangezogen.[520] Es handelt sich dabei um die Fallgruppen der Störung eines fremden Besitzstandes sowie der Anmeldung einer Marke als Mittel des Wettbewerbskampfes. Die Bezeichnung „Sperrmarke" ist im Grunde genommen als Zusammenfassung solcher Markenanmeldungen zu verstehen, bei denen die Behinderung eines Anderen im Vordergrund steht. Diese Einordnung ist sinnvoll und wird vorliegend beibehalten. Daher sind unter dem Oberbegriff der „Sperrmarke" zunächst die objektiven Voraussetzungen der Markenanmeldung zur Störung eines fremden Besitzstandes (1.) und der Anmeldung der Marke als Mittel des Wettbewerbskampfes (2.) zu untersuchen. Anschließend sind die Anforderungen an den subjektiven Tatbestand sowie mögliche Gründe, die eine auf den ersten Blick bösgläubige Markenanmeldung rechtfertigen können (3.), zu behandeln.

1. Störung eines fremden Besitzstandes

Die Fallgruppe der Störung eines fremden Besitzstandes erfasst solche Marken, für die ein Anderer bereits einen schutzwürdigen Besitzstand erlangt hat. Die Störung kann etwa darin liegen, dass der Anmelder einer Marke den Inhaber

---

518 Früher auch unter den Begriffen „Offensivzeichen" (maßgeblich geprägt durch *Heydt*, GRUR 1976, 501) bzw. „Hinterhaltszeichen" (geprägt von *Baumbach/Hefermehl*, WZG, § 1, Rn. 51) bekannt. Im Rahmen dieser Arbeit wird die Bezeichnung „Sperrmarken" verwendet.

519 Vgl. BGH, GRUR 2008, 621, 623 – *AKADEMIKS;* BGH, GRUR 2008, 160, 161 – *CORDARONE*; BGH, GRUR 2005, 414, 417 – *Russisches Schaumgebäck*; BGH, GRUR 2004, 510, 511 – *S 100*; BGH, GRUR 2000, 1032, 1034 – *EQUI 2000*; BGH, GRUR 1998, 1034 – *Makalu*; *Ströbele* in: Ströbele/Hacker, MarkenG, § 8, Rn. 838; *Bous* in: Ekey/Klippel/Bender, MarkenR, § 50, Rn. 13ff.; *Fezer*; MarkenR, § 8, Rn. 669; *Helm*, GRUR 1996, 593, 597ff; *Ingerl/Rohnke*, MarkenG, § 50, Rn. 14.

520 Begr. zum Entwurf des MarkenG, BT-DruckS. 12/6581, 95.

eines ausländischen Zeichens dazu zwingen will, einen Lizenzvertrag abzuschließen, die inländische Marke abzukaufen oder einen Exklusivliefervertrag zu vereinbaren. Einer solchen Anmeldung liegen bösgläubige Motive zugrunde, da die Marke nicht als Herkunftszeichen verwendet werden soll, sondern allein zur Störung des Konkurrenten, der das Zeichen bereits erfolgreich nutzt. Die Fallgruppe der Störung eines fremden Besitzstandes unterscheidet sich dadurch von der Spekulationsmarke, dass die Marke hier nicht zu Spekulationszwecken angemeldet wird. Da für die angemeldete Marke bereits ein Besitzstand bestehen muss, ist der Anmeldung nichts Spekulatives zu entnehmen. Vielmehr ist die bösgläubige Absicht in der Störung des erworbenen Besitzstandes des Mitbewerbers zu erkennen.

Der Begriff der Störung eines schutzwürdigen Besitzstandes einer Marke erfasst jeden ungerechtfertigten Eingriff in die Rechtsposition des Vorbenutzers.[521] Ein ungerechtfertigter Eingriff liegt dann vor, wenn die angemeldete Marke mit dem vorbenutzten Zeichen identisch oder verwechselbar ähnlich ist und für identische oder ähnliche Waren oder Dienstleistungen geschützt werden soll.[522] Dabei sind schutzunfähige Markenbestandteile unerheblich, weil diese bei der Prüfung der rechtlich relevanten Verwechslungsgefahr außer Acht bleiben.[523] An das Vorliegen eines geschützten Besitzstandes werden hohe Anforderungen gestellt. Der Besitzstand ergibt sich aus der andauernden Benutzung der Marke und stellt demgemäß deren wirtschaftliche Basis dar. Die Werthaftigkeit des Besitzstandes folgt daraus, dass sich die jeweils angesprochenen Verkehrskreise bereits eine feste und dauerhafte Vorstellung über das Zeichen gebildet haben.[524] Ein geschützter Besitzstand liegt dann vor, wenn das

---

521 BGH, GRUR 2009, 780 [Rn. 18] – *Ivadal*; BGH, GRUR 2004, 510ff. – *S 100*; BPatG, GRUR 2010, 435, 436 – *Käse in Blütenform III*; BPatG, GRUR 2006, 1032,1033 – *E2;* BPatG, GRUR 2001, 744ff. – *S 100*; *Ingerl/Rohnke*, MarkenG, § 8, Rn. 298; *Lange*, MarkenR, § 3, Rn. 1138; *Ströbele* in: Ströbele/Hacker, MarkenG, § 8, Rn. 885.

522 BGH, GRUR 2009, 992 [Rn. 16] – *Schuhverzierung*; BGH, GRUR 2008, 621 [Rn. 21] – *AKADEMIKS*; BGH, GRUR 2008, 160 [Rn. 18] – *Cordarone*; BGH, GRUR 2005, 414, 417 – *Russisches Schaumgebäck*; BGH, GRUR 2004, 790, 793 – *Gegenabmahnung*; BGH, GRUR 2000, 1032, 1034 – *Equi 2000*; BPatG, GRUR 2011, 68, 75 – *Goldhase in neutraler Aufmachung*; BPatG, GRUR 2010, 435, 436 – *Käse in Blütenform III*; BPatG, ZUM-RD 2010, 652, 655 – *Krystallpalast*; BPatG, GRUR-RR 2008, 389, 390 – *Salvatore Ricci/Nina Ricci*; BPatG, GRUR 2006, 1032,1033 – *E2*; *Lange*, MarkenR, § 3, Rn. 1138.

523 BPatG, GRUR 2010, 435, 436 – *Käse in Blütenform III*; *Ströbele* in: Ströbele/Hacker, MarkenG, § 8, Rn. 874.

524 *Bous* in: Ekey/Klippel/Bender, MarkenR, § 50, Rn. 14; *Ticic*, Bösgläubige Markenanmeldung, 21.

betroffene Zeichen im Inland hinreichend bekannt ist.[525] Dabei sind allgemeine Kriterien wie z.B. Umfang und Dauer der Verwendung sowie die Marktposition der von dem Zeichen geschützten Waren und Dienstleistungen maßgeblich.[526] Zu berücksichtigen ist aber auch, welche konkrete Bedeutung das Zeichen für den inländischen Vorbenutzer hatte.[527] Die bloße Registrierung einer Internet-Domain reicht jedenfalls noch nicht, um einen Besitzstand zu begründen.[528] Erst wenn die Internet-Domain nachweisbar auch als Unternehmenskennzeichen gesehen wird, kann ein Besitzstand angenommen werden.[529]

Nachfolgend soll untersucht werden, (a.) ob ein geschützter Besitzstand auch bei der Vorbenutzung im Ausland entstehen kann, (b.) inwiefern finanzielle Aufwendungen vor der Einführung der Marke auf dem Markt bereits zum Entstehen eines geschützten Besitzstandes führen und (c.) ob nur rechtlich schutzwürdige Zeichen einen Besitzstand darstellen.

a. Bekanntheit des Zeichens im Ausland

Zunächst soll behandelt werden, ob auch die Benutzung eines Zeichens im Ausland zur Begründung eines geschützten Besitzstandes im Inland führen kann. Dies wird unter Verweis auf den markenrechtlichen Territorialitätsgrundsatz regelmäßig abgelehnt.[530] Aufgrund des Territorialitätsgrundsatzes, wonach die Wirkungen der Marke auf deren Schutzterritorium begrenzt sind, stehen dem Inhaber einer außerhalb Deutschlands bekannten Marke keine Ansprüche gegen die Verwendung eines gleichen oder verwechslungsfähigen Zeichens im Inland zu.[531] Bei der Markeneintragung wird lediglich auf das Prioritätsprinzip abgestellt

---

525 *Ingerl/Rohnke*, MarkenG, § 8, Rn. 308; *Ströbele* in: Ströbele/Hacker, MarkenG, § 8, Rn. 877.

526 So etwa EuGH, GRUR 2009, 763 [Rn. 46] – *Lindt & Sprüngli/Franz Hauswirth.*

527 BGH, GRUR 2004, 510, 511 – *S 100*, wonach es dem BGH aber nicht auf eine feste Größenordnung bei Verkaufszahlen oder Umsatz ankommt; BGH, GRUR 1998, 1034, 1036 – *Makalu*; BPatG, Beschluss vom 26.9.2011, 29 W (pat) 169/10 – *Entertainer.de*; BPatG, GRUR 2010, 431, 434 – *Flasche mit Grashalm.*

528 BPatG, Beschluss vom 26.9.2011, 29 W (pat) 169/10 – *Entertainer.de.*

529 *Müller/Laudonio*, GRUR Int. 2012, 417, 420.

530 BGH, GRUR 2008, 621 [Rn. 22] – *AKADEMIKS*; BGH, GRUR 1987, 292, 294 – *KLINT*; BGH, GRUR 1969, 607, 609 – *Recrin.*

531 Ausnahmen von diesem Grundsatz bilden die Notorietätsmarken nach § 4 Nr. 3 MarkenG, Art. 6bis PVÜ, wonach ein Markenschutz im Inland auch ohne Eintragung möglich ist. Erforderlich ist lediglich die notorische Bekanntheit der Marke, die eine deutlich gesteigerte Verkehrsgeltung beinhaltet, so auch BGH, GRUR 1998, 412, 414 – *Analgin*; *Helm*, GRUR 1996, 593, 597.

(§ 6 Abs. 2 MarkenG). Eine Vorbenutzung der Marke im Ausland verschafft dem Anderen keine Prioritätsvorteile. Unter Berücksichtigung des markenrechtlichen Territorialitätsgrundsatzes führt daher die Bekanntheit im Ausland regelmäßig nicht zur Begründung eines geschützten Besitzstandes im Inland.

Eine Ausnahme hiervon wird von Rechtsprechung und Literatur dann gemacht, wenn infolge der durch Benutzung im Ausland erlangten überragenden (Welt)Bekanntheit des Zeichens auch eine gewisse Bekanntheit im Inland besteht.[532] In diesem Fall begründe bereits die Benutzung im Ausland eine ausreichende Werthaftigkeit der Marke, da die relevanten Verkehrskreise sich eine feste und dauerhafte Vorstellung über das Zeichen bilden könnten. Diese Einschränkung verdient Zustimmung. Das markenrechtliche Territorialitätsprinzip verbietet grundsätzlich die Heranziehung der Benutzung einer Marke im Ausland für inländische Sachverhalte. Auch im Widerspruchs- oder Löschungsverfahren können ältere ausländische Rechte nicht berücksichtigt werden. Es wäre daher widersprüchlich, wenn bei der Frage des Besitzstandes eine Heranziehung der Benutzung des Zeichens im Ausland relevant sein sollte. Nur bei einer durch Benutzung erlangten überragenden (Welt)Bekanntheit des Zeichens ist eine Geltendmachung der Vorbenutzung des Zeichens im Ausland denkbar, da in diesem Fall von einer über die Ländergrenzen hinweg bestehenden Werthaftigkeit des Zeichens auszugehen ist. Der ausländische Vorbenutzer verfügt demnach trotz des Territorialitätsprinzips über einen geschützten Besitzstand im Inland. Aufgrund der hohen Anforderungen und der schwierigen Nachweisbarkeit der überragenden Bekanntheit im Ausland spielt diese für die Begründung von geschützten Besitzständen aber regelmäßig keine große praktische Rolle.

b. Berücksichtigung finanzieller Aufwendungen

Fraglich ist des Weiteren, ob auch bereits finanzielle Aufwendungen vor der Benutzung der Marke im Inland (z.B. in Form des Erwerbs einer Lizenz) zur Begründung eines geschützten Besitzstandes führen. Das Bundespatentgericht vertrat im „E 2"-Beschluss die Auffassung, dass finanzielle Aufwendungen allein noch keine schützenswerte Position darstellen.[533] Dem Beschluss des Bundespatentgerichts lag ein Sachverhalt zugrunde, bei dem der Antragsteller zum Zeitpunkt der Anmeldung durch den Antragsgegner die Benutzung des Zeichens „E 2" noch

---

532 BGH, GRUR 2008, 621 [Rn. 22] – *AKADEMIKS*; BGH, GRUR 2008, 16 [Rn. 19] – *CORDARONE*; LG Hamburg, GRUR-RR 2010, 96, 97 – *hobbyfly; Ströbele* in: Ströbele/Hacker, MarkenG, § 8, Rn. 884.

533 BPatG, GRUR 2006, 1032, 1033 – *E 2*.

nicht aufgenommen hatte. Dennoch hatte er für den Erhalt der Lizenz bereits finanzielle Aufwendungen getätigt. Darin sah das Bundespatentgericht noch nicht die Begründung eines geschützten Besitzstandes. Die finanziellen Aufwendungen seien lediglich erst auf den Erwerb eines solchen Besitzstandes gerichtet.[534]

Diese Auffassung stieß aber auf erhebliche Bedenken, da sie mit dem Investitionsschutzgedanken der Untergruppe der Störung des schutzwürdigen Besitzstandes nicht vereinbar sei.[535] Zwar liege in diesem Fall noch keine tatsächliche Benutzung der Marke vor, es sei aber zu berücksichtigen, dass der Investor bereits erhebliche finanzielle Aufwendungen getätigt habe. Dies müsse unter Umständen sogar höher als eine Vorbenutzung gewertet werden. Hierfür spreche auch der Rechtsgedanke des Vorbenutzungsrechts im Patentrecht (§ 12 PatG), welcher sich auf die Störung des schutzwürdigen Besitzstandes übertragen lasse.[536] Danach müsse die unbillige Zerstörung von Werten, welche in rechtlich unbedenklicher Weise geschaffen wurden, verhindert werden.[537] Deshalb seien Aufwendungen, die auf den baldigen Erwerb eines Besitzstandes abzielen, einem schutzwürdigen Besitzstand gleichzustellen. Ganz ähnlich, so *Müller*, habe sich der BGH bereits in der „Siroset"-Entscheidung aus dem Jahr 1966 geäußert.[538] Der „Siroset"-Entscheidung lag ein Sachverhalt zu Grunde, bei dem ein Unternehmen mit Sitz in Australien ein patentrechtlich geschütztes Verfahren unter der Bezeichnung „Siroset" einführen wollte, das in der Fachwelt bekannt war und für die es in Australien markenrechtlichen Schutz genoss. Das australische Unternehmen hatte einen hohen wirtschaftlichen Aufwand in die Entwicklung der Technologie investiert. Einen eigenen Geschäftsbetrieb zur Produktion der Waren und Dienstleistungen hatte das australische Unternehmen nicht. Die weltweite Vermarktung der Erfindung sollte über Lizenzierung erfolgen. Ein inländisches Unternehmen meldete jedoch zuvor das Zeichen „Siroset" in Deutschland an, worauf es zum Rechtsstreit kam. Der BGH entschied, dass das australische Unternehmen einen Löschungsanspruch aufgrund der in Kenntnis dieses Sachverhaltes im Inland vorgenommenen Warenzeichenanmeldung habe, da diese Anmeldung sittenwidrig gemäß § 1 UWG a.F. gewesen sei. In seiner „Siroset"-Entscheidung sprach der BGH

534 BPatG, GRUR 2006, 1032, 1033 – *E 2*.
535 *Müller*, Anm. zu BPatG, Beschl. vom 15.02.2006 – 29 W (pat) 341/00, GRUR 2006, 1034.
536 *Müller*, Anm. zu BPatG, Beschl. vom 15.02.2006 – 29 W (pat) 341/00, GRUR 2006, 1034; Ebenso *Ticic*, Bösgläubige Markenanmeldung, 21.
537 BGH, GRUR 1993, 460, 463 – *Wandabstreifer*; BGH, GRUR 2003, 231, 233 – *Biegevorrichtung*.
538 *Müller*, Anm. zu BPatG, Beschl. vom 15.02.2006 – 29 W (pat) 341/00, GRUR 2006, 1034, mit Bezug auf BGH, GRUR 1967, 304ff. – *Siroset*.

die Problematik des geschützten Besitzstandes zwar nicht ausdrücklich an. Aus dieser Entscheidung kann aber geschlussfolgert werden, dass er einen geschützten Besitzstand bereits dann anerkennt, wenn die Einräumung von markenrechtlichen Nutzungsrechten geplant ist. Die für den baldigen Erwerb der Rechtsposition getätigten Investitionen seien unter Heranziehung des Rechtsgedanken des patentrechtlichen Vorbenutzungsrechts gemäß § 12 PatG schützenswert.[539]

Allerdings überzeugt die Argumentation *Müllers*, unter Verweis auf den BGH, nicht. Die bereits im Vorbereitungsstadium getätigten finanziellen Aufwendungen sind nicht allein geeignet, einen geschützten Besitzstand zu begründen. Wie eingangs dargestellt, setzt ein geschützter Besitzstand eine Werthaftigkeit des Zeichens voraus. Diese Werthaftigkeit (oder mit andern Worten: Bekanntheit) kann das Zeichen aber nur durch Benutzung im relevanten Markt erlangen. Die Argumentation *Müllers,* wonach bereits der Erwerb einer Lizenz, von dem der Marktzutritt überhaupt abhängt, für die Begründung eines geschützten Besitzstandes zu berücksichtigen sei, widerspricht den Grundsätzen des Bekanntheitsschutzes im deutschen Markenrecht. Die auf Bekanntheit zurückzuführende Werthaftigkeit einer Marke kann sich nur aus der Benutzung im relevanten Markt ergeben.[540] Allein hierdurch wird beim angesprochenen Verkehr eine bestimmte Vorstellung über der Marke hervorgerufen. Im Übrigen können patentrechtliche Vorschriften, die wie § 12 PatG keine Entsprechung im MarkenG finden, nicht ohne Weiteres auf das Markenrecht übertragen werden. Für die Übertragung im Wege der Analogie fehlt es an einer Planwidrigkeit der Regelungslücke, denn der Gesetzgeber hätte bei Inkrafttreten des MarkenG im Jahr 1995 eine vergleichbare Vorschrift aufnehmen können, tat dies aber nicht.

c. Rechtliche Schutzwürdigkeit des Besitzstandes

Zu untersuchen ist weiterhin, ob ein schützenswerter Besitzstand vorliegen kann, wenn das benutzte Zeichen überhaupt nicht eintragungsfähig ist. Über diese Frage hatte das BPatG bereits im Jahre 1999 zu entscheiden.[541] Der Benutzer des Zeichens „TubeExpert" scheiterte mit seinem Eintragungsantrag, da das DPMA der Ansicht war, es handele sich hierbei lediglich um eine freihaltebedürftige beschreibende Angabe. Später wurde die Bezeichnung „tubeXpert" vom DPMA

539 Ebenda.

540 Ausnahme: überragende (Welt)Bekanntheit, so dargestellt in Kap. 7, Ziff. II.1.a.

541 BPatG, GRUR 2000, 812ff. – *tubeXpert;* Hierzu auch *Lange*, § 3, Rn. 744; *Bous* in: Ekey/Klippel/Bender, MarkenR, § 50, Rn. 10 *Ströbele* in: Ströbele/Hacker, MarkenG, § 8, Rn. 882.

für einen Anderen eingetragen. Gegen diese Eintragung stellte der Vorbenutzer des Zeichens „TubeExpert“ einen Löschungsantrag, da das Zeichen „tubeXpert“ in Behinderungsabsicht angemeldet worden sei. Das BPatG erachtete dabei den erworbenen Besitzstand des ursprünglichen Anmelders trotz nicht vorliegender Eintragungsfähigkeit als schützenswert. Es begründete seine Entscheidung damit, dass sich eine solche Einschränkung weder aus dem Wortlaut des § 50 Abs. 1 Nr. 4 MarkenG a.F., noch aus der MarkenRL selbst ergebe. Schließlich könnten auch schutzunfähige Zeichen im Laufe der Zeit Verkehrsgeltung im Sinne des § 4 Nr. 2 MarkenG bzw. Verkehrsdurchsetzung gemäß § 8 Abs. 3 MarkenG erlangen.[542] Außerdem könnte die Markenstelle beim DPMA die Eintragungsfähigkeit von zwei ähnlichen Marken durchaus unterschiedlich beurteilen. Es sei nicht ausgeschlossen, dass der eine Antrag zurückgewiesen werde, während der andere Antrag Erfolg habe. Ein weiteres Argument für die rechtliche Schutzwürdigkeit des Besitzstandes einer nicht eintragungsfähigen Kennzeichnung ergänzt *Ströbele*.[543] Seiner Ansicht nach ist es ohne weiteres denkbar, dass jemand mit der Anmeldung einer bestimmten Marke einen anderen gerade an der Verwendung einer schutzunfähigen Bezeichnung behindern will. Denn trotz der Vorschrift des § 23 Nr. 2 MarkenG, die eine durch Monopolrechte nicht gehinderte Verwendung beschreibender Angaben im Rahmen der „guten Sitten“ ermögliche, könne es wegen der oft schwierigen Abgrenzung zwischen noch zulässiger und schon unlauterer Benutzung durchaus zur Behinderung auch einer rechtmäßigen Verwendung schutzunfähiger Angaben kommen. Daher sei die rechtliche Schutzwürdigkeit – auch im Hinblick auf die Möglichkeit einer nachträglichen Verkehrsdurchsetzung – selbst dann zu bejahen, wenn das vorbenutzte Zeichen eigentlich überhaupt nicht eintragungsfähig war oder ist.[544]

Der Argumentation *Ströbeles* und des BPatG ist nur teilweise zuzustimmen. Die Nichteintragungsfähigkeit eines Zeichens verhindert nur dann das Entstehen eines geschützten Besitzstandes, wenn das Eintragungshindernis nicht durch Benutzung überwunden werden könnte. Ein etwa mangels Unterscheidungskraft oder aufgrund eines Freihaltebedürfnisses im Sinnes des § 8 Abs. 2 Nr. 1 und 2 MarkenG nicht eintragungsfähiges Zeichen kann sich bei entsprechender Bekanntheit gemäß § 8 Abs. 3 MarkenG im Verkehr durchgesetzt haben. Die somit infolge von Benutzung erlangte Bekanntheit überwindet diese Eintragungshindernisse. Gleiches gilt im Übrigen für die durch Verkehrsgeltung

542 BPatG, GRUR 2000, 812, 814 – *tubeXpert*.

543 *Ströbele*, GRUR 2001, 658, 660.

544 Ströbele folgend: *Fezer*, MarkenR, § 23, Rn. 29 ff.; *Ingerl/Rohnke*, MarkenG, § 23 Rn. 33f.

entstandene Benutzungsmarke gemäß § 4 Nr. 2 MarkenG. Obwohl das Gesetz für Benutzungsmarken keinen abschließenden Katalog an absoluten Schutzhindernissen enthält, werden die absoluten Schutzhindernisse des § 8 Abs. 2 Nr. 4–10 MarkenG nach einhelliger Ansicht entsprechend auf Benutzungsmarken angewendet[545] und die absoluten Schutzhindernisse des § 8 Abs. 2 Nr. 1–3 MarkenG zumindest hinsichtlich ihrer Interessenlage berücksichtigt.[546] Dementsprechend können die Überlegungen zur Eintragung durch Verkehrsdurchsetzung auf die Benutzungsmarke gemäß § 4 Nr. 2 MarkenG übertragen werden. Auch hier ist jedenfalls eine Benutzung erforderlich, um Verkehrsgeltung zu erlangen und die zu berücksichtigenden absoluten Schutzhindernisse des § 8 Abs. 2 Nr. 1–3 MarkenG zu überwinden. Das Gesetz gewährt bei fehlender Unterscheidungskraft oder beim Bestehen eines Freihaltebedürfnisses also die Möglichkeit des markenrechtlichen Schutzes infolge der durch Benutzung erlangten Bekanntheit. Daher kann insoweit auch das Entstehen eines schützenswerten Besitzstandes nicht an die Eintragungsfähigkeit des Zeichens gekoppelt sein. Für die übrigen Eintragungshindernisse des § 8 Abs. 2 Nr. 4–10 MarkenG kann die fehlende Eintragungsfähigkeit des Zeichens nicht durch Benutzung überwunden werden. Hier kann bei der Benutzungsmarke des § 4 Nr. 2 MarkenG sogar eine überragende Bekanntheit im Sinne einer Monopolstellung vorliegen. Trotzdem genießt diese z.B. keinen markenrechtlichen Schutz beim Verstoß gegen die guten Sitten gemäß § 8 Abs. 2 Nr. 5 MarkenG. Daraus wird klar, dass das Gesetz strikt zwischen solchen Schutzhindernissen trennt, die durch Bekanntheit des eigentlich schutzunfähigen Zeichens überwunden werden können, und solchen, bei denen dies nicht möglich ist. Bei letzteren ist das Entstehen eines geschützten Besitzstandes ausgeschlossen, bei ersteren nicht.

Fraglich ist des Weiteren, ob ein geschützter Besitzstand vorliegen kann, wenn die Eintragung des Zeichens erst aufgrund einer Gesetzesänderung, wie etwa der Abschaffung eines nicht durch Bekanntheit überwindbaren Eintragungshindernisses, möglich wird. Nach der vom BGH in der „S100"-Entscheidung vertretenen Auffassung kann der schutzwürdige Besitzstand auch schon zu einer Zeit entstanden sein, zu der einer Eintragung noch solche nicht überwindbaren Eintragungshindernisse entgegenstanden.[547] Im konkreten Fall ging es um die Löschung des Zeichens „S 100", das von der Antragstellerin bereits seit mehreren

---

545 OLG Köln, GRUR-RR 2010, 433, 435 – *Oerlikon*; *Fezer*, MarkenR, § 4, Rn. 100ff; *Hacker* in: Ströbele/Hacker, MarkenG, § 4, Rn. 18; *Ingerl/Rohnke*, MarkenG, § 4, Rn. 9; *Schalk* in: Büscher/Dittmer/Schiwy, Gewerblicher Rechtsschutz, § 4 MarkenG, Rn. 6.

546 *Hacker* in: Ströbele/Hacker, MarkenG, § 4, Rn. 18; *Ingerl/Rohnke*, MarkenG, § 4, Rn. 9.

547 BGH, GRUR 2004, 510ff. – *S 100*; BPatG, GRUR 2001, 744ff. – *S 100*.

Jahren verwendet wurde. Die Antragsgegnerin trug vor, die Bezeichnung „S 100“ sei zum Zeitpunkt ihrer Markenanmeldung gemäß § 4 Abs. 2 Nr. 1 WZG nicht schutzwürdig gewesen, da diese ausschließlich aus Zahlen und Buchstaben bestand. Das BPatG vertrat die Auffassung, dass sich ein schützenswerter Besitzstand stets auf ein Zeichen beziehen müsse, welches zum Zeitpunkt der Benutzung hätte eingetragen werden können.[548] Damit tritt das Gericht aber in Widerspruch zu seiner eigenen Entscheidung im Fall „tubeXpert“, wonach auch für nicht eintragungsfähige Zeichen ein geschützter Besitzstand bestehen könne. Dem folgend, dürfte kein schutzwürdiger Besitzstand für das Zeichen „S 100“ bestehen, da dieses unter Geltung des WZG nicht eintragungsfähig war und das Eintragungshindernis nicht durch Benutzung überwunden werden konnte. Im Ergebnis bejaht das Bundespatentgericht die hypothetische Eintragungsfähigkeit des Zeichens aber dennoch. Zu diesem Ergebnis kam es allerdings nur deshalb, weil der Vorschrift des § 4 Abs. 2 Nr. 1 WZG bereits vor der Anmeldung des gegenständlichen Zeichens „S100“ die MarkenRL entgegenstand, welche die Eintragungshindernisses abschließend regelt und ein solches absolutes Schutzhindernis, nämlich den Ausschluss von Zeichen, die nur aus Buchstaben und Zahlen bestehen, nicht kannte. Nur auf diesem Wege konnte das Gericht zur Annahme eines schutzwürdigen Besitzstandes gelangen.

Der BGH widersprach der Ansicht des BPatG im Zuge des anschließenden Rechtsbeschwerdeverfahrens. Seiner Ansicht nach besteht ein Bedürfnis für den Schutz vor bösgläubigen Markenanmeldungen auch in den Fällen, bei denen das Eintragungshindernis erst durch eine nachträgliche Gesetzesänderung weggefallen ist.[549] Dafür spreche, dass der Benutzer des bislang eintragungsunfähigen Zeichens andernfalls den Anmeldungen Anderer, die sich das Zeichen nach der Gesetzesänderung mit demselben Zeitrang eintragen lassen könnten, wehrlos ausgesetzt wäre. Die Ansicht des BGH verdient Zustimmung, denn im Fall der Gesetzesänderung kann dem Vorbenutzer eines Zeichens nur das Versäumnis einer rechtzeitigen Anmeldung vorgeworfen werden. Die Vorbenutzung eines schutzunfähigen Zeichens kann zwar nicht berücksichtigt werden, dennoch ist mit dem Wegfallen des Eintragungshindernisses die volle Schutzfähigkeit des Zeichens gegeben. Ein durch Vorbenutzung während des Bestehens des Eintragungshindernisses entstandener Besitzstand entfaltet nach dem Wegfall des Eintragungshindernisses weiterhin Wirkung. Sollte also derzeit ein Zeichen

548 BPatG, GRUR 2001, 744 – *S 100*.

549 BGH, GRUR 2004, 510, 511 – *S 100*, der Auffassung des BGH folgend: *Berlit*, Anm. zu BGH, Beschl. vom 30.10.2003 – I ZR 9/01 – (BPatG), LMK 2004, 134, 135.

genutzt werden, das gemäß § 8 Abs. 2 Nr. 6 MarkenG schutzunfähig ist, da es das Hoheitszeichen eines fremden Staates enthält, könnte daran zwar ein Besitzstand erworben werden, dieser wäre aber nach der hier vertretenen Auffassung nicht geschützt, weil er nicht durch Bekanntheit gemäß § 8 Abs. 3 MarkenG überwunden werden kann. Falls der Gesetzgeber sich zukünftig entscheiden sollte, die Eintragung von Hoheitszeichen zuzulassen und das Schutzhindernis des § 8 Abs. 2 Nr. 5 MarkenG zu löschen, wäre der bereits bestehende Besitzstand des entsprechenden Zeichens geschützt. Ihm stünden dann keine Schutzhindernisse mehr entgegen. Der Zeitpunkt des Entstehens des Besitzstandes ist nicht maßgeblich, da sich die Wirkungen des entstandenen Besitzstandes auf den Zeitraum nach der Abschaffung des Schutzhindernisses entfalten. Damit unterscheidet sich die Rechtslage nach Abschaffung des Schutzhindernisses nicht vom Fall der Vorbenutzung eines von Anfang an eintragungsfähigen Zeichens. Folglich ist mit der hier vertretenen Auffassung das Vorliegen eines schutzwürdigen Besitzstandes auch dann möglich, wenn die Eintragung des Zeichens erst aufgrund einer Gesetzesänderung, wie der Abschaffung eines nicht durch Bekanntheit überwindbaren Eintragungshindernisses, möglich wird.

d. Zwischenergebnis

Wie einleitend aufgezeigt wurde, handelt es sich bei der Störung eines fremden Besitzstandes um eine Untergruppe der als bösgläubig einzuordnenden Sperrmarkenanmeldung. Hierfür ist auf der Stufe des objektiven Tatbestandes die Störung eines geschützten Besitzstandes, den der Vorbenutzer an dem Zeichen erlangt hat, erforderlich. Unstreitig kann eine Vorbenutzung eines Zeichens im Inland zur Begründung eines geschützten Besitzstandes führen, wenn die Benutzung des Zeichens zur Bildung einer festen und dauerhaften Vorstellung des relevanten Verkehrs von dem Zeichen führt. Bei der Vorbenutzung des Zeichens im Ausland entsteht in der Regel kein geschützter Besitzstand hierfür im Inland. Ausnahmsweise kann dennoch ein geschützter Besitzstand entstehen, wenn das Zeichen infolge der Benutzung im Ausland bereits überragend bekannt ist. Finanzielle Aufwendungen (z.B. in den Erwerb einer Lizenz) können nach der überzeugenderen Auffassung allein keinen geschützten Besitzstand begründen, da ein geschützter Besitzstand an einem Zeichen nur durch dessen Benutzung im relevanten Markt entsteht. Die gegenteilige Argumentation widerspricht den Grundsätzen des Bekanntheitsschutzes im deutschen Markenrecht. Die auf Bekanntheit zurückzuführende Werthaftigkeit einer Marke kann sich nämlich nur aus der Benutzung im relevanten Markt ergeben. Aus der Benutzung nicht eintragungsfähiger Zeichen kann sich nach der hier vertretenen Auffassung nur dann ein geschützter Besitzstand ergeben, wenn das Eintragungshindernis durch Benutzung hätte überwunden werden können. Die Annahme eines schutzwürdigen Besitzstandes ist überzeugenderweise auch dann möglich, wenn die Eintragung des Zeichens aufgrund einer Gesetzesänderung, wie der Abschaffung eines nicht durch Bekanntheit überwindbaren Eintragungshindernisses, möglich wird. Andernfalls wäre der möglicherweise zuvor begründete Besitzstand auch in diesem Fall schutzlos.

2. Anmeldung einer Marke als Mittel des Wettbewerbskampfes

Nach der hier vertretenen Auffassung stellt die Anmeldung einer Marke als Mittel des Wettbewerbskampfes eine weitere Fallgruppe der Sperrmarkenanmeldung stellt dar. Hier wird die bösgläubige Motivation des Anmelders – ebenso wie bei der Fallgruppe der Störung eines fremden Besitzstandes – deutlich, indem die Marke nicht zur Kennzeichnung von Waren und Dienstleistungen dient, sondern nur der Behinderung eines Anderen. Bereits unter Geltung des WZG wurde es als wettbewerbswidrig angesehen, die von der Markenanmeldung ausgehende Sperrwirkung – unabhängig vom Bestehen eines geschützten Besitzstandes des Vorbenutzers des Zeichens – als Mittel des Wettbewerbskampfes einzusetzen.[550] An dieser Linie hielt der BGH fest. Er führte in seiner „Analgin"-Entscheidung aus, dass die Ausschließlichkeitsstellung des Markeninhabers gegenüber Mitbewerbern zwar gewollt sei, denn dies entspräche gerade dem Sinn und Zweck eines jeden gewerblichen Schutzrechts.[551] Verwerflich sei es aber, wenn die von der Marke ausgehende Sperrwirkung zweckentfremdet als Mittel des Wettbewerbskampfes eingesetzt werde. Es müsse daher darauf abgestellt werden, ob die Anmeldung des Zeichens das im Wettbewerb Übliche übersteige.

Grundvoraussetzung des zweckfremden Behinderungswettbewerbs ist auf der Ebene des objektiven Tatbestandes die Vorbenutzung eines ähnlichen oder identischen Zeichens durch einen Anderen.[552] Dies ist deshalb erforderlich, weil nur gegen eine solche identische oder ähnliche Marke aus der bösgläubigen Anmeldung vorgegangen werden könnte. Allerdings genügt die Anmeldung eines

---

550 BGH GRUR 2009, 780 [Rn. 20] – *Ivadal*; BGH, GRUR 2008, 917 [Rn. 20] – *EROS*; BGH, GRUR 2008, 621 [Rn. 21] – *AKADAMIKS*; BGH, GRUR 2005, 414, 417 – *Russisches Schaumgebäck*; BGH, GRUR 2000, 1032, 1034 – *EQUI 2000;* BGH, GRUR 1998, 412, 414 – *Analgin*; BGH, GRUR 1995, 117, 121 – *NEUTREX*; BGH, GRUR 1980, 110, 111 – *Torch*; *Ingerl/Rohnke*, MarkenG, § 8, Rn. 306ff; *Lange*, MarkenR, § 3, Rn. 1141ff; *Ströbele* in: Ströbele/Hacker, MarkenG, § 8, Rn. 888.

551 BGH, GRUR 1998, 412, 414 – *Analgin*.

552 Vgl. hierzu Ziff. II.1 dieses Kapitels.

identischen oder ähnlichen Zeichens allein nicht, da die Sperrwirkung der Marke in der Natur der Marke als Ausschließlichkeitsrecht liegt.[553] Vielmehr muss die Anmeldung ohne sachlichen Grund erfolgen, d.h. sie muss zweckentfremdet sein. Von einer zweckentfremdeten Markenanmeldung kann in diesem Zusammenhang gesprochen werden, wenn die Marke zu einer über das im Wettbewerb übliche Maß der Behinderung eines Vorbenutzers führt. Eine Behinderung des Vorbenutzers infolge der bloßen Wahrnehmung berechtigter Interessen, wie etwa der Geltendmachung von Ansprüchen aus der Marke, führt zwar zu einer Behinderung des Vorbenutzers, genügt aber nicht für die Annahme einer zweckentfremdeten Markenanmeldung.[554] Ein solches Vorgehen aus der Marke bewegt sich im Rahmen des im Wettbewerb Üblichen. Wie bereits angesprochen, dient die Marke gerade zur Schaffung von Ausschließlichkeitsrechten. Eine Behinderung von Wettbewerbern, die ein wirtschaftlich erfolgreiches Zeichen nicht verwenden dürfen, ist dem Markenrecht immanent. Dieser Umstand beruht auf der Hauptfunktion der Marken, nämlich der Herkunftsfunktion.[555] Daher sind darüber hinaus gehende Umstände erforderlich, aus denen sich die Bösgläubigkeit der Markenanmeldung ergibt.[556] Diese Umstände finden sich in den – nachfolgend noch darzustellenden – Motiven des Markenanmelders. Bezweckt der Anmelder mit der Markenanmeldung nämlich lediglich die Behinderung Anderer, ist dies nämlich von keiner Markenfunktion gedeckt und dient damit auch nicht der zweckgerechten Benutzung der Marke. Mit der Marke wird dann nicht mehr die Kennzeichnung und Unterscheidung von Waren und Dienstleistungen bezweckt, sondern nur noch die Beeinträchtigung der wettbewerblichen Entfaltung der Wettbewerber des Markeninhabers.

3. Subjektiver Tatbestand

Über die Erfüllung der vorstehend erörterten objektiven Umstände, d.h. der Störung eines fremden Besitzstandes bzw. des Einsatzes einer Marke im Wettbewerbskampf, hinaus bedarf es weiterer Umstände, die das Verhalten des Markenanmelders als bösgläubig erscheinen lassen. Zunächst muss der Anmelder in Kenntnis des fremden Besitzstandes bzw. der Konkurrenzsituation gehandelt haben (a). Trotz einer möglichen Kenntnis des Markenanmelders von den

---

553 *Ströbele* in: Ströbele/Hacker, MarkenG, § 8, Rn. 888

554 So auch EuG, GRUR Int. 2012, 647 [Rn. 33] – *BIGAB*.

555 *Ströbele* in: Ströbele/Hacker, MarkenG, Einl., Rn. 35.

556 BPatG, GRUR 2011, 232, 239 – Gelbe Seiten; BPatG, Beschluss vom 31.03.2011, Az.: 25 W(pat) 16/10 – *pjur*.

genannten objektiven Umständen liegt Bösgläubigkeit allerdings nur vor, wenn darüber hinaus ein weiteres subjektives Element gegeben ist. Dies ist bei der hier zu behandelnden Fallgruppe der Sperrmarke die Behinderungsabsicht (b).

a. Kenntnis der objektiven Umstände

Die Annahme einer bösgläubigen Absicht bei der Markenanmeldung zur Störung eines geschützten Besitzstandes setzt die Kenntnis dieses Besitzstandes voraus. Da die Kenntnis nur anhand objektiver Gegebenheiten nachgewiesen werden kann, werden keine hohen Anforderungen an den Nachweise gestellt.[557] Der EuGH bestätigte diese Auffassung in jüngster Vergangenheit mehrfach mit der Erweiterung, dass sogar das bloße Kennenmüssen zur Bejahung der Bösgläubigkeit des Markenanmelders ausreiche.[558] Sofern der Markenanmelder sich darauf beruft, er habe von der Vorbenutzung eines Zeichens keine Kenntnis gehabt, genügt es, wenn sich diese aufdrängen musste.[559] Dabei gilt die Maßgabe: Je länger die einen fremden Besitzstand begründende Vorbenutzung erfolgte, umso eher ist ein Kennenmüssen hiervon anzunehmen.[560] Als Indizien für ein Kennenmüssen ließ das EuG außerdem die bisherige Beteiligung am Unternehmen des Vorbenutzers oder gar die Durchführung von Rechtsstreitigkeiten sowie die räumliche Nähe des Vorbenutzers gelten.[561]

Bei der Anmeldung einer Marke zur bloßen Behinderung eines Wettbewerbers ist unabhängig von der Kenntnis über das Bestehen eines schutzwürdigen Besitzstandes zumindest die Kenntnis oder das Kennenmüssen der geplanten

557 BGH, GRUR 2008, 621, 623 – *AKADEMIKS*; BGH, GRUR 2008, 16 [Rn. 19] – *CORDARONE*; LG Hamburg, GRUR-RR 2010, 96, 97 – *hobbyfly* BPatG, GRUR 2001, 744, 748 – *S 100*; *Bous* in: Ekey/Klippel/Bender, MarkenR, § 50, Rn. 15; *Ingerl/Rohnke*, MarkenG, § 8, Rn. 297; *Ströbele* in: Ströbele/Hacker, MarkenG, § 8, Rn. 875.

558 EuGH, GRUR 2013, 919 [Rn. 36] – *Malaysia Dairy Industries Pte. Ltd/Ankenævnet for Patenter og Varemærker*; EuGH, GRUR 2009, 763 [Rn. 38] – *Lindt & Sprüngli/Franz Hauswirth*; vgl. hierzu auch Kapitel 5 Ziff. IV und V.3.

559 So bereits zuvor von BGH, GRUR 2009, 780 [Rn. 15] – *Ivadal*; BGH, GRUR 2008, 621 [Rn. 26] – *AKADEMIKS*; BGH, GRUR 2008, 160 [Rn. 19] – *CORDARONE* in anderem Zusammenhang entschieden.

560 EuGH, GRUR 2009, 763 [Rn. 38] – *Lindt & Sprüngli/Franz Hauswirth*; *Ströbele* in: Ströbele/Hacker, MarkenG, § 8, Rn. 875.

561 EuG, GRUR Int. 2014, 1720 [Rn. 30] – *GRUPPO SALINI*; EuG, GRUR Int. 2012, 453 [Rn. 61] – *Pollo Tropical CHICKEN ON THE GRILL*; vgl. hierzu auch Kapitel 5 Ziff. V.1 und 4.

Benutzung einer Marke durch einen Anderen erforderlich.[562] Soll mit der Markenanmeldung etwa der Marktzutritt eines ausländischen Konkurrenten verhindert werden, genügt es für die Annahme der Bösgläubigkeit, dass der inländische Anmelder der Marke weiß oder wissen musste, dass die Marke bereits im Ausland verwendet wird und der dortige Inhaber die Absicht hat, die Marke demnächst auch im Inland anzumelden.[563] Sofern der inländische Markenanmelder sich darauf beruft, er habe von diesen Absichten keine Kenntnis gehabt, genügt es, wenn sich diese aufdrängen mussten.[564] Hatte der inländische Markenanmelder Kenntnis oder grob fahrlässig Unkenntnis von der Benutzung des ausländischen Zeichens, stehen das Territorialitätsprinzip und das Prioritätsprinzip einer Anwendung inländischen Wettbewerbsrechts demnach nicht entgegen.

b. Behinderungsabsicht

Über die Kenntnis bzw. das Kennenmüssen objektiver Umstände hinaus ist ein weiteres subjektives Element erforderlich, dass die Anmeldung – in Abweichung von üblichen Markenanmeldungen – als bösgläubig erscheinen lässt. Wie einleitend dargestellt wurde, zeichnet sich die Fallgruppe der Sperrmarkenanmeldung und dementsprechend auch die vorstehend behandelten Untergruppen der Markenanmeldung zur Störung eines fremden Besitzstandes sowie der Markenanmeldung zur Behinderung im Wettbewerb durch die Absicht der Behinderung eines Anderen aus.[565] Diese umfasst die Absicht zur Störung oder Verhinderung der Benutzung einer Marke durch einen Konkurrenten, obwohl dem Anmelder bekannt ist, dass der Konkurrent bereits über einen geschützten Besitzstand verfügt oder die Benutzung der verwechslungsfähigen Marke im Inland beabsichtigt.[566]

---

562 BGH, GRUR 1967, 304, 306 – *Siroset*; BPatG, GRUR 2006, 1032 – *E2*; BPatG, Beschluss vom 08.12.2010, Az.: 26 W(pat) 63/07 – *Sachsendampf*.

563 BGH, GRUR 2008, 621 [Rn. 26] – *AKADEMIKS*; BGH, GRUR 2008, 160 [Rn. 19] – *CORDARONE*; BGH, GRUR 1987, 292, 294 – *KLINGT*; *Lange*, MarkenR, § 3, Rn. 1146; *Ströbele* in: Ströbele/Hacker, MarkenG, § 8, Rn. 875.

564 BGH, GRUR 2009, 780 [Rn. 15] – *Ivadal*; BGH, GRUR 2008, 621 [Rn. 26] – *AKADEMIKS*; BGH, GRUR 2008, 160 [Rn. 19] – *CORDARONE*.

565 BGH, GRUR 2001, 242, 244 – *Classe E*; BGH, GRUR, 1998, 412, 414 – *Analgin*; BGH, GRUR 1980, 110, 112 – *Torch*; *Ingerl/Rohnke*, MarkenG, vor §§ 14–19, Rn. 169; *Hefermehl/Köhler*, UWG, § 4, Rn. 10.84.

566 BPatG, GRUR 2006, 1032 – *E2*; BGH, GRUR 2001, 242, 244 – *Classe E*.

Insbesondere bei der Anmeldung dreidimensionaler Marken wird der Kern des Problems erkennbar. Hierbei macht es der bösgläubige Anmelder dem Anderen unmöglich, eine entsprechende Warenform zu benutzen.[567]

An die Behinderungsabsicht werden dabei grundsätzlich keine hohen Anforderungen gestellt.[568] Die Bestimmung erfolgt anhand objektiver Umstände, aus denen sich die bösgläubige Behinderungsabsicht nach allgemeiner Lebenserfahrung aufdrängt.[569] Als Indiz wird herangezogen, dass zwischen dem Markenanmelder und dem Vorbenutzer ein Wettbewerbsverhältnis besteht.[570] Ebenso kann das sonstige Verhalten des Markenanmelders vor und nach der Anmeldung berücksichtigt werden.[571] Sofern der Markenanmelder weitere vergleichbare Anmeldungen mit Behinderungsmöglichkeit getätigt hat, lassen sich daraus entsprechende Schlussfolgerungen ziehen. In einem solchen Fall wird ersichtlich, dass der Markenanmelder gezielt zur Behinderung der Wettbewerber tätig wird. Die Absicht zur Förderung des eigenen Wettbewerbs steht dann jedenfalls nicht mehr im Vordergrund. Denkbar sind auch Fälle, bei denen der Markenanmelder den Abschluss eines Lizenzvertrages mit dem Vorbenutzer anstrebt. Auch in dieser Konstellation ergibt sich die Behinderungsabsicht aus den Umständen nach der Markenanmeldung.

Fraglich ist aber, ob die Behinderungsabsicht das Hauptmotiv des Vorgehens des Markeninhabers sein muss und ob dementsprechend ein Eigenbenutzungswillen schadet. Der BGH ging in ständiger Rechtsprechung davon aus, dass bei einem Motivbündel die Behinderungsabsicht das wesentliche Motiv sein müsse.[572] Zuletzt formulierte der BGH im Rahmen seiner „Akademiks"-Entscheidung die Vorgaben für die Annahme der Behinderungsabsicht noch folgendermaßen:[573]

---

567 EuGH, GRUR 2009, 763 [Rn. 50] – *Lindt & Sprüngli/Franz Hauswirth.*

568 BGH, GRUR 2000, 1032, 1034 – *EQUI 2000*; dem folgend BPatG, Beschluss vom 01.02.2010, Az: 27 W (pat) 87/09 – *Kristallpalast.*

569 So bereits BGH, GRUR 1986, 74, 77 – *Shamrock.*

570 BGH, GRUR 2008, 917 [Rn. 23ff.] – *EROS*; *Ströbele* in: Ströbel/Hacker, MarkenG, § 8, Rn. 710.

571 BPatG, Beschluss vom 09.07.2007, Az.: 32 W(pat) 325/02 – *DO.*

572 BGH, GRUR 2008, 621 [Rn. 32] – *AKADEMIKS*; zuvor genauso in BGH, GRUR 2000, 1032, 1034 – *EQUI 2000*; BGH, GRUR 1998, 412, 414 – *Analgin*; BGH, GRUR 1986, 74 – *Shamrock III*; dies begrüßend auch *Gaedertz*, GRUR 1986, 78, 79.

573 BGH, GRUR 2008, 621 [Rn. 32] – *AKADEMIKS* [Hervorhebungen durch den Verfasser].

„Die Schwelle der als bloße Folge des Wettbewerbs hinzunehmenden Behinderung ist allerdings erst überschritten, wenn das betreffende Verhalten bei objektiver Würdigung der Umstände in erster Linie auf die Beeinträchtigung der wettbewerblichen Entfaltung des Mitbewerbers und nicht auf die Förderung des eigenen Wettbewerbs gerichtet ist. Soweit eine Benutzungsabsicht vorliegt, dient die Markenanmeldung grundsätzlich auch dem eigenen Produktabsatz. Die Absicht, die Marke zweckfremd als Mittel des Wettbewerbskampfes einzusetzen, braucht jedoch nicht der einzige Beweggrund zu sein; vielmehr reicht es aus, wenn diese Absicht *das wesentliche Motiv* ist. Daher ist die Annahme einer Unlauterkeit nicht allein durch den eigenen Benutzungswillen ausgeschlossen. Vielmehr erfordert die Subsumtion unter § 4 Nr. 10 UWG eine Gesamtabwägung aller Umstände des Einzelfalls."

Wenig später änderte der BGH dieses Erfordernis aber ab. Im Rahmen seiner „EROS"-Entscheidung führte er dazu Folgendes aus:[574]

„Die Schwelle der als bloße Folge des Wettbewerbs hinzunehmenden Behinderung ist allerdings erst überschritten, wenn das betreffende Verhalten bei objektiver Würdigung der Umstände auf die Beeinträchtigung der wettbewerblichen Entfaltung des Mitbewerbers und nicht in erster Linie auf die Förderung des eigenen Wettbewerbs gerichtet ist. Soweit eine Benutzungsabsicht vorliegt, dient die Markenanmeldung grundsätzlich auch dem eigenen Produktabsatz. Die Absicht, die Marke zweckfremd als Mittel des Wettbewerbskampfes einzusetzen, braucht jedoch nicht der einzige Beweggrund zu sein; vielmehr reicht es aus, wenn diese Absicht *ein wesentliches Motiv* ist. Daher ist die Annahme einer Unlauterkeit nicht allein durch den eigenen Benutzungswillen ausgeschlossen."

Zwar ändert sich der Wortlaut der Passagen nur minimal, dahinter verbirgt sich aber dennoch eine wesentliche Änderung der Anforderungen. Der BGH verlangte zunächst, dass die Behinderungsabsicht *das* wesentliche Motiv des Anmelders ist. In der späteren Entscheidung stellt er nur noch darauf ab, dass die Absicht zur Behinderung der wettbewerblichen Entfaltung des Mitbewerbers *ein* wesentliches Motiv des Markenanmelders ist. Zur Annahme einer Unlauterkeit genügt jedes Handeln des Markenanmelders, welches in irgendeiner Weise auf die Behinderung des Mitbewerbers gerichtet ist. Diese Formulierung, wonach die Behinderungsabsicht nur *ein* wesentliches Motiv, nicht aber *das* wesentliche Motiv sein muss, wurde zuletzt in weiteren Beschlüssen des BPatG übernommen.[575]

---

574 BGH, GRUR 2008, 917 [Rn. 23] – *EROS*; noch nicht in dieser Klarheit, aber ebenso in diese Richtung gehend bereits BGH, GRUR 2004, 510, 512 – *S100* [Hervorhebungen durch den Verfasser].

575 So etwa BPatG, Beschluss vom 12.11.2012, Az: 26 W (pat) 64/08 – *Hop on Hop off*.

Soweit ersichtlich, wird in der Literatur kein einheitlicher Standpunkt vertreten. Ein Teil der Literatur folgt eher der etwas strengeren älteren BGH-Rechtsprechung, wonach die Behinderungsabsicht das wesentliche Motiv sein muss.[576] Andere tendieren eher zu der neueren Rechtsprechung des BGH, wonach es nicht erforderlich ist, dass die Behinderungsabsicht die anderen Motive des Markenanmelders dominiert.[577] Danach genüge es, wenn die Behinderungsabsicht *ein* wesentliches Motiv sei. Außerdem wird die Auffassung vertreten, der BGH präzisiere die Anforderungen an die Behinderungsabsicht nur beiläufig und verbinde dementsprechend keine Konsequenzen mit dieser neuen Formulierung.[578]

Gegen die letztgenannte Auffassung, wonach die dargestellte neue Rechtsprechung des BGH nur eine Präzisierung der früheren Rechtsprechung zur Behinderungsabsicht innerhalb eines Motivbündels sei, spricht, dass die Auswirkungen der Änderung nicht zu unterschätzen sind. Gerade beim Vorliegen eines Motivbündels aus Eigeninteresse und Behinderungsinteresse wird man die Behinderungsabsicht nun leichter annehmen können, wenn sie nur noch *ein* wesentliches Motiv sein muss. Die Unlauterkeit des Verhaltens des Markenanmelders wird nicht mehr zwangsläufig durch den eigenen Benutzungswillen ausgeschlossen.[579] Das Eigeninteresse an der Markenbenutzung und die Absicht zur Behinderung der Mitbewerber stehen ohnehin in einem sehr engen Zusammenhang, denn ein Verhalten, welches den eigenen Produktabsatz steigern soll, wird regelmäßig auch eine Störung oder Behinderung der anderen Anbieter bewirken.[580] Hinzu kommt, dass der bösgläubige Markenanmelder tatsächlich eine eigene Benutzungsabsicht haben könnte, denn häufig will er die Marke – etwa nach Beendigung einer vertraglichen Zusammenarbeit – weiter benutzen. In diesem Fall müsste er nach der früheren Auffassung des BGH die eigene Benutzungsabsicht nachweisen. Die daneben eventuell bestehende Behinderungsabsicht wäre dann jedenfalls nicht mehr *das* wesentliche Motiv der Markenanmeldung. Nach der neueren BGH-Rechtsprechung würde diese Argumentation nicht zur

576 So etwa *Köhler* in: Köhler/Bornkamm, UWG, § 4, Rn. 10.84a.; *Fabry*, GRUR 2010, 566, 572; *Ströbele* in: Ströbele/Hacker, MarkenG, 8, Rn. 873; *Ullmann*, GRUR 2009, 364, 366

577 *Ingerl/Rohnke*, MarkenG, vor. §§ 14–19, Rn. 324; *Steinberg*, MarkenR 2008, 482, 484.

578 *Schosser*, Benutzungswillen, 175.

579 *Steinberg*, MarkenR 2008, 482, 484.

580 Hierzu *Steinberg*, MarkenR 2008, 482, 484.

Ablehnung der Bösgläubigkeit des Markenanmelders genügen, so dass es sich hierbei nicht nur um eine Präzisierung der früheren Rechtsprechung des BGH handelt, sondern vielmehr um eine Rechtsprechungsänderung.

Davon ausgehend, dass die neuere BGH-Rechtsprechung die ältere Auffassung des BGH nicht bloß präzisiert, ist die neuere Rechtsprechung des BGH, wonach beim Vorliegen eines Motivbündels die Behinderungsabsicht nicht das dominierende Motiv sein muss, überzeugender. Hierfür sprechen zum einen praktische Erwägungen, denn es sind nur sehr wenige Konstellationen denkbar, bei denen sich die Behinderungsabsicht als klar dominierendes Motiv herausstellt. Häufig kann sich der Anmelder hinter einem Motivbündel verstecken und die Absicht zur eigenen Nutzung der Marke vortäuschen. In der Regel werden – mangels nachweisbarem Überwiegen eines Motivs – Behinderungsabsicht und Benutzungsabsicht in diesem Motivbündel etwa gleichrangig zu beurteilen sein. Aus diesem Grund müsste die Bösgläubigkeit in den meisten Konstellationen abgelehnt werden, in denen die Behinderungsabsicht nicht dominiert. Zum anderen ist aber auch zu berücksichtigen, dass die frühere Rechtsprechung des BGH dem Willen des Gesetzgebers zuwider läuft. Der Gesetzgeber wollte gerade die unter der Geltung des WZG bereits bekannte Fallgruppe der Behinderung von Wettbewerbern der Bösgläubigkeit unterstellen.[581] Verlangt man mit der Rechtsprechung aber das Dominieren des Behinderungselements, wäre diese Fallgruppe konsequenterweise fast immer zu verneinen, wenn das Überwiegen der Behinderungsabsicht nicht nachgewiesen werden kann. Im Übrigen dürfte es der Sinn und Zweck des § 8 Abs. 2 Nr. 10 MarkenG nicht rechtfertigen, dem Markenanmelder die Möglichkeit zur Berufung auf die eigene Benutzungsabsicht zu gewähren.[582] Für den von der bösgläubigen Markenanmeldung Betroffenen dürfte es unmöglich sein, die negative Tatsache der fehlenden Benutzungsabsicht nachzuweisen, so dass die Behinderungsabsicht beim Anmelder dominiert. Folgt man der älteren Auffassung des BGH, könnte selbst eine vorrübergehende Scheinbenutzung ausreichen, um später den Vorbenutzer der Marke vollständig vom Markt zu verdrängen.[583]

Im Ergebnis ist die neue Auffassung des BGH zu begrüßen, wonach die Bösgläubigkeit nicht nur dann vorliegen kann, wenn die Behinderungsabsicht im Rahmen eines Motivbündels das dominierende Element ist, sondern auch dann

---

581 Begr. zum Entwurf des MarkenG, BT-DruckS. 12/6581, 95.

582 So auch *Steinberg*, MarkenG 2008, 482, 484.

583 Vgl. BGH, GRUR 2000, 367 – *EQUI 2000.*

wenn sie lediglich *ein* wesentliches Motiv ist. Diese Rechtsprechung stellt nicht nur eine Konkretisierung der früheren Rechtsprechung des BGH dar, sondern senkt die Anforderungen an das Vorliegen der Bösgläubigkeit.

c. Berücksichtigung eines berechtigten Eigeninteresses

Trotz der hier vertretenen Auffassung, wonach die Behinderungsabsicht nicht das dominierende Element eines Motivbündels aus Behinderungs- und Benutzungsabsicht sein muss, ist der Wille des Markenanmelders, die Marke selbst zu benutzen, aber nicht unbeachtlich. Bei der Prüfung ist – wie immer im Rahmen der Prüfung des § 8 Abs. 2 Nr. 10 MarkenG – eine Gesamtabwägung der Motive des Markenanmelders vorzunehmen.[584] Sofern der Markenanmelder sich bloß auf die Absicht der zukünftigen Benutzung beruft, genügt dies nicht zum Ausschluss der Bösgläubigkeit. Allerdings können neben der Benutzungsabsicht noch weitere Umstände vorliegen, die gegen die Bösgläubigkeit der Markenanmeldung sprechen. Diese Umstände müssen in die Gesamtabwägung einbezogen werden. Sofern die Markenanmeldung dann gerechtfertigt erscheint, kann die Bösgläubigkeit trotz des Vorliegens der Behinderungsabsicht abgelehnt werden.[585]

In seiner „The Colour of Elégance"-Entscheidung hatte der dann BGH einen Sachverhalt zu beurteilen, bei dem der Anmelder der Marke seine Markenfamilie fortschreiben wollte.[586] Die Klägerin betrieb unter der Firma „Elégance GmbH" einen Versand- und Einzelhandel sowie ein Franchise-System für Damenoberbekleidung. Zur Kennzeichnung ihres Unternehmens sowie der von ihr angebotenen Waren und Dienstleistungen benutzte die Klägerin die Bezeichnung „Elégance". Sie war ferner die Inhaberin der entsprechenden Wort-/Bildmarke. Die Beklagte kündigte im Jahr 2000 eine umfangreiche Werbekampagne an, in der sie unter anderem die Bezeichnung „The great Colours of Elégance" verwenden wollte. Die Klägerin erfuhr von diesem Vorhaben und meldete umgehend

584 So auch EuGH, GRUR 2009, 763 [Rn. 37] – *Lindt & Sprüngli/Franz Hauswirth*, wobei der EuGH nicht ausdrücklich zur Konstellation eines Motivbündels Stellung nimmt, aber bei der Prüfung auf Bösgläubigkeit eine Gesamtbetrachtung aller Umstände des Einzelfalls fordert; *Steinberg*, MarkenR 2008, 482, 484; *Steinberg/Jaeckel*, MarkenR 2008, 296, 307.

585 Hierzu etwa EuGH, GRUR 2009, 763 [Rn. 37] – *Lindt & Sprüngli/Franz Hauswirth;* BGH, GRUR 2009, 780 [Rn. 18] – *Ivadal*; BGH, GRUR 1984, 210, 211 – *AROSTAR*; *Ströbele* in: Ströbele/Hacker, MarkenG, § 8, Rn. 886.

586 BGH, GRUR 2005, 581 – *The Colour of Elégance*; daran anknüpfend: BPatG, GRUR 2010, 566, 571 – *Gelbe Seiten*; BPatG, GRUR 2010, 435, 436 – *Käse in Blütenform III*; BPatG, GRUR 2010, 431, 434 – *Flasche mit Grashalm*.

das Zeichen „The Colour of Elégance“ als Unionsmarke an, um den weiteren Gebrauch zu schützen. Nachdem die Klägerin aus ihrer Marke gegen die Beklagte vorging, erhob diese Widerklage auf Löschung der Unionsmarke der Klägerin. Der BGH entschied, dass die Voraussetzungen der zweckwidrigen Behinderung eines Wettbewerbers nicht vorlagen. Mit der Anmeldung der Unionsmarke habe die Klägerin lediglich ihre Markenfamilie fortgeschrieben. Bei der Pflege des eigenen Markenbestands stehe das Interesse im Vordergrund, den Einbruch fremder Bezeichnungen in den eigenen Markenbestand zu verhindern. Daran habe die Klägerin ein berechtigtes Interesse. Ihr Verhalten reiche daher für die Feststellung einer auf Behinderung des Wettbewerbers zielenden Absicht nicht aus. Denn im Vordergrund stehe hier eindeutig die Förderung des eigenen Wettbewerbs und nicht die Störung des Wettbewerbers.

Dieser Einordnung, speziell für die Erweiterung einer Markenanmeldung, ist zuzustimmen, denn hier ist die Behinderung des Mitbewerbers nachrangig. Dem Anmelder steht hierbei ein eigenes schutzwürdiges Interesse an der Marke zu. Diese Einschätzung beruht darauf, dass die Marke bereits vorbenutzt wurde oder die Marke sogar im Inland bekannt ist und der Anmelder den Markenschutz nur nachholen will.[587] Falls solche Umstände nachweisbar sein sollten, besteht kein Grund dafür, die Eintragung zurückzuweisen. Es wäre unverständlich, wenn das Gesetz die infolge der Vorbenutzung bereits bekannte Marke über § 4 Nr. 2 MarkenG schützt, ihr aber die Eintragung wegen § 8 Abs. 2 Nr. 10 MarkenG versagt. Schließlich ist die Markenanmeldung in diesen Fällen lediglich als weitere registerrechtliche Absicherung des ohnehin bereits bestehen Markenschutzes zu verstehen.[588] Einer solchen Markenanmeldung stehen daher keine Einwände entgegen. Selbst wenn ein Anderer bereits die Benutzung eines identischen oder verwechselbar ähnlichen Zeichens angekündigt hat, müssen die Interessen an der Eintragung eines vorbenutzten Zeichens vorrangig berücksichtigt werden. Gleiches gilt bei der Fortschreibung einer Markenfamilie, wenn der Markenanmelder beispielsweise bereits für ein identisches Zeichen national Schutz genießt und diesen Schutz nun durch die Eintragung einer Unionsmarke erweitern möchte[589] oder im Falle der Nachanmeldung einer älteren eigenen Marke mit einem breiteren Warenverzeichnis.[590] Ein berechtigtes Eigeninteresse

---

587 So auch BPatG, GRUR 2010, 431, 434 – *Flasche mit Grashalm*; *Ströbele* in: Ströbele/Hacker, MarkenG, § 8, Rn. 886; *Fabry*, GRUR 2010, 566, 571.

588 EuGH, GRUR 2009, 763 [Rn. 52] – *Lindt & Sprüngli/Franz Hauswirth*; BPatG, GRUR 2010, 431, 434 – *Flasche mit Grashalm*; BPatG, GRUR 2011, 232, 239 – *Gelbe Seiten*.

589 EuG, GRUR Int. 2012, 647 [Rn. 23] – *BIGAB*.

590 EuG, GRUR Int. 2012, 647 [Rn. 25] – *BIGAB*.

an der Markenregistrierung ist in diesem Fall nachzuvollziehen, da der ältere Vorbenutzer bzw. Inhaber der älteren Marke hier nur die erforderliche Markenpflege unterlassen hat und deshalb mit Versuchen Dritter rechnen muss, die in diesen ungeschützten Raum eindringen wollen.[591] Die möglicherweise vorhandene Behinderungsabsicht ist dabei nachrangig.

4. Zwischenergebnis

Die Fallgruppe der Sperrmarkenanmeldung unterteilt sich nach der hier vertretenen Auffassung in die Untergruppen der Markenanmeldung zur Störung eines fremden Besitzstandes und der Anmeldung der Marke als Mittel des Wettbewerbskampfes. Die Fallgruppe der Sperrmarkenanmeldung zeichnet sich durch einen starken wettbewerblichen Bezug aus.

Bei der ersten Untergruppe der Anmeldung zur Störung eines fremden Besitzstandes muss zunächst festgestellt werden, ob ein schutzwürdiger Besitzstand vorliegt. Dabei ist auf die zur Bestimmung der Bekanntheit eines Zeichens herangezogenen Kriterien abzustellen. Eine im Ausland bekannte Marke genügt wegen des Territorialitätsprinzips des Markenrechts in der Regel nicht. Von einem geschützten Besitzstand kann nicht ausgegangen werden, wenn der „Vorbenutzer" lediglich finanzielle Aufwendungen zur Einführung einer Marke getätigt hat. Auch schutzunfähige Zeichen können einen schutzwürdigen Besitzstand begründen, falls das Schutzhindernis im Wege der Benutzung überwunden werden könnte.

Die zweite Untergruppe der Anmeldung der Marke als Mittel des Wettbewerbskampfes liegt dann vor, wenn es unabhängig vom Bestehen eines geschützten Besitzstandes des Vorbenutzers zu einer bösgläubigen Behinderung durch den Markenanmelder kommt. Dabei ist zu berücksichtigen, dass die einfach, der Markenanmeldung immanente Behinderung des Vorbenutzers, nicht zur Bösgläubigkeit der Anmeldung führt. Hierfür sind weitere Motive erforderlich, die auf der subjektiven Ebene zu prüfen sind. Sowohl für die Störung eines fremden Besitzstandes als auch für die Anmeldung einer Marke als Mittel des Wettbewerbskampfes ist es zur Einordnung als Bösgläubigkeit nämlich erforderlich, dass der Markenanmelder mit Behinderungsabsicht handelt. Dabei muss die Behinderungsabsicht im Rahmen eines Motivbündels ein dominierendes Element darstellen, denn der Anmelder der Marke soll sich nicht hinter seiner Eigenbenutzungsabsicht verstecken können. Sofern neben der Benutzungsabsicht des

591 EuGH, GRUR 2009, 763 [Rn. 49] – *Lindt & Sprüngli/Franz Hauswirth*; EuG, GRUR Int. 2012, 647 [Rn. 25] – *BIGAB*.

Anmelders weitere Umstände vorliegen, die die Markenanmeldung gerechtfertigt erscheinen lassen, können diese im Rahmen der Gesamtabwägung zur Ablehnung der Bösgläubigkeit führen. Als berechtigtes Eigeninteresse ist etwa die Erweiterung der eigenen Markenfamilie zu verstehen. Falls also unter einer Geschäftsbezeichnung bereits über einen längeren Zeitraum bestimmte Produkte vertrieben wurden, ist die spätere Markenanmeldung nicht bösgläubig, auch wenn ein Anderer die Marke in ähnlicher Form verwendet oder zu verwenden beabsichtigt. Der Vorbenutzer hat in diesem Fall ein berechtigtes Interesse an der Verteidigung seines eigenen Markenbestandes.

III. Markenerschleichung

Als weitere Fallgruppe der bösgläubigen Markenanmeldung wird zunehmend die Markenerschleichung diskutiert. Unter der Markenerschleichung werden die Fälle erfasst, in denen der Anmelder dem DPMA bei der Anmeldung Fakten oder Umstände verschweigt, die – wären sie dem DPMA bekannt – zur Zurückweisung der Anmeldung führen würden.[592] Die zwei Hauptfälle der Markenerschleichung sind die Anmeldung einer Marke in Kenntnis absoluter Schutzhindernisse (1.) und die bewusste Täuschung des DPMA im Rahmen des Anmeldeverfahrens (2.).[593] Zu untersuchen ist im Folgenden, ob die Einordnung solcher Verhaltensweisen – das Erschleichen der Markeneintragung – als bösgläubige Markenanmeldung richtig ist oder ob diese nicht auf andere Weise sanktioniert werden müssen.

1. Anmeldung in Kenntnis absoluter Schutzhindernisse

Wie bereits erwähnt, wird unter dem Begriff der Markenerschleichung die Anmeldung einer Marke in Kenntnis absoluter Schutzhindernisse diskutiert. Fraglich ist, ob solche Markenanmeldungen als bösgläubig einzustufen sind. Ausgangspunkt der Überlegung ist, dass eine Anmeldung in Kenntnis absoluter Schutzhindernisse gegen die jeweilige Vorschrift des § 8 Abs. 2 Nr. 1–9 MarkenG verstößt und nicht zusätzlich unter § 8 Abs. 2 Nr. 10 MarkenG behandelt werden muss.[594]

---

592 *Wiemann*, Rechtsmissbrauch, 330.

593 *Ingerl/Rohnke*, MarkenG, § 8, Rn. 304f.; *Helm*, GRUR 1996, 593, 595.

594 *Schosser*, Benutzungswillen, 50; *Meesen*, GRUR 2003, 672; *Ströbele* in: Ströbele/Hacker, MarkenG, § 8, Rn. 898.

a. *Einordnung als bösgläubige Markenanmeldung*

Die Einordnung einer Markenanmeldung in Kenntnis absoluter Schutzhindernisse als bösgläubige Markenanmeldung wird zum Teil damit begründet, dass hier eine umfassende Pflicht zur Offenbarung im Sinne des § 92 MarkenG bestehe.[595] Danach muss der Markenanmelder alle ihm bekannten tatsächlichen Umstände gegenüber dem DPMA vollständig und der Wahrheit gemäß angeben. Konsequenterweise müsste der Anmelder auch seine Kenntnisse über das Bestehen von Schutzhindernissen oder anderen eintragungsfeindlichen Umständen vollständig offenbaren.

Neben der Offenbarungspflicht berufen sich die Vertreter dieser Auffassung auf den Sinn und Zweck des Bestandsschutzes gemäß § 50 Abs. 2 S. 2 MarkenG. § 50 Abs. 2 S. 2 MarkenG soll ab einem bestimmten Zeitpunkt die Löschung von Marken verhindern, die entgegen § 8 Abs. 2 Nr. 1–3 MarkenG eingetragen wurden.[596] Solche Marken können lediglich innerhalb von zehn Jahren seit dem Tag der Eintragung gelöscht werden. Sinn und Zweck der Zehnjahresfrist sei die Einräumung des Vertrauensschutzes hinsichtlich der Richtigkeit des Markenregisters nach Ablauf der Frist. Ein Anmelder, der bei der Anmeldung Kenntnisse über eintragungshindernde Umstände wie etwa absolute Schutzhindernisse habe, dürfe diesen Vertrauensschutz nicht genießen.

b. *Keine Einordnung als bösgläubige Markenanmeldung*

Dagegen wird die Auffassung vertreten, die Anmeldung einer Marke in Kenntnis absoluter Schutzhindernisse sei kein Fall der bösgläubigen Markenanmeldung. Die Fallgruppe der Markenerschleichung werde hier nur als „Ausweichargumentation" herangezogen, wenn andere Schutzhindernisse – die des § 8 Abs. 2 Nr. 1–9 MarkenG, falls das absolute Schutzhindernis im Zeitpunkt der Löschung gemäß § 50 Abs. 2 S. 1 MarkenG nicht mehr besteht oder die des § 8 Abs. 2 Nr. 1–3 MarkenG nach Ablauf der zehnjährigen Ausschlussfrist des § 50 Abs. 2 S. 2 MarkenG – nicht mehr vorgebracht werden können.[597] Nur weil der in § 50 Abs. 2 MarkenG geregelte Bestandsschutz für bösgläubige Markenanmeldungen nicht gelte, bestehe die Fallgruppe der Markenerschleichung unter § 8

595 *Helm*, GRUR 1996, 593, 595, *Brötje*, Bösgläubige Markenanmeldung, 113.
596 *Helmreich*, Markenanmeldung, 143.
597 Hierzu: *Ströbele* in: Ströbele/Hacker, MarkenG, § 8, Rn. 898.

Abs. 2 Nr. 10 MarkenG. Die „Aushebelung" des durch § 50 Abs. 2 S. 1 und S. 2 MarkenG vermittelten Bestandsschutzes über den Löschungsgrund des § 50 Abs. 1 i.V.m. § 8 Abs. 2 Nr. 10 MarkenG sei systemwidrig.[598]

Diese Auffassung verdient Zustimmung, da es zunächst Aufgabe des DPMA ist, die Voraussetzungen der Eintragung zu prüfen.[599] § 37 Abs. 1 MarkenG regelt den Prüfungsumfang des DPMA bei der Eintragung einer Marke. Eine Beschränkung auf Ersichtlichkeit wie etwa in § 37 Abs. 3 MarkenG für die zur Täuschung geeigneten Markenanmeldung in § 8 Abs. 2 Nr. 4 und für die bösgläubige Markenanmeldung in § 8 Abs. 2 Nr. 10 MarkenG besteht für die anderen absoluten Schutzhindernisse gerade nicht. Daher gibt es keinen Grund, die Anmeldung in Kenntnis eines absoluten Schutzhindernisses unter § 8 Abs. 2 Nr. 10 MarkenG zu fassen. Die vollständige und umfassende Prüfung des DPMA schließt jegliche Verpflichtung des Anmelders aus, die Marke nur bei Schutzfähigkeit anzumelden.[600] Die Markenanmeldung in Kenntnis eines absoluten Schutzhindernisses erfolgt vielmehr im Risiko des Anmelders. Dieser muss damit rechnen, dass die Anmeldung zurückgewiesen wird und er damit die von ihm gezahlten Anmeldegebühren verliert.

Gegen die von der Gegenauffassung vorgebrachte Offenbarungspflicht spricht, dass diese nicht umfassend ist. Aus § 92 MarkenG ergibt sich keine Offenbarungspflicht, die über die gesetzlich geforderten Angaben hinausgeht. Gerade bei der Frage, wann die Grenze eines Schutzhindernisses erreicht ist, kann der Markenanmelder in der Regel keine verlässliche Auskunft treffen. Die Kasuistik zu dieser Frage auf nationaler und europäischer Ebene ist derart undurchsichtig, dass eine genaue Prüfung der Hintergründe vom Markenanmelder nicht erwartet werden kann.[601] Aus diesem Grund wird dem DPMA für Löschungsverfahren gemäß § 59 MarkenG die Pflicht zur Ermittlung des relevanten Sachverhalts von Amts wegen übertragen.[602] Auch im Eintragungsverfahren muss das Amt, außer im Fall des § 8 Abs. 2 Nr. 4 und Nr. 10 MarkenG, alle relevanten Umstände von Amts wegen ermitteln. Dazu gehören auch die Fragen des Bestehens von Schutzhindernissen, insbesondere weil Anmelder regelmäßig

---

598 BPatG, GRUR 2006, 1032, 1033 – *E2*; *Bous* in: Ekey/Klippel/Bender, MarkenR, § 50, Rn. 12; *Ingerl/Rohnke*, MarkenG, § 8, Rn. 304; *Ströbele*, MarkenR 2010, 409, 412.

599 *Ingerl/Rohnke*, MarkenG, § 8, Rn. 304; *Ströbele* in: Ströbele/Hacker, MarkenG, § 8, Rn. 898.

600 *Ströbele* in: Ströbele/Hacker, MarkenG, § 8, Rn. 900.

601 *Ticic*, Bösgläubige Markenanmeldung, 52; *Ströbele*, GRUR 2005, 93ff.

602 *Ingerl/Rohnke*, MarkenG, § 59, Rn. 1; *Kirschneck* in: Ströbele/Hacker, MarkenG, § 59, Rn. 1.

versuchen, freihaltebedürftige Angaben zu monopolisieren. Es ist also grundsätzlich die Aufgabe des DPMA, den Sachverhalt zu ermitteln und das Bestehen absoluter Schutzhindernisse zu prüfen. Es wäre unbillig, wenn dem Anmelder gleichzeitig die Pflicht auferlegt würde, alle gegen die Anmeldung denkbaren Einwendungen im Eintragungsverfahren vorzubringen. Zu beachten ist des Weiteren, dass die Offenbarungspflicht in § 92 MarkenG ohnehin nur Tatsachen erfasst. Die rechtliche Beurteilung der Tatsachen ist dem DPMA überlassen.[603] Falls der Markenanmelder eine Marke trotz der Kenntnis des Bestehens absoluter Schutzhindernisse anmeldet, so kann er sich darauf berufen, dass er sich im Irrtum darüber befand, ob es sich dabei um Tatsachen oder um rechtliche Wertungen handelt. Da demnach ein überlegenes Wissen des Markenanmelders gegenüber dem DPMA hinsichtlich der Eintragungsfähigkeit von Marken nicht unterstellt werden kann, ist die aus § 92 MarkenG hergeleitete Offenbarungspflicht schon im Grundsatz abzulehnen.[604]

Auch das zweite Argument der Gegenauffassung, § 50 Abs. 2 S. 2 MarkenG stehe dieser Auslegung nicht entgegen, überzeugt nicht. Es ist nämlich fraglich, warum es bei der Prüfung der Markenerschleichung im Sinne des § 8 Abs. 2 Nr. 10 MarkenG auf die subjektive Auffassung des Markenanmelders über das Bestehen eines Schutzhindernisses ankommen soll, während diese bei der Prüfung etwa der § 8 Abs. 2 Nr. 1–3 MarkenG im Rahmen des Eintragungsverfahrens keine Rolle spielt. Dort zählt nur die Auffassung des Amtes. Zudem ist nicht nachvollziehbar, warum im Löschungsverfahren plötzlich auf § 8 Abs. 2 Nr. 10 MarkenG zurückgegriffen werden soll, während zum Beispiel die Anmeldung in Kenntnis der Freihaltebedürftigkeit eines Begriffs noch an § 8 Abs. 2 Nr. 2 MarkenG zu prüfen gewesen wäre. Die Einordnung der Anmeldung in Kenntnis absoluter Schutzhindernisse als bösgläubige Markenanmeldung wäre daher im Hinblick auf den Ausschlusstatbestand des § 50 Abs. 2 S. 2 MarkenG systemfremd.[605]

Aber auch eine Anmeldung in Kenntnis des Verstoßes gegen die absoluten Schutzhindernisse des § 8 Abs. 2 Nr. 4–9 MarkenG kann nicht unter § 8 Abs. 2 Nr. 10 MarkenG als Markenerschleichung behandelt werden. Hiergegen spricht, dass sich die absoluten Schutzhindernisse des § 8 Abs. 2 Nr. 1–9 MarkenG von

603 *Büscher* in: Büscher/Dittmer/Schiwy, Gewerblicher Rechtsschutz, § 92 MarkenG, Rn. 1; *Seiler* in: Ekey/Klippel/Bender, MarkenR, § 92, Rn. 2; *Ströbele*: in Ströbele/Hacker, MarkenG, § 92, Rn. 2.

604 Gleicher Ansicht ist *Ticic*, Bösgläubige Markenanmeldung, 53.

605 So auch *Ingerl/Rohnke*, MarkenG, § 8, Rn. 304; *Ströbele* in: Ströbele/Hacker, MarkenG, § 8, Rn. 899.

§ 8 Abs. 2 Nr. 10 MarkenG dadurch unterscheiden, dass diese nicht ein Verhalten oder Motive des Anmelders sanktionieren, sondern die Marke als Solche. Für die Feststellung der Eignung der Marke zur Täuschung im Sinne des § 8 Abs. 2 Nr. 4 MarkenG sind die Absichten des Anmelders unbeachtlich, da hierfür nur die Marke und das angemeldete Warenverzeichnis geprüft werden. Diese Unterscheidung berücksichtigt der Gesetzgeber als er sich gegen die Ausdehnung der Schranke des § 50 Abs. 2 S. 1 MarkenG (der § 8 Abs. 2 Nr. 1–9 MarkenG erfasst) auf § 8 Abs. 2 Nr. 10 MarkenG entschieden hat. Während für § 8 Abs. 2 Nr. 1–9 MarkenG die Schutzhindernisse nämlich zum Zeitpunkt der Anmeldung und zum Zeitpunkt der Entscheidung über die Löschung der Marke vorliegen müssen, genügt für die Löschung aufgrund des § 8 Abs. 2 Nr. 10 MarkenG das Vorliegen des Schutzhindernisses zum Zeitpunkt der Anmeldung. Die bösgläubige Absicht des Markenanmelders zum Zeitpunkt der Entscheidung über die Löschung der Marke ist hingegen unerheblich, da § 8 Abs. 2 Nr. 10 MarkenG lediglich auf die Absichten zum Zeitpunkt der Anmeldung abstellt und diese auch für eine Löschung genügen lässt. Daraus wird ersichtlich, dass die bösgläubige Markenanmeldung sich von den übrigen Schutzhindernissen wesentlich unterscheidet.

Dem ist zu entnehmen, dass der Gesetzgeber sehr wohl zwischen den einzelnen Eintragungshindernissen unterschieden hat und die Anmeldung einer Marke in Kenntnis von absoluten Schutzhindernissen nicht im Sinne eines „Auffangtatbestands" der bösgläubige Markenanmeldung zuordnen wollte.[606] Als der Gesetzgeber § 8 Abs. 2 Nr. 10 MarkenG im Wege des Geschmacksmusteränderungsgesetzes aus dem Jahre 2004 einführte, stellte er dieses Schutzhindernis auf eine Stufe mit den anderen Eintragungshindernissen des § 8 Abs. 2 MarkenG. Dem absoluten Schutzhindernis der bösgläubigen Markenanmeldung gemäß § 8 Abs. 2 Nr. 10 MarkenG sollte keine Auffangwirkung zukommen. Zwar mag es vertretbar gewesen sein, den Löschungsgrund des § 50 Abs. 1 Nr. 4 MarkenG a.F. als Auffangtatbestand für Anmeldungen in Kenntnis absoluter Schutzhindernisse zu sehen. Immerhin wurde hier der Löschungsgrund der bösgläubigen Markenanmeldung noch als gesonderter Löschungsgrund neben dem Bestehen absoluter Schutzhindernisse bei der Anmeldung gemäß § 50 Abs. 1 Nr. 1 MarkenG a.F. aufgeführt. Dies ist jedenfalls seit der Einordnung der Bösgläubigkeit als absolutes Schutzhindernis in § 8 Abs. 2 Nr. 10 MarkenG nicht mehr gewollt.[607]

606 Siehe hierzu *Ingerl/Rohnke*, MarkenG, § 8, Rn. 304.
607 So auch *Ticic*, Bösgläubige Markenanmeldung, 54.

c. *Zwischenergebnis*

Die Auffassung, welche die Anwendung des § 8 Abs. 2 Nr. 10 MarkenG im Falle der Kenntnis absoluter Schutzhindernisse befürwortet, überzeugt nicht. Diese Einordnung wäre systemfremd, da die bösgläubige Markenanmeldung gleichwertig neben den anderen absoluten Schutzhindernissen des § 8 Abs. 2 MarkenG steht und kein Auffangtatbestand ist. Für den Markenanmelder besteht keine Offenbarungspflicht im Sinne des § 92 MarkenG, da das DPMA selbst zur Ermittlung der Schutzhindernisse verpflichtet ist und der Anmelder keinen ausreichenden Überblick über die Rechtsprechung zu absoluten Schutzhindernissen hat. Schließlich sprechen auch § 50 Abs. 1 S. 1 und S. 2 MarkenG gegen die Heranziehung der bösgläubigen Markenanmeldung im Falle der Markenanmeldung in Kenntnis des Bestehend eines absoluten Schutzhindernisses. Mit § 50 Abs. 2 S. 1 MarkenG verdeutlicht der Gesetzgeber, dass Löschungsansprüche bei Verstößen gegen § 8 Abs. 2 Nr. 1–9 MarkenG aus der Marke selbst entstehen, während diese bei § 8 Abs. 2 Nr. 10 MarkenG aus dem Verhalten des Anmelders resultieren. Anknüpfungspunkt für die Markenlöschung wären daher unterschiedliche Umstände, die nicht ohne weiteres gegeneinander ausgetauscht werden können. In § 50 Abs. 2 S. 2 MarkenG regelt der Gesetzgeber einen Bestandsschutz für Marken, deren Eintragung gegen § 8 Abs. 2 Nr. 1–3 MarkenG verstößt. Die Heranziehung des § 8 Abs. 2 Nr. 10 MarkenG würde diesen gesetzlich vorgesehenen Bestandsschutz umgehen. Daher ist es vorzugswürdig, die Markenanmeldung in Kenntnis des Bestehens eines absoluten Schutzhindernisses nicht unter dem Begriff der Markenerschleichung systemfremd als bösgläubige Markenanmeldung im Sinne des § 8 Abs. 2 Nr. 10 MarkenG zu einzuordnen.

2. Bewusste Täuschung des DPMA

Ein weiterer Fall, der unter dem Begriff der Markenerschleichung diskutiert wird, ist die bewusste Täuschung des DPMA im Rahmen des Anmeldeverfahrens. Darunter werden solche Vorgehensweisen gefasst, bei denen der Anmelder im Zuge der Markenanmeldung Tatsachen vorspiegelt und dadurch unrechtmäßig eine Eintragung seiner Marke erlangt.[608] Dies wird angenommen bei einer bewussten Täuschung des DPMA durch Vorlage gefälschter Unterlagen, wie z.B. eines manipulierten demoskopischen Gutachtens zur Erlangung der Verkehrsdurchsetzung,

---

608 BPatG, GRUR 2006, 1032, 1033 – *E2*; *V. Gamm* in: Büscher/Dittmer/Schiwy, Gewerblicher Rechtsschutz, § 8 MarkenG, Rn. 52; *Ingerl/Rohnke*, MarkenG, § 8, Rn. 305; *Ströbele* in: Ströbele/Hacker, MarkenG, § 8, Rn. 901; *Helm*, GRUR 1996, 593, 595; *v. Linstow*, MarkenR 1999, 81; *Steinberg/Jaeckel*, MarkenR 2008, 296, 308.

vor.[609] Daneben wird es als Markenerschleichung angesehen, wenn ein Markenanmelder nach dem Erhalt der Eintragungsurkunde seine Einzugsermächtigung beim DPMA widerruft.[610] Sofern die Absicht zur Zahlungsverweigerung bereits bei Anmeldung der Marke vorlag, handelt der Markenanmelder bösgläubig, da die Anmeldegebühr zurückgebucht wird, obwohl die Marke bereits im Register steht.

Im Gegensatz zu der zuvor behandelten Anmeldung in Kenntnis absoluter Schutzhindernisse wird die Einstufung als bösgläubige Markenanmeldung bei der bewussten Täuschung des DPMA durchweg bejaht. Anknüpfungspunkt für die Bösgläubigkeit ist in den genannten Konstellationen nämlich nicht die Marke und deren Schutzfähigkeit bzw. die Kenntnisse des Anmelders hiervon. Es ist vielmehr auf die bösgläubigen Motive des Anmelders bei der Anmeldung als solcher abzustellen. Für die Einordnung dieser Verhaltensweisen als bösgläubige Markenanmeldung im Sinne des § 8 Abs. 2 Nr. 10 MarkenG spricht, dass der Anmelder nicht schutzwürdig ist. In diesen Fällen hat der Anmelder die Eintragung nur durch von der Rechtsordnung missbilligte Mittel erlangt, so dass kein Grund besteht, dem Anmelder den Schutz der § 50 Abs. 2 S. 1 und S. 2 zukommen zu lassen.[611] Ferner ist auch die Rechtssicherheit nicht beeinträchtigt, da sich die vorgespiegelte Tatsache urkundlich nachweisen lässt und nicht auf subjektive Kenntnisse des Anmelders abzustellen ist.[612] Erfahrungsgemäß dürfte das Vorspiegeln von Tatsachen zur Erlangung einer Eintragung in der Praxis aber geringe Relevanz haben.

3. Zwischenergebnis

Unter einer Markenerschleichung wird zum einen die Anmeldung in Kenntnis absoluter Schutzhindernisse und zum anderen die bewusste Täuschung des DPMA im Zuge des Anmeldevorgangs verstanden. Nach der hier vertretenen Auffassung ist die Anmeldung in Kenntnis absoluter Schutzhindernisse nicht als bösgläubige Markenanmeldung im Sinne des § 8 Abs. 2 Nr. 10 MarkenG einzustufen. Hiergegen spricht, dass diese Einstufung systemfremd ist und gegen die Wertung des § 50 Abs. 2 MarkenG verstößt. § 8 Abs. 2 MarkenG ist insbesondere kein Auffangtatbestand für die Löschung von Marken, deren Eintragung gegen die absoluten Schutzhindernisse des § 8 Abs. 2 Nr. 1–9 MarkenG verstößt

---

609 Hierzu auch *Ingerl/Rohnke*, MarkenG, § 8, Rn. 305; *Ströbele* in: Ströbele/Hacker, MarkenG, § 8, Rn. 901;

610 *Schmidt*, MarkenR 2003, 1, 2.

611 *Ströbele* in: Ströbele/Hacker, MarkenG, § 8, Rn. 901.

612 *Ingerl/Rohnke*, MarkenG, § 8, Rn. 305

und wegen § 50 Abs. 2 S. 2 MarkenG Bestandsschutz genießen. Außerdem sind die Kenntnisse des Markenanmelders bei den §§ 8 Abs. 2 Nr. 1–9 MarkenG irrelevant. Es wäre daher nicht verständlich, warum diese über die Heranziehung des § 8 Abs. 2 Nr. 10 MarkenG von Bedeutung werden sollten. Sollte der Markeninhaber aber bei der Markenanmeldung aber vorsätzlich falsche Unterlagen einreichen oder das DPMA auf sonstige Weise über Tatsachen täuschen, ist aufgrund der hierin zum Ausdruck kommenden kriminellen Energie kein Raum für Bestandsschutz. Gegenstand des Unwerturteils ist in diesem Fall nicht die Marke und deren Schutzwürdigkeit, sondern allein das Verhalten des Anmelders. Somit spricht nichts dagegen, die – in der Praxis sehr seltene – Konstellation der bewussten Täuschung des DPMA unter § 8 Abs. 2 Nr. 10 MarkenG als bösgläubige Markenanmeldung zu behandeln.

IV. Zusammenfassung

Die vor der Einführung des MarkenG zum außerkennzeichenrechtlichen Löschungsanspruch gemäß § 1 UWG a.F. bzw. § 826 BGB und zum Einwand der rechtsmissbräuchlichen Markenanmeldung gemäß § 242 BGB gebildeten Fallgruppen zur bösgläubigen Markenanmeldung können auch unter der Geltung des MarkenG weiterhin herangezogen werden. Die heute anerkannten Fallgruppen der bösgläubigen Markenanmeldung sind die Spekulationsmarkenanmeldung, die Sperrmarkenanmeldung sowie die Markenerschleichung.

Unter Spekulationsmarken werden solche Marken verstanden, die gegen einen noch nicht näher konkretisierten Dritten gerichtet sind. Für die Einordnung einer Marke als Spekulationsmarke ist die fehlende Benutzungsabsicht des Markenanmelders von großer Bedeutung. Allein die fehlende Benutzungsabsicht genügt aber nicht, um eine Anmeldung als bösgläubig erscheinen zu lassen. Andernfalls bestünde ein Widerspruch zu den Vorschriften des Benutzungszwangs, die dem Markenanmelder auch ohne konkrete Benutzungsabsicht bei der Markenanmeldung einen Zeitraum von fünf Jahren für die Aufnahme der Benutzung einräumen. Daher sind weitere Umstände erforderlich, die die Spekulationsabsicht des Markenanmelders verdeutlichen. Allein durch objektive Kriterien, wie etwa durch das vom BGH im Rahmen seiner „Classe E"-Entscheidung herangezogene Abstellen auf die Geltendmachung von Unterlassungs- oder Geldansprüchen, das Anknüpfen an eine kaufmännische Betätigung oder das Anmelden einer Vielzahl von Marken, lässt sich nach der hier vertretenen Auffassung die Bösgläubigkeit des Markenanmelders nicht bestimmen. Ebensowenig kann auf die Behinderungsabsicht abgestellt werden, weil bei Spekulationsmarken zwar eine Behinderungswirkung ausgenutzt wird, dies aber nicht das Hauptmotiv des

Anmelders ist. Eine Behinderung mag zwar vom Anmelder der Spekulationsmarke als angenehmer Nebeneffekt empfunden werden, da hiermit der Druck auf den Betroffenen steigt. Hauptziel des Anmelders der Spekulationsmarke ist aber stets die Erlangung einer Geldzahlung für den Verkauf oder die Lizenzierung der Marke. Daher taugt das Merkmal der Behinderungsabsicht für die Beurteilung von Spekulationsmarken nicht. Am besten eignet sich nach der hier vertretenen Auffassung das Kriterium der rechtsmissbräuchlichen Verwendungsabsicht. Dieses Kriterium trifft die Fallkonstellation der Spekulationsmarkenanmeldung im Kern. Es geht um eine – auf den ersten Blick völlig normale – Markenanmeldung, die aber dann zur Erzielung von Gewinn gegen Andere eingesetzt werden soll. Sofern neben der fehlenden Benutzungsabsicht die rechtsmissbräuchliche Verwendungsabsicht erkennbar ist, kann die Marke noch innerhalb der fünfjährigen Benutzungsschonfrist gelöscht werden.

Als Sperrmarken werden Marken bezeichnet, mit denen der Anmelder beabsichtigt, einen Anderen vom gemeinsam genutzten Markt zu verdrängen bzw. dessen geplanten Marktzutritt zu verhindern. Unter dem Begriff der Sperrmarkenanmeldungen werden nach der hier vertretenen Auffassung die Untergruppen der „Störung eines fremden Besitzstandes" sowie der „Anmeldung einer Marke als Mittel des Wettbewerbskampfes" gebildet. An das Vorliegen eines geschützten Besitzstandes werden hohe Anforderungen gestellt. Der Besitzstand ergibt sich aus der andauernden Benutzung der Marke und stellt demgemäß deren wirtschaftliche Basis dar. Die Werthaftigkeit des Besitzstandes folgt daraus, dass sich die jeweils angesprochenen Verkehrskreise bereits eine feste und dauerhafte Vorstellung über das Zeichen gebildet haben. Für den Nachweis eines schützenswerten Besitzstandes sind die für die Bekanntheit einer Marke bestehenden Kriterien (z.B. Marktanteil, finanzielle Investitionen in die Marke, geographische Ausbreitung der Markenbenutzung) heranzuziehen. Die Bekanntheit im Ausland begründet nur dann einen geschützten Besitzstand im Inland, wenn es sich dabei um eine überragende Bekanntheit handelt. Finanzielle Aufwendungen (z.B. in den Erwerb einer Lizenz) können nach der überzeugenderen Auffassung allein keinen geschützten Besitzstand begründen, da ein geschützter Besitzstand an einem Zeichen nur durch dessen Benutzung im relevanten Markt entsteht. Die auf Bekanntheit zurückzuführende Werthaftigkeit einer Marke kann sich nämlich nur aus der Benutzung im relevanten Markt ergeben. Aus der Benutzung nicht eintragungsfähiger Zeichen kann sich nach der hier vertretenen Auffassung nur dann ein geschützter Besitzstand ergeben, wenn das Eintragungshindernis durch Benutzung hätte überwunden werden können. Fällt das Eintragungshindernis für ein Zeichen später weg, ist die Annahme eines schutzwürdigen Besitzstandes überzeugenderweise nur dann möglich, wenn die Eintragung des Zeichens aufgrund einer Gesetzesänderung, wie der Abschaffung eines nicht durch Bekanntheit überwindbaren Eintragungshindernisses, möglich wird. Bei der Untergruppe der Markenanmeldung als Mittel des Wettbewerbskampfes ist zu berücksichtigen, dass die dem Markenschutz immanente Behinderung eines Konkurrenten durch die Erlangung von Markenschutz nicht genügt, um die Anmeldung auch unabhängig vom Bestehen eines fremden Besitzstandes als Bösgläubig erscheinen zu lassen. Dabei ist zu berücksichtigen, dass die einfach, der Markenanmeldung immanente Behinderung des Vorbenutzers, nicht zur Bösgläubigkeit der Anmeldung führt. Hierfür sind weitere Motive erforderlich, die auf der subjektiven Ebene zu prüfen sind. Sowohl für die Störung eines fremden Besitzstandes als auch für die Anmeldung einer Marke als Mittel des Wettbewerbskampfes ist es zur Einordnung als Bösgläubigkeit nämlich erforderlich, dass der Markenanmelder mit Behinderungsabsicht handelt. Die Absicht zur Behinderung des Vorbenutzers muss aber nicht das Hauptmotiv des Markenanmelders sein. Es genügt, wenn sie ein wesentliches Motiv für die Markenanmeldung ist. Sofern neben der Benutzungsabsicht des Anmelders weitere Umstände vorliegen, die die Markenanmeldung gerechtfertigt erscheinen lassen, können diese im Rahmen der Gesamtabwägung zur Ablehnung des Vorliegens der Bösgläubigkeit führen. Als ein berechtigtes Eigeninteresse ist etwa die Erweiterung der eigenen Markenfamilie zu verstehen. Falls also unter einer Geschäftsbezeichnung bereits über einen längeren Zeitraum bestimmte Produkte vertrieben wurden, ist die spätere Markenanmeldung nicht bösgläubig, auch wenn ein Anderer die Marke in ähnlicher Form verwendet oder zu verwenden beabsichtigt. Der Vorbenutzer hat in diesem Fall ein berechtigtes Interesse an der Verteidigung seines eigenen Markenbestandes.

Die Fallgruppe der Markenerschleichung erfasst zum einen die Anmeldung in Kenntnis absoluter Schutzhindernisse und zum anderen die bewusste Täuschung des DPMA im Zuge des Anmeldevorgangs. Nach der hier vertretenen Auffassung ist die Anmeldung in Kenntnis absoluter Schutzhindernisse nicht als bösgläubige Markenanmeldung im Sinne des § 8 Abs. 2 Nr. 10 MarkenG einzustufen. Hiergegen spricht, dass diese Einstufung systemfremd ist und gegen die Wertung des § 50 Abs. 2 MarkenG verstößt. Vor allem ist § 8 Abs. 2 MarkenG kein Auffangtatbestand für die Löschung von Marken, die wegen § 50 Abs. 2 S. 2 MarkenG Bestandsschutz genießen. Außerdem ist unverständlich, warum die Kenntnisse des Markenanmelders bei der Heranziehung des § 8 Abs. 2 Nr. 10 MarkenG von Bedeutung sein sollten, wenn diese bei den §§ 8 Abs. 2 Nr. 1–9 MarkenG irrelevant sind. Unstrittig bösgläubig ist die Markenanmeldung aber dann, wenn der Markeninhaber bei der Markenanmeldung vorsätzlich falsche Unterlagen einreicht oder das DPMA auf sonstige Weise über Tatsachen täuscht. Aufgrund der hierin zum Ausdruck kommenden kriminellen Energie ist kein Raum für Bestandsschutz. Gegenstand des Unwerturteils ist in diesem Fall nicht die Marke und deren Schutzwürdigkeit, sondern allein das Verhalten des Anmelders. Somit spricht nichts dagegen, die Konstellation der bewussten Täuschung des DPMA unter § 8 Abs. 2 Nr. 10 MarkenG als bösgläubige Markenanmeldung zu behandeln.

Siebentes Kapitel: Die bösgläubige Markenanmeldung und außermarkenrechtliche Vorschriften

Fälle der bösgläubigen Markenanmeldung wurden vor der Einführung des MarkenG und der Möglichkeit der Löschung einer bösgläubig angemeldeten Marke gemäß § 50 Abs. 1 Nr. 4 MarkenG a.F. sowie der später hinzugekommen Möglichkeit zur Ablehnung der Eintragung einer Marke bei bösgläubigen Absichten des Anmelders gemäß § 8 Abs. 2 Nr. 10 MarkenG über das Lauterkeitsrecht und über allgemeine zivilrechtliche Vorschriften gelöst.[613] Die Rechtsprechung zog vor allem § 1 UWG a.F. und § 826 BGB zur Bewältigung dieser Fallkonstellationen heran. Daneben wurde der Rechtsmissbrauchseinwand gemäß § 242 BGB gegen die Geltendmachung zeichenrechtlicher Ansprüche vorgebracht.[614]

Es fragt sich daher zunächst, ob die Heranziehung außermarkenrechtlicher Vorschriften neben den markenrechtlichen Normen auch heute noch generell möglich ist (I.). Anschließend soll untersucht werden, ob speziell die markenrechtlichen Vorschriften zur bösgläubigen Markenanmeldung als absolutes Schutzhindernis in § 8 Abs. 2 Nr. 10 MarkenG und als Löschungsgrund in § 50 Abs. 1 MarkenG abschließend sind und eine Anwendung außermarkenrechtlicher Vorschriften zur Verhinderung der Eintragung einer Marken bzw. zur Löschung einer Markeneintragung möglich ist (II.).

I. Die Anwendbarkeit außermarkenrechtlicher Vorschriften neben markenrechtlichen Normen

Bei der Untersuchung des Verhältnisses außermarkenrechtlicher Vorschriften zu den markenrechtlichen Spezialtatbeständen – hierbei speziell deren Anwendbarkeit nebeneinander – stellt sich vor allem die Frage des Verhältnis des Markenrechts zum Lauterkeitsrecht (1.), zu bürgerlich-rechtlichen Vorschriften (2.) und zu handelsrechtlichen Vorschriften zum unbefugten Firmengebrauch (3.).

---

613 BGH GRUR 1981, 142, 144 – *Kräutermeister*; BGH GRUR 1971, 305,306 – *Konservenzeichen II*; BGH GRUR 1969, 190, 191 – *halazon*; BGH GRUR 1968, 371, 378 – *Maggi*; BGH GRUR 1966, 38, 42 – *Centra*; BGH GRUR 1966, 30, 33 – *Konservenzeichen I*; BGH, GRUR 1965, 601 – *roter Punkt*; BGH GRUR 1963, 423, 239 – *coffeinfrei*; BGH GRUR 1961, 413 – *DOLEX*, vgl. Kapitel 2, Ziff. III.

614 BGH, GRUR 2001, 242 – *Classe E*.

1. MarkenG und Lauterkeitsrecht

Das Verhältnis der lauterkeitsrechtlichen Vorschriften zu den Normen des MarkenG war lange Zeit unproblematisch. Da das Markenrecht im Anschluss an die „Sonnengold"-Entscheidung des RG[615] als Ausschnitt des allgemeinen Wettbewerbsrechts gesehen wurde, konnten die Vorschriften des WZG – falls erforderlich – unter Rückgriff auf das UWG und das allgemeine Deliktsrechts des BGB (z.B. §§ 823, 826 BGB) ergänzt werden. Möglich war dies, weil sowohl das WZG als auch das UWG als Instrument zum Schutz der Unternehmen verstanden wurden.[616] Die zunehmende Ausbildung der Marke zu einem vom Lauterkeitsrecht unabhängigen Immaterialgüterrecht führte allerdings im Laufe der Zeit zu vermehrten Diskussionen über das Verhältnis markenrechtlicher Vorschriften zum Lauterkeitsrecht, in deren Mittelpunkt die Vorschrift des § 2 MarkenG steht. § 2 MarkenG besagt, dass der Schutz von Marken, geschäftlichen Bezeichnungen und geographischen Herkunftsangaben durch das MarkenG die Anwendung anderer Vorschriften zum Schutz dieser Kennzeichen nicht ausschließt. Bei dieser Diskussion stehen sich die nachstehend dargestellten Positionen gegenüber:

a. Der Vorrang des Markenrechts

Nach der sog. Vorrangthese des BGH und der herrschenden Auffassung in der Literatur sind die markenrechtlichen Vorschriften in Ihrem Anwendungsbereich abschließend.[617] Für die Anhänger dieser Auffassung besteht kein Raum für die Anwendbarkeit außermarkenrechtlicher Vorschriften. Dahinter steht die Überlegung, dass die durch das Markenrecht begründete Vorzugstellung im Wettbewerb nur dem Inhaber eines solchen ausschließlichen Rechts unter den jeweiligen tatbestandlichen Voraussetzungen dieser Schutzrechte und in den im

---

615 RGZ 120, 325, 330 – *Sonnengold.*

616 BGH, GRUR1990, 711, 712 – *Telefonnummer 4711*; BGH, GRUR 1985, 550, 551 – *DINPLE*; BGH, GRUR 1981, 142, 144 – *Kräutermeister*; *Hacker in:* Ströbele/Hacker, MarkenG, § 2, Rn. 5.

617 BGH, GRUR 2009, 1162 [Rn. 40] – *DAX*; BGH, GRUR 2007, 339 [Rn. 39] – *Stufenleitern*; BGH, GRUR 2006, 329 [Rn. 36] – *Gewinnfahrzeug mit Fremdemblem*; BGH, GRUR 2005, 423, 427 – *Staubsaugerfiltertüten*; BGH, GRUR 2005, 163, 165 – *Aluminiumräder;* BGH, GRUR 1999, 161 – *MAC Dog*; *Hacker in:* Ströbele/Hacker, MarkenG, § 2 Rn. 15; *Ohly* in: Festschrift für Ullmann, 795f.; *Sosnitza* in: Piper/Ohly/Sosnitza, UWG, § 5, Rn. 700f.; *Steinbeck* in: Festschrift für Ullmann, 409; *Sack*, WRP 2004, 2004, 1405, 1413.

MarkenG festgelegten Grenzen zukommen soll.[618] Im Bereich der Verwechslungsgefahr sowie im Bereich des Schutzes bekannter Marken sei das Markenrecht vorrangig, da markenrechtliche Vorschriften insofern als abschließend angesehen werden müssen.[619] Nur dann, wenn der Anwendungsbereich des MarkenG nicht eröffnet sein sollte, könne die Heranziehung außermarkenrechtlicher Vorschriften in Frage kommen.[620] Dies sei vor allem dann der Fall, wenn eine markenmäßige Benutzung fehle[621] oder wenn ein wettbewerbswidriges Verhalten angegriffen werde, das markenrechtlich nicht untersagt sei, wie zum Beispiel wenn es nicht um die Nachahmung einer Marke, sondern eines Produkts als ganzem gehe.[622]

b. Unbeschränkte Anspruchskonkurrenz

Ein Teil der Literatur beruft sich hingegen darauf, dass eine kumulative Normenkonkurrenz zwischen markenrechtlichen und lauterkeitsrechtlichen Vorschriften im Sinne einer vollständigen Anspruchskonkurrenz bestehe.[623] Der Wortlaut des § 2 MarkenG spreche klar von einer Anwendbarkeit außermarkenrechtlicher Vorschriften und nicht von deren Nichtanwendbarkeit. Der Vorbehalt der Anwendbarkeit anderer Vorschriften in § 2 MarkenG lasse außerdem erkennen, dass außermarkenrechtliche Vorschriften Anwendung auf den Schutz von Marken finden sollten.[624] Speziell für das Verhältnis zum Lauterkeitsrecht sei zu beachten, dass die UGP-Richtlinie 2005/29/EG für die Normenkonkurrenz spreche. Nach Art. 6 Abs. 2 lit. a) der UGP-RL ist jegliche Vermarktung eines Produkts als irreführend anzusehen, die eine Verwechslungsgefahr mit einem anderen Produkt, Warenzeichen, Warennamen oder anderen Kennzeichen eines Mitbewerbers

618 *Hacker in:* Ströbele/Hacker, MarkenG, § 2 Rn. 9.

619 *Ingerl/Rohnke*, MarkenG, § 2, Rn. 1.

620 BGH, GRUR 2008, 628 [Rn 14] – *Imitationswerbung*; BGH, WRP 2005, 605, 610 – *Räucherkate*; BGH, WRP 2005, 496, 500 – *Staubsaugerfiltertüten*; BGH, GRUR 2003, 332, 335 – *Abschlussstück*; BGH, GRUR 2002, 622, 623 – *shell.de*; BGH, GRUR 2001, 1050, 1051 – *Tagesschau*; *Ingerl/Rohnke*, MarkenG, § 2, Rn. 13, § 14, Rn 876 ff; *Hacker* in: Ströbele/Hacker, MarkenG, § 2, Rn 5 ff.; *Köhler*/Bornkamm, UWG, § 4, Rn. 10.77.

621 BGH, GRUR 2005, 419, 422 – *Räucherkate.*

622 Z.B. BGH GRUR 2003, 332, 335 f. – *Abschlussstück*; BGH GRUR 2007, 339 [Rn. 23] – *Stufenleitern.*

623 So etwa *Fezer*, MarkenR, § 2, Rn. 3; *Köhler/Bornkamm*, UWG, § 4, Rn. 9.6; *Deutsch*, WRP 2000, 854ff.; *Fezer*, WRP 2000, 863ff.; *Köhler*, GRUR 2007, 548; *Schreiber* GRUR 2009, 113, 115.

624 *Fezer*, MarkenR, § 2, Rn. 4.

begründet, sofern der Durchschnittsverbraucher dadurch zu einer geschäftlichen Entscheidung veranlasst wird oder veranlasst werden kann, die er ansonsten nicht getroffen hätte. Diese Vorschrift wurde durch § 5 Abs. 2 UWG in das deutsche Recht umgesetzt, wonach eine geschäftliche Handlung irreführend ist, wenn sie im Zusammenhang mit der Vermarktung von Waren und Dienstleistungen einschließlich vergleichender Werbung eine Verwechslungsgefahr mit einer anderen Ware oder Dienstleistung oder mit der Marke oder einem anderen Kennzeichen eines Mitbewerbers hervorruft. Nach Ansicht der Gegner der „Vorrangthese" ist infolge der Umsetzung der UGP-RL die uneingeschränkte Anwendung der lauterkeitsrechtlichen Vorschriften neben dem MarkenG erst recht geboten.[625]

c. *Kritik an den bisherigen Grundpositionen*

Die Auffassung der vollständigen Normenkonkurrenz überzeugt nicht. Trotz § 2 MarkenG ist eine klare Grenzziehung erforderlich, denn § 2 MarkenG hat nur klarstellende Bedeutung. Mit ihm soll verdeutlicht werden, dass das MarkenG kein in sich geschlossenes System darstellt, sondern ergänzender Schutz durch außermarkenrechtliche Vorschriften grundsätzlich möglich ist. Ein selbständiges Nebeneinander markenrechtlicher und außermarkenrechtlicher Vorschriften war vom Gesetzgeber hiermit nicht bezweckt.[626] Außerdem begründet die Annahme der kumulativen Normenkonkurrenz die Gefahr des Kennzeichenschutzes ohne Prüfung der markenrechtlichen Voraussetzungen und Schranken.[627] Hierdurch würden die Besonderheiten des Markenrechts gegenüber dem Lauterkeitsrecht bedeutungslos. Zudem wäre bei Annahme der kumulativen Normenkonkurrenz die gewollte europaweite Vereinheitlichung des Markenschutzes durch das MarkenG gefährdet.[628] Das grundsätzliche Nebeneinander markenrechtlicher und außermarkenrechtlicher Vorschriften würde nämlich den Anwendungsbereich für außermarkenrechtliche Generalklauseln eröffnen und somit eine vom Markenrecht unabhängige und in den Mitgliedsstaaten uneinheitliche Rechtsprechung ermöglichen.

---

625 *Dreyer* in: Harte/Henning; UWG, § 5, Rn. 10ff.; *Fezer*, MarkenR, § 2, Rn. 95ff.; so jetzt auch *Ingerl/Rohnke*, MarkenG, § 2, Rn. 2, unter Aufgabe der früheren Position; *Fezer*, WRP 2008, 1ff;

626 BT-Drucks. 12/6581, 64, unter Hinweis auf § 3 UWG a.F., den Namensschutz des BGB und den firmenrechtlichen Schutz des HGB.

627 Ebenso *Pahlow* in: Ekey/Klippel/Bender, MarkenG, § 2, Rn. 3 unter Aufgabe der früheren Position.

628 Hierzu *Hacker* in: Ströbele/Hacker, MarkenG, § 2, Rn. 19; *Pahlow* in: Ekey/Klippel/Bender, MarkenG, § 2, Rn. 3

Gegen die strenge Anwendbarkeit der Vorrangthese spricht jedoch die Existenz der unter Umsetzung der Richtlinie 2005/29/EG eingeführten Vorschrift des § 5 Abs. 2 UWG. Diese Vorschrift führt gerade im Kernbereich des Markenrechts, nämlich bei der Frage der Verwechslungsgefahr, zu einem Nebeneinander markenrechtlicher und lauterkeitsrechtlicher Vorschriften. Ein abgeschlossenes markenrechtliches System bei der Prüfung der Verwechslungsgefahr liegt daher nicht vor. Darüber hinaus kommt es durch die Anwendung des § 5 Abs. 2 UWG auch nicht – wie von den Anhängern der Vorrangthese befürchtet – zu einer Unterlaufung der europaweit harmonisierten markenrechtlichen Vorschriften durch nationales Lauterkeitsrecht.[629] Dadurch, dass sowohl § 5 Abs. 2 UWG als auch die Vorschriften zur Verwechslungsgefahr im MarkenG auf europäische Vorgaben zurückzuführen sind, überzeugt dieses Argument nicht. Im Ergebnis kann die Vorrangthese in der bestehenden Form nicht aufrecht erhalten werden.[630]

Überzeugender ist Anwendung der Vorrangthese in abgeschwächter Form. Hierbei ist zunächst zu berücksichtigen, dass die Richtlinie 2005/29/EG und somit auch die darauf beruhende Vorschrift des § 5 Abs. 2 UWG nur das Verhältnis der verbraucherbezogenen Unlauterkeit regeln.[631] Daher ist eine Abweichung von der Vorrangthese nicht notwendig, wenn es um Sachverhalte geht, die das Verhältnis von Mitbewerbern untereinander betreffen. Folglich kann es im Bereich des Bekanntheitsschutzes der §§ 14 Abs. 2 Nr. 3, 15 Abs. 3 MarkenG bei einer vorrangigen Anwendbarkeit markenrechtlicher Vorschriften bleiben. Gleiches gilt für das Verhältnis zum ergänzenden wettbewerbsrechtlichen Leistungsschutz gem. §§ 3, 4 Nr. 9 UWG. In beiden Fällen wird nur eine mitbewerberbezogene Unlauterkeit des Verhaltens im Wettbewerb missbilligt.[632]

Die Frage des Verhältnisses der Vorschriften stellt sich aber dann, wenn markenrechtlichen Normen (z.B. 14 Abs. 2 Nr. 1 und 2 MarkenG) mit solchen des Lauterkeitsrechts konkurrieren und letztere dem Verbraucherschutz dienen. Insofern wird unter Berufung auf Art. 3 Abs. 4 der Richtlinie 2005/29/EG zum Teil eine

---

629 *Ingerl/Rohnke*, MarkenG, § 2, Rn. 2.

630 BGH, GRUR 2013, 1161 [Rn. 60] – *Hard Rock Cafe.*

631 BGH, GRUR 2013, 1161 [Rn. 64] – *Hard Rock Cafe;* BGH, GRUR 2013, 397 [Rn. 44] – *Peek & Cloppenburg; Ingerl/Rohnke*, MarkenG, § 2, Rn. 2; *Sosnitza* in: Piper/Ohly/Sosnitza, UWG, § 5, Rn. 702.

632 *Hacker* in: Ströbele/Hacker, MarkenG, § 2, Rn. 15, 46, 53; *Ingerl/Rohnke*, MarkenG, § 2, Rn. 2.

Fortführung der Vorrangthese befürwortet.[633] Dort heißt es, dass im Falle der Kollision von Vorschriften der Richtlinie mit anderen Rechtsvorschriften der Union, die unlautere Geschäftspraktiken regeln, letztere maßgebend seien und vorgehen. Daraus könnte nach dieser Auffassung ein genereller Vorrang der Anwendung markenrechtlicher Vorschriften hergeleitet werden. Die Richtlinie 2005/29/EG lege selbst in Art. 3 Abs. 4 deren Nachrangigkeit gegenüber markenrechtlicher Vorschriften fest. Allerdings ist dem entgegenzuhalten, dass Art. 3 Abs. 4 der Richtlinie 2005/29/EG nichts über das Verhältnis des Lauterkeitsrechts zum Markenrecht aussagt.[634] Dieser Vorschrift enthält lediglich sektorspezifische Regeln (etwa im Reise-, Finanzdienstleistungs- oder Lebensmittelrecht) über unlautere Geschäftspraktiken.[635] Daher ist Art. 3 Abs. 4 der Richtlinie 2005/29/EG keine Regelung über das allgemeine Verhältnis lauterkeitsrechtlicher zu markenrechtlichen Vorschriften zu entnehmen. Außerdem ergibt sich aus dem 7. Erwägungsgrund zur MarkenRL, dass kein allgemeiner Vorrang der markenrechtlichen Vorschriften gewollt sein kann. Danach schließen die markenrechtlichen Regelungen nicht aus, dass auf Marken andere Rechtsvorschriften der Mitgliedstaaten als die des Markenrechts, wie die Vorschriften gegen den unlauteren Wettbewerb, über die zivilrechtliche Haftung oder den Verbraucherschutz, Anwendung finden. Die Annahme eines absoluten Vorrangs der markenrechtlichen Vorschriften vor dem Lauterkeitsrecht widerspricht daher den der MarkenRL zugrunde liegenden Erwägungen und lässt sich nicht über die Heranziehung des Art. 3 Abs. 4 der Richtlinie 2005/29/EG begründen.

Folgt man der überzeugenderen Auffassung, wonach markenrechtliche und lauterkeitsrechtliche Vorschriften mit verbraucherschützendem Charakter nebeneinander anzuwenden sind, kommt man zu einer Anspruchskonkurrenz in diesem Bereich. Insofern können aber Wertungswidersprüche zwischen den Vorschriften entstehen. Während § 5 Abs. 2 der Richtlinie 2005/29/EG etwa nur auf das tatsächliche Bestehen einer Verwechslungsgefahr abstellt, wird in § 14 Abs. 2 Nr. 2 MarkenG Verwechslungsgefahr mit einem prioritätsälterem Zeichen vorausgesetzt. Daneben könnten spezifisch markenrechtliche Schutzschranken übergangen werden. Nach ganz einhelliger Auffassung gilt es, die

633 Hierzu: OLG Köln, MarkenR 2009, 228, 230 – *Frucht des Marulabaumes*; *Sosnitza* in: Piper/Ohly/Sosnitza, UWG, § 5, Rn. 709.

634 Begründung zum Richtlinienentwurf der Europäischen Kommission, KOM(2003)356, Erwägungsgrund 44.

635 *Hacker* in: Ströbele/Hacker, MarkenG, § 2, Rn. 17.

Wertungswidersprüche zwischen den markenrechtlichen und den lauterkeitsrechtlichen Vorschriften zu vermeiden.[636] Hierbei wird von dem Grundsatz ausgegangen, dass dann, wenn eine bestimmte Interessenlage bereits im MarkenG geregelt ist, lauterkeitsrechtliche Vorschriften nicht herangezogen werden können, um ein anderes Ergebnis zu begründen.[637] Vielmehr müssen die Wertungen des Markenrechts in dem Sinne berücksichtigt werden, dass diese den Begriff der Unlauterkeit konkretisieren.[638] Dies folgt aus dem in der Richtlinie 2005/29/EG enthaltenen 9. Erwägungsgrund, wonach die Richtlinie nicht die gemeinschaftlichen und nationalen Vorschriften im Bereich des Schutzes des geistigen Eigentums berührt. Die hierauf beruhenden lauterkeitsrechtlichen Vorschriften sind demnach unter Berücksichtigung der Wertungen des MarkenG auszulegen. Geht der Inhaber einer nicht eingetragenen, aber benutzten Bezeichnung gegen den Inhaber einer älteren, verwechslungsfähigen Marke vor, deren Benutzung erst aufgenommen wurde, nachdem die prioritätsjüngere Bezeichnung bereits benutzt wurde, so steht dem Anspruch aus § 5 Abs. 2 UWG entgegen, dass der Markeninhaber die Benutzung der prioritätsjüngeren Bezeichnung jederzeit markenrechtlich über § 14 Abs. 2 Nr. 2 MarkenG untersagen könnte und die an sich gegebene Verwechslungsgefahr des § 5 Abs. 2 UWG damit beseitigt wäre.[639] Diese Wertung ist bei der Anwendung des § 5 Abs. 2 UWG zu berücksichtigen.

d. Zwischenergebnis

Nach der hier vertretenen Auffassung besteht grundsätzlich ein Vorrang der markenrechtlichen Vorschriften vor dem Lauterkeitsrecht. Lediglich im Bereich der verbraucherbezogenen Vorschriften des UWG greift dieses Vorrangverhältnis nicht, da § 5 Abs. 2 UWG insoweit eine parallele Anwendbarkeit lauterkeitsrechtlicher Vorschriften vorsieht. Insofern sind aber dennoch die Wertungen des Markenrechts zu berücksichtigen, so dass durch die Anwendbarkeit lauterkeitsrechtlicher Vorschriften die Bestimmungen des Markenrechts nicht ausgehebelt werden.

---

636 BGH, GRUR 2013, 397 [Rn. 44] – *Peek und Cloppenburg*; *Hacker* in: Ströbele/Hacker, MarkenG, § 2, Rn. 19ff.; *Ingerl/Rohnke*, MarkenG, § 2, Rn. 2; *Bornkamm*, GRUR 2011, 1.

637 *Ingerl/Rohnke*, MarkenG, § 2, Rn. 2.

638 BGH, GRUR 2005, 163, 165 – *Aluminiumräder*.

639 *Hacker* in: Ströbele/Hacker, MarkenG, § 2, Rn. 37.

2. MarkenG und BGB

Zu untersuchen ist des Weiteren die Anwendbarkeit bürgerlich-rechtlicher Normen neben den markenrechtlichen Vorschriften. Dabei ist zwischen den Vorschriften zur Anspruchsbegründung (a.) und den anspruchsbegrenzenden Normen den BGB (b.) zu unterscheiden.

a. MarkenG und anspruchsbegründende Vorschriften des BGB

Bei der Untersuchung der Anwendbarkeit bürgerlich-rechtlicher Normen neben markenrechtlichen Vorschriften im Rahmen der Anspruchsbegründung ist vor allem das Verhältnis der §§ 14, 15 MarkenG zu den deliktsrechtlichen Generalklauseln § 823 Abs. 1 und § 826 BGB sowie zum Namensschutz aus §§ 12, 823 Abs. 1 BGB von Interesse. Abgesehen von Schadensersatzansprüchen kann jeweils in Verbindung mit § 1004 Abs. 1 BGB analog ein Unterlassungs- und ein Beseitigungsanspruch aus diesen Vorschriften hergeleitet werden. Nach der hier vertretenen „eingeschränkten Vorrangthese“[640] scheidet die Anwendung der bürgerlich-rechtlichen Vorschriften neben den markenrechtlichen Normen in deren Anwendungsbereich grundsätzlich aus. Dies hat für die Anwendbarkeit der bürgerlich-rechtlichen Vorschriften die nachstehenden Auswirkungen:

Unter der Geltung des WZG war der bürgerlich-rechtliche Schutz bekannter Kennzeichen gegen Verwässerung über die §§ 823 Abs. 1, 1004 BGB analog noch allgemein anerkannt.[641] Das WZG selbst enthielt keine Regelungen hierzu. Herangezogen wurden die bürgerlich-rechtlichen Vorschriften stets dann, wenn das für die Anwendung des Lauterkeitsrechts erforderliche Wettbewerbsverhältnis zwischen Anspruchssteller und Anspruchsgegner fehlte.[642] Durch die Einführung des § 14 Abs. 2 Nr. 3 MarkenG, der dem Schutz bekannter Marken gegen verwechselbar ähnliche Zeichen dient, ist die Notwendigkeit des Ausweichens auf die außermarkenrechtlichen Vorschriften allerdings weitestgehend entfallen.[643] Da diese Norm kein Wettbewerbsverhältnis voraussetzt, ist ein Ausweichen auf die §§ 823 Abs. 1, 1004 BGB analog nicht mehr erforderlich und durch die vorrangige Anwendbarkeit markenrechtlicher Vorschriften sogar ausgeschlossen. Nur bei solchen Handlungen, die nicht im geschäftlichen Verkehr

---

640 Dargestellt unter Ziff. I.1. in diesem Kapitel.

641 BGH, GRUR 1991, 863, 865 – *Avon*; BGH, GRUR 1987, 711, 713 – *Camel Tours*; BGH, GRUR 1966, 623, 624 – *Kupferberg*; BGH, GRUR 1959, 25, 29 – *Triumph*; *Baumbach/Hefermehl*, WZG, § 31, Rn. 190ff.

642 *Baumbach/Hefermehl*, WZG, § 31, Rn. 191.

643 BGH, GRUR 2001, 1050, 1051 – *Tagesschau*; BGH, GRUR 1999, 161, 162 – *MAC Dog*.

stattfinden, können – wie vor der Einführung des MarkenG – im Einzelfall die Vorschriften des bürgerlichen Rechts herangezogen werden, weil hier weder marken- noch wettbewerbsrechtlicher Schutz besteht.[644]

Gleiches gilt für § 826 BGB, 1004 BGB analog. Bei § 826 BGB handelt es sich seiner Natur nach um einen Auffangtatbestand, der solche schädigenden Handlungen erfassen soll, die zwar nicht zur Verletzung absolut geschützter Rechtsgüter gemäß § 823 Abs. 1 BGB oder eines Schutzgesetzes im Sinne von § 823 Abs. 2 BGB führen, die jedoch auf Grund besonderer Umstände als sittenwidrig zu qualifizieren sind.[645] Auch insofern besteht im geschäftlichen Verkehr kein Bedarf für die Heranziehung der bürgerlich-rechtlichen Vorschrift des § 826 BGB, weil die markenrechtlichen Vorschriften in deren Anwendungsbereich vorrangig sind. Im nicht geschäftlichen Verkehr sind dagegen noch Fallgestaltungen denkbar, in denen § 826 BGB zur Anwendung gebracht werden kann. Als vorsätzliche sittenwidrige Schädigung kann ein Verhalten eingestuft werden, das ungeachtet seines privaten Charakters einen solch schwerwiegenden Angriff auf eine Marke darstellt, der das Unwerturteil der sittenwidrigen Schädigung im Sinne des § 826 BGB rechtfertigen könnte.[646] Diese Fallgestaltungen sind aber selten. Ihre Erwähnung darf nicht darüber hinweg täuschen, dass der Anwendungsbereich von § 826 BGB neben markenrechtlichen Vorschriften kaum relevant sein dürfte.

Konkurrenzen bestehen des Weiteren im Verhältnis des bürgerlich-rechtlichen Namensschutzes über die §§ 12, 823 Abs. 1 zum markenrechtlichen Schutz der §§ 5, 15 MarkenG. Auch hier tritt der bürgerlich-rechtliche Namensschutz im geschäftlichen Verkehr hinter die markenrechtlichen Regelungen zurück, weil diese insoweit lex specialis sind.[647] Andernfalls würden die Wertungen des Markenrechts unterlaufen.[648] Indes entfaltet § 15 MarkenG keine allgemeine Sperrwirkung. Der bürgerlich-rechtliche Namensschutz kann nach einhelliger

---

644 BGH, GRUR 2009, 871 [Rn. 37] – *Ohrclips,* unter Verweis auf Begr. zum Entwurf des MarkenG, BT-DrucksS. 12/6581, 72; OLG Rostock, GRUR 2005, 352, 353 – *Schöner Wohnen in W.*; OLG Hamburg, NJW-RR 1998, 552 – *Pack den Tiger in die Bürgerschaft*; *Hacker* in: Ströbele/Hacker, MarkenG, § 2, Rn. 96; *Hacker,* MarkenR, Rn. 715.

645 Hierzu: MüKo/*Wagner,* BGB, § 826, 4; OLG Frankfurt/Main, MMR 2005, 458, 460 – *Cartierschmuck II.*

646 OLG Frankfurt/Main, MMR 2005, 458, 460 – Cartierschmuck II.

647 BGH, GRUR 2014, 505 [Rn. 8] – *sr.de*; BGH, GRUR 2010, 1020 [Rn. 11] – *Verbraucherzentrale*; BGH, GRUR 2002, 622, 625 – *shell.de; Ingerl/Rohnke,* MarkenG, nach § 15, Rn. 3; *Hacker* in: Ströbele/Hacker, MarkenG, § 2, Rn. 97.

648 *Ingerl/Rohnke,* MarkenG, nach § 15, Rn. 4.

Ansicht ergänzend zum Schutz von Unternehmensbezeichnungen herangezogen werden, wenn die Beeinträchtigung entweder, wie etwa bei der bloßen Registrierung einer sog. „Tippfehler-Domain“, außerhalb des geschäftlichen Verkehrs oder außerhalb der Branche und somit auch außerhalb des Bereichs der markenrechtlichen Verwechslungsgefahr liegen.[649]

b. MarkenG und anspruchsbegrenzende Vorschriften des BGB

Des Weiteren ist das Verhältnis der bürgerlich-rechtlichen anspruchsbegrenzenden Vorschriften zu den Vorschriften des MarkenG zu untersuchen. Als anspruchsbegrenzende Vorschrift kommt etwa der Einwand des Rechtsmissbrauchs gemäß § 242 BGB in Betracht. Insofern wäre bei strenger Orientierung am Wortlaut des § 2 MarkenG vertretbar, die bürgerlich-rechtlichen Vorschriften zur Anspruchsbegrenzung nicht auf markenrechtlich begründeten Ansprüche anzuwenden. § 2 MarkenG regelt nämlich nur den Fall des ergänzenden Kennzeichenschutzes, das heißt die zusätzliche Heranziehung außermarkenrechtlicher Anspruchsgrundlagen zum *Schutz* von Marken. Nicht ausdrücklich geregelt ist die Anwendbarkeit außermarkenrechtlicher Vorschriften zur Begrenzung der Markenrechte. § 242 BGB enthält mit dem Grundsatz von Treu und Glauben aber einen die gesamte Rechtsordnung beherrschenden allgemeinen Rechtsgedanken.[650] Der Anwendungsbereich des § 242 BGB auf markenrechtliche Vorschriften ist daher unabhängig von § 2 MarkenG eröffnet. Das Gebot von Treu und Glauben und die damit verbundene Schranke der rechtsmissbräuchlichen Rechtsausübung finden auch auf markenrechtlich begründete Ansprüche Anwendung, wobei die Geltendmachung von § 242 BGB im Markenverletzungsprozess bewirkt, dass die Befugnisse des Markeninhabers nicht durchsetzbar sind.[651]

Während sich im MarkenG keine gesetzliche Normierung des Rechtsmissbrauchseinwands findet, enthält dieses aber teilweise auch Normierungen des aus § 242 BGB hergeleiteten Gebots von Treu und Glauben. Dies betrifft

---

649 Hierzu: BGH, GRUR 2012, 304 [Rn. 32] – *Basler Haar-Kosmetik*; BGH, GRUR 2008, 1099 [Rn. 10] – *afilias*; BGH, GRUR 2002, 622, 625 – *shell.de*; BGH, GRUR 1998, 696, 697 – *Rolex-Uhr mit Diamanten*; LG Hamburg, GRUR-RR 2007, 44 – *bundesliag.de; Ingerl/Rohnke*, MarkenG, § 5, Rn. 32ff.; *Hacker* in: Ströbele/Hacker, MarkenG, § 15, Rn. 6; *Pahlow* in: Ekey/Klippel/Bender, Markenrecht, § 15 Rn. 123.

650 *Wiemann*, Rechtmsissbrauch, 118.

651 *Grüneberg* in: Palandt, BGB, § 242, Rn. 38ff.: *Ingerl/Rohnke*, MarkenG, vor §§ 14–19d, Rn. 321.

beispielsweise den Einwand der Verwirkung gemäß § 21 MarkenG. Die Rechtsprechung ist hierbei bislang, ohne dies zu problematisieren, von einem vollständigen Nebeneinander der markenrechtlichen und außermarkenrechtlichen Vorschriften zur Anspruchsbegrenzung ausgegangen.[652] Dem kann aber nicht gefolgt werden. Es kommt vielmehr darauf an, ob die unionsrechtliche Vorgabe der Verwirkungsregelung im MarkenG, Art. 9 MarkenRL, es den Mitgliedsstaaten überlassen wollte, weitere Beschränkungen des Markenrechts einzuführen.[653] Gegen die Auffassung der Rechtsprechung ist einzuwenden, dass Art. 9 MarkenRL eine abschließende Regelung darstellt. Hierfür spricht zum einen die Bezugnahme auf die Rechtssicherheit bei der Begründung der Verwirkungsregelung in der Präambel der MarkenRL. Eine europaweite Vereinheitlichung des markenrechtlichen Verwirkungstatbestandes und damit auch Rechtssicherheit lässt sich aber nicht herstellen, wenn in jedem Mitgliedsstaat parallel zum markenrechtlichen Spezialtatbestand nationales Recht zur Beschränkung markenrechtlicher Ansprüche herangezogen werden könnte. Zum anderen wurde bereits für die in Art. 7 MarkenRL geregelte Erschöpfung vom EuGH entschieden, dass die Richtlinienvorschrift abschließend ist.[654] Die dortigen Entscheidungsgründe können gleichermaßen auf den Einwand der Verwirkung übertragen werden. Darüber hinaus ist der Auffassung der Rechtsprechung eine gewisse Inkonsequenz vorzuwerfen, da diese bei der Anspruchsbegründung einen Vorrang der markenrechtlichen Spezialtatbestände vor den allgemeinen bürgerlich-rechtlichen Vorschriften annimmt und selbst bei der Anwendbarkeit der außermarkenrechtlichen Normen die Wertungen des Markenrechts beachtet wissen will, um hierüber nicht zentrale markenrechtliche Aussagen zum Schutzumfang der Marken auszuhebeln.[655] Im Ergebnis ist daher, sofern eine Konkurrenz der anspruchsbegrenzende Vorschriften zwischen MarkenG und BGB besteht, ebenso wie bei den anspruchsbegründenden Vorschriften des BGB, der grundsätzliche Vorrang der markenrechtlichen Vorschriften zu beachten. Der Einwand des Rechtsmissbrauchs gemäß § 242 BGB steht nicht in Konkurrenz zu markenrechtlichen Vorschriften und ist daher neben dieses anwendbar.

---

652 BGH, GRUR 2008, 1104 [Rn. 33] – HAUS & GRUND II; BGH, GRUR 2008, 803 [Rn. 44] – HEITEC; BGH GRUR 2004, 783, 785 – NEURO-VIBOLEX/NEURO-FIBRAFLEX; BGH, GRUR 2000, 605, 607 – comtes/ComTel; OLG Hamburg GRUR-RR 2004, 71, 72 – Salatfix.

653 *Ingerl/Rohnke*, MarkenG, nach § 2, Rn. 19.

654 EuGH, GRUR 1998, 919 – *Silhouette*.

655 BGH, GRUR 2013, 397 [Rn. 44] – *Peek und Cloppenburg*.

3. MarkenG und HGB

Das Verhältnis des MarkenG zum HGB betrifft vor allem das Verhältnis des markenrechtlichen Unterlassungsanspruchs aus §§ 5 Abs. 2 S. 1, 15 Abs. 1 und Abs. 4 MarkenG zum handelsrechtlichen Unterlassungsanspruch aus § 37 Abs. 2 HGB. Beide Gesetze dienen dem Schutz der Firma bzw. des Unternehmenskennzeichens. Daher ist auch hier der grundsätzliche Vorrang der markenrechtlichen Normen in deren Anwendungsbereich zu beachten. Allerdings regeln die markenrechtlichen Vorschriften zum Unternehmenskennzeichen etwas anderes als die handelsrechtlichen Normen zum Schutz der Firma. Während sich das Markenrecht mit dem materiellen Firmenrecht befasst, beschränkt sich das HGB auf formal-ordnungspolitische Aspekte.[656] Das vom MarkenG erfasste materielle Firmenrecht setzt keine Eintragung in das Handelsregister voraus, da die Ingebrauchnahme der Bezeichnung im geschäftlichen Verkehr vor der Firmeneintragung liegen kann.[657] Umgekehrt wird für den Unterlassungsanspruch nach § 37 Abs. 2 HGB, anders als bei § 15 Abs. 4 MarkenG, kein Eingriff in ein subjektives Ausschließlichkeitsrecht gefordert. Die markenrechtlichen und handelsrechtlichen Vorschriften sind daher weitestgehend unabhängig voneinander.[658] Der handelsrechtliche Firmenschutz aus § 37 Abs. 2 HGB liegt nicht im Anwendungsbereich der markenrechtlichen Vorschriften und kann aufgrund seiner unterschiedlichen Schutzrichtung weiterhin neben den §§ 5 Abs. 2 S. 1, 15 Abs. 1 und Abs. 4 MarkenG angewendet werden.

4. Zwischenergebnis

Nach der Einführung des MarkenG geht dieses in seinem Anwendungsbereich grundsätzlich den Vorschriften des BGB vor. Dies gilt sowohl für die Anspruchsbegründung als auch in weiten Teilen für die Anspruchsbegrenzung. Der Einwand des Rechtsmissbrauchs gemäß § 242 BGB stellt auf der Stufe der Anspruchsbegrenzung eine Ausnahme von diesem Grundsatz dar und kann neben markenrechtlichen Vorschriften angewendet werden. Nur bei der Geltendmachung von Ansprüchen wegen Handlungen im nicht geschäftlichen Bereich besteht weiterhin Raum für die Heranziehung der deliktsrechtlichen Generalklauseln und von § 12 BGB. Die den Firmenschutz betreffenden Vorschriften

---

656 *Hacker* in: Ströbele/Hacker, MarkenG, § 2, Rn. 4 („Firmenpolizeirecht"); *Pahlow* in: Ekey/Klippel/Bender, Markenrecht, § 15 Rn. 151.

657 *Ingerl/Rohnke*, MarkenG, nach § 15, Rn. 5; *Hacker* in: Ströbele/Hacker, MarkenG, § 2, Rn. 97; *Pahlow* in: Ekey/Klippel/Bender, Markenrecht, § 15 Rn. 151.

658 So auch LG Stuttgart, GRUR-RR 2006, 333, 335 – *Uhland-Apotheke*.

des HGB sind aufgrund der unterschiedlichen Schutzrichtung neben den Normen des MarkenG zum Firmenschutz anwendbar. Umstritten ist das Verhältnis markenrechtlicher Vorschriften zum Lauterkeitsrecht. Nach der hier vertretenen Auffassung besteht im Anwendungsbereich des MarkenG grundsätzlich ein Vorrang der markenrechtlichen Vorschriften. Lediglich im Bereich der verbraucherbezogenen Vorschriften des UWG greift dieses Vorrangverhältnis nicht. Bei der Anwendung der lauterkeitsrechtlichen Vorschriften sind aber dennoch die Wertungen des Markenrechts zu berücksichtigen, da durch die Anwendbarkeit lauterkeitsrechtlicher Vorschriften die Bestimmungen des Markenrechts nicht ausgehebelt werden dürfen.

II. Der Vorrang markenrechtlicher Vorschriften bei bösgläubigen Markenanmeldungen

Vor der Einführung des MarkenG wurde die Löschung bösgläubiger Markenanmeldungen beim Vorliegen eines Wettbewerbsverhältnisses auf § 1 UWG a.F. sowie, falls ein Wettbewerbsverhältnis nicht vorlag, auf § 826 BGB, 1004 BGB analog gestützt.[659] Da die Fälle der bösgläubigen Markenanmeldung üblicherweise auch lauterkeitsrechtliche Relevanz hatten, kam dem § 826 BGB in diesem Zusammenhang seit der Einführung des UWG im Jahre 1909 eine absolute Nebenrolle zu.[660] Daneben stand dem Betroffenen über § 242 BGB der Rechtsmissbrauchseinwand zur Abwehr von Ansprüchen zur Verfügung, über den bösgläubige Motive bei der Markenanmeldung geprüft werden konnten. Mit der Einführung des Löschungsgrundes der bösgläubigen Markenanmeldung in § 50 MarkenG und der späteren Regelung als absolutes Schutzhindernis in § 8 Abs. 2 Nr. 10 MarkenG bestehen nun markenrechtliche Spezialtatbestände, die die Fallgestaltungen der bösgläubigen Markenanmeldung regeln. Nach überzeugender Auffassung besteht im Anwendungsbereich des MarkenG ein grundsätzlicher Vorrang markenrechtlicher Normen vor den lauterkeitsrechtlichen und bürgerlich-rechtlichen Vorschriften. Zu untersuchen ist daher im Folgenden, ob ein Vorrangverhältnis zwischen markenrechtlichen und außermarkenrechtlichen Vorschriften, vor allem von §§ 3, 4 Nr. 10 UWG und § 826 BGB, im Rahmen des Löschungs- bzw. Eintragungsverfahrens (1.) und bei der Geltendmachung der Bösgläubigkeit als Einwand der unzulässigen Rechtsausübung des § 242 BGB (2.) besteht.

659 Z.B. BGH, GRUR 1967, 304, 306 – *Siroset*.
660 MüKo/*Wagner*, BGB, § 826, Rn. 153, 159.

1. Vorrang und Markenbestand

§ 8 Abs. 2 Nr. 10 MarkenG untersagt die Eintragung von Marken, die bösgläubig angemeldet wurden. Über § 50 Abs. 1 MarkenG besteht die Möglichkeit, bösgläubig angemeldete Marken löschen zu lassen. Mit diesen Vorschriften soll der Markenbestand entweder verhindert oder beseitigt werden. Es stellt sich daher die Frage, ob bei bösgläubigen Markenanmeldungen auch außermarkenrechtliche Vorschriften zum Angriff auf den Markenbestand herangezogen werden können, obwohl der Gesetzgeber dies markenrechtlich geregelt hat. Diese Frage ist im Folgenden hinsichtlich des Löschungsverfahrens (a.) und hinsichtlich des Eintragungsverfahrens (b.) zu untersuchen.

a. Vorrang und Löschungsverfahren

Der BGH entschied in dem Verfahren „EQUI 2000“, dass es hinsichtlich der Löschung von Marken bei einem Nebeneinander der Anwendbarkeit der markenrechtlichen und außermarkenrechtlichen Vorschriften bleibt.[661] Er machte insofern eine bewusste Ausnahme von der von ihm ansonsten streng durchgehaltenen Vorrangthese, wonach eine Anwendbarkeit außermarkenrechtlicher Vorschriften im Anwendungsbereich des MarkenG nicht zugelassen ist. Zur Begründung stützte sich der BGH darauf, der Gesetzgeber habe mit den Bestimmungen des Markengesetzes den unter Geltung des WZG bestehenden ergänzenden lauterkeitsrechtlichen und deliktsrechtlichen Schutz nicht einengen und die grundsätzliche Verteilung der Zuständigkeiten zwischen dem DPMA und den ordentlichen Gerichten erhalten wollen.[662] Außerdem begründet der BGH seine Auffassung damit, dass das Verfahren vor den Zivilgerichten besser als dasjenige vor dem DPMA auf die zum Teil recht komplexen Sachverhalte zugeschnitten sei.[663]

Dieser Auffassung ist zuzustimmen. Auch nach der Einführung des MarkenG, das die entsprechenden Sanktionen für eine bösgläubige Markenanmeldung in § 50 Abs. 1 MarkenG i.V.m. § 8 Abs. 2 Nr. 10 MarkenG zur Verfügung stellt, können die außermarkenrechtliche Vorschriften § 1 UWG a.F. und § 826

---

661 BGH, GRUR 2000, 1032, 1034 – *EQUI 2000*; so zuvor bereits *Helm*, GRUR 1996, 593, 600; *Kiethe/Groeschke*, WRP 1997, 296, 274; *v. Linstow*, MarkenR 1999, 81, 83.

662 Der BGH verweist dazu auf Begr. zum Entwurf des MarkenG, BT-DruckS. 12/6581, 57, 64.

663 BGH, GRUR 2000, 1032, 1034 – *EQUI 2000*.

BGB zur Löschung von Marken herangezogen werden.[664] Hierfür spricht zunächst, dass dem Gesetzgeber bei Einführung des § 50 Abs. 1 Nr. 4 MarkenG a.F. die Rechtsprechung zu diesen Vorschriften bekannt war. Wenn er das Nebeneinander der Anwendbarkeit von markenrechtlichen und außermarkenrechtlichen Ansprüchen nicht gewollt hätte, würde sich dies in der Begründung des MarkenG wiederfinden. Dort ist aber kein Hinweis darauf enthalten, dass die Geltendmachung außermarkenrechtlicher Vorschriften nach der Einführung des MarkenG ausgeschlossen sein soll.[665]

Des Weiteren ist die Anwendbarkeit außermarkenrechtlicher Vorschriften als Grundlage für die Löschung von Marken auch aufgrund der unterschiedlich ausgestalteten der Verfahren vor dem DPMA und den ordentlichen Gerichten sinnvoll.[666] Das Zivilverfahren vor den ordentlichen Gerichten ist auf die Bewältigung komplexer Sachverhalte besser zugeschnitten als das Verfahren vor dem DPMA.[667] Während das DPMA den Sachverhalt nämlich gemäß 59 Abs. 1 S. 1 MarkenG von Amts wegen zu ermitteln hat, herrscht vor den Zivilgerichten der Beibringungsgrundsatz, wonach der Richter an die Anträge der Parteien sowie die vorgetragenen Tatsachen gebunden ist.[668] In Kombination mit der abschließenden Aufzählung der Löschungsgründe in § 50 MarkenG ergibt sich außerdem nur ein eingeschränkter Prüfungsumfang des DPMA.[669] Die unterschiedlichen Ausgestaltungen der Verfahren beruhen auf den jeweils im Vordergrund stehenden Interessen. Die Löschung durch das DPMA aufgrund des Entgegenstehens absoluter Schutzhindernisse erfolgt vorwiegend im öffentlichen Interesse an der Freihaltung des Markenregisters von schutzunfähigen Zeichen.[670] Wie das Rechtsinstitut der Amtslöschung zeigt, muss dieses öffentliche Interesse nicht zwangsläufig von den betroffenen Parteien eines Rechtsstreits

---

664 BGH, GRUR 2000, 1032, 1034 – *EQUI 2000*; *Fezer*, MarkenR, § 8, Rn. 674; *Baumbach/Hefermehl*, Wettbewerbsrecht, 22. Auflage, § 1 UWG, Rn. 240; Helm, GRUR 1996, 593, 600; *v. Linstow*, MarkenR 2008, 81, 83 hielt § 50 Abs. 1 Nr. 4 MarkenG a.F. allgemein für zu abstrakt und lehnte aus diesem Grund jegliche abschließende Funktion des Tatbestandes ab.

665 Begr. zum Entwurf des MarkenG, BT-DruckS. 12/6581, 57; *Brötje*, Bösgläubige Markenanmeldung, 139ff.; *Gramsch*, Individualbehinderung, 73.

666 BGH, GRUR 2003, 1042, 1042 – *Kinder I*; BGH, GRUR 2000, 1032, 1034 – *EQUI 2000*, unter Verweis auf Begr. zum Entwurf des MarkenG, BT-DruckS. 12/6581, 57.

667 BGH, GRUR 2000, 1032, 1034 – *EQUI 2000.*

668 So auch *Brötje*, Bösgläubige Markenanmeldung, 141; *Gramsch*, Individualbehinderung, 73.

669 *Ingerl/Rohnke*, MarkenG, § 50, Rn. 2.

670 Vgl. hierzu die Ausführungen in Kapitel 3, Ziff. VII.2.a.

durchgesetzt werden. Dagegen dient die Geltendmachung außermarkenrechtlicher Ansprüche im Rahmen des Löschungsverfahrens dem Schutz individueller Rechtspositionen. Hierfür steht der Zivilrechtsweg offen.[671] Nichts anderes ist im Übrigen in der UMV geregelt, die für die Nichtigkeitserklärung bösgläubiger Markenanmeldungen in Art. 52 Abs. 1 lit. b) ein Nebeneinander des Verfahrens vor dem EUIPO und des Verfahrens vor den Gerichten vorsieht. Daher ist es unter dem Aspekt der unterschiedlichen Ausgestaltung der Verfahren praktikabel, die Geltendmachung außermarkenrechtlicher Vorschriften, wie §§ 3, 4 Nr. 10 UWG und § 826 BGB zur Löschung von Marken, neben § 50 MarkenG zuzulassen.

Im Übrigen ist dem MarkenG die Prüfung einer Marke auf absolute Schutzhindernisse durch die Gerichte nicht vollständig unbekannt. Nach §§ 55 Abs. 1, 51 Abs. 4 Nr. 2, 50 Abs. 1 MarkenG ist bei der gerichtlichen Durchsetzung eines Löschungsanspruchs gegen eine jüngere Marke wegen des Bestehens einer älteren ähnlichen Marke zu prüfen, ob die ältere Marke wegen des Bestehens eines absoluten Schutzhindernisses – wie etwa auch der Bösgläubigkeit der Markenanmeldung nach § 8 Abs. 2 Nr. 10 MarkenG – hätte gelöscht werden können. Eine strenge Trennung der Zuständigkeiten zwischen DPMA und Gerichten bei der Löschung einer Marke aufgrund der Bösgläubigkeit des Anmelders bei der Markenanmeldung ist dem Gesetz nicht zu entnehmen.

Ebenso wenig steht der Anwendung von außermarkenrechtlichen Vorschriften die Bindungswirkung der Eintragungsentscheidung des DPMA entgegen.[672] Zwar kommt der Eintragungsentscheidung des DPMA grundsätzlich eine Bindungswirkung gegenüber den ordentlichen Gerichten hinsichtlich des Vorliegens absoluter Schutzhindernisse zu.[673] Im Rahmen des Markeneintragungsverfahrens wird die Schutzfähigkeit der Marke aber nicht vollständig geprüft. Aufgrund des Ersichtlichkeitserfordernisses in § 37 Abs. 3 MarkenG erfolgte gerade keine abschließende Prüfung auf bösgläubige Motive.[674] Eine außerhalb

---

671 EuGH, GRUR 2008, 608 [Rn. 55] – *EUROHYPO*; EUGH, GRUR 2003, 604 [Rn. 51] – *Libertel*; EuGH, GRUR 1999, 723 [Rn. 25ff.] – *Chiemsee*; BGH, GRUR 2006, 850 [Rn. 17] – *FUSSBALL WM 2006*; *Ströbele* in: Ströbele/Hacker, MarkenG, § 2, Rn. 5.

672 So auch *Füllkrug*, WRP 2006, 664, 667, der eine rein markenrechtliche Beurteilung der bösgläubigen Markenanmeldung befürwortet.

673 BGH, GRUR 2005, 1044, 1045 – *Dentale Abformmasse*; BGH, GRUR 2005, 414, 416 – *Russisches Schaumgebäck*; BGH, GRUR 2005, 427, 428 – *Lila-Schokolade*; BGH, GRUR 2000, 888, 889 – *MAG-LITE; Gottwald* in: Münchner Kommentar, ZPO, § 322, Rn. 66 zur materiellen Rechtskraft der Entscheidungen von Verwaltungsbehörden.

674 *Fezer*, MarkenR, § 8, Rn. 680.

der Ersichtlichkeit liegende Bösgläubigkeit kann demzufolge auch über außermarkenrechtlichen Vorschriften, wie beispielsweise §§ 3, 4 Nr. 10 UWG oder § 826 BGB, angegriffen werden, da die ordentlichen Gerichte nicht an die Eintragungsentscheidung – und damit nicht an die Verneinung bösgläubiger Motive bei der Markenanmeldung – gebunden sind.

Letztlich spricht auch die Prozessökonomie für die Anwendbarkeit der außermarkenrechtlichen Vorschriften neben § 50 Abs. 1 MarkenG. Bei Ablehnung der Anwendbarkeit außermarkenrechtlicher Vorschriften auf die Löschung von Marken müsste der Betroffene im Fall der Geltendmachung von Ansprüchen aus der bösgläubig angemeldeten Marke zunächst einen Anspruch auf Löschung dieser Marke beim DPMA stellen. Nach der Löschung könnte der Betroffene seinen Schaden gegen den bösgläubigen Markenanmelder vor den ordentlichen Gerichten geltend machen. Allerdings würde auf diesem Weg der gleiche Streitstoff auf mehrere Verfahren aufgeteilt. Dies wird als unökonomisch und unzweckmäßig angesehen.[675] Daher muss aus prozessökonomischen Gründen die Möglichkeit erhalten werden, die Verfahren vor *einem* Gericht zu entscheiden.

Es bleibt daher festzuhalten, dass die Anwendbarkeit außermarkenrechtlicher Vorschriften nicht durch § 50 oder § 8 Abs. 2 Nr. 10 MarkenG ausgeschlossen ist. Hierfür sprechen die Entstehungsgeschichte der Vorschrift, die Unterschiede des Verfahrens bei dem DPMA und den ordentlichen Gerichten sowie die Prozessökonomie. Dieser Lösung steht die Bindungswirkung der Eintragungsentscheidungen des DPMA gegenüber den ordentlichen Gerichten nicht entgegen.

b. Vorrang und Eintragungsverfahren

Denkbar wäre es, außermarkenrechtliche Vorschriften, wie §§ 3, 4 Nr. 10 UWG oder § 826 BGB, auch auf das Eintragungsverfahren im Sinne eines Anspruchs auf Rücknahme der Markenanmeldung anzuwenden.[676] Dies hätte zur Folge, dass der Markenanmelder dazu verpflichtet würde, die Anmeldung zurückzunehmen und das Anmeldeverfahren nicht weiter zu verfolgen. Fraglich ist daher, ob die außermarkenrechtlichen Vorschriften zur Bekämpfung bösgläubiger Markenanmeldungen nicht nur im Rahmen des Löschungsverfahrens, sondern auch im Rahmen des Eintragungsverfahrens herangezogen werden können.

Gegen die Anwendung außermarkenrechtlicher Vorschriften auf die Eintragung bösgläubiger Marken spricht, dass der Gesetzgeber – hätte er ein Nebeneinander der markenrechtlichen und außermarkenrechtlichen Ansprüche

675 So auch BGH, GRUR 2000, 1032, 1033 – *EQUI 2000*.

676 Siehe hierzu *Hacker* in: Ströbele/Hacker, MarkenG, § 2, Rn. 102.

im Eintragungsverfahren beabsichtigt – dies ausdrücklich hervorheben hätte können.[677] Anders als bei der Einführung des § 50 Abs. 1 Nr. 4 MarkenG a.F., als der Gesetzgeber ausdrücklich auf die Möglichkeit zur weiteren Geltendmachung von außermarkenrechtlichen Ansprüchen hinwies[678], tat er dies bei der Einführung des § 8 Abs. 2 Nr. 10 MarkenG nicht. Mit dem Argument der fehlenden ausdrücklichen Erklärung der Anwendbarkeit im Zuge der Einführung der Bösgläubigkeit als absolutes Schutzhindernisses ließe sich vertreten, dass er die außermarkenrechtlichen Vorschriften im Rahmen des Eintragungsverfahrens nicht für anwendbar hält.

Gegen eine Anwendung der außermarkenrechtlichen Vorschriften im Eintragungsverfahren könnte zudem der eingeschränkte Prüfungsumfang des DPMA gemäß § 8 Abs. 2 Nr. 10 i.V.m. § 37 Abs. 3 MarkenG vorgebracht werden. Gemäß § 37 Abs. 3 MarkenG muss die Markenstelle des DPMA nur ersichtliche Eintragungshindernisse bei der Prüfung auf bösgläubige Absichten des Anmelders bei der Markenanmeldung berücksichtigen.[679] Eine solche Einschränkung besteht hingegen nicht bei einem auf lauterkeitsrechtliche Vorschriften oder auf das bürgerlich-rechtliche Deliktsrecht gestützten gerichtlichen Verfahren. Daher könnte beispielsweise das befasste Gericht im Rahmen eines gegen die Markeneintragung gerichteten Wettbewerbsprozesses zu einem anderen Ergebnis kommen als die Markenstelle des DPMA im Rahmen des Anmeldeverfahrens. Eine Bindungswirkung der Eintragungsentscheidung des DPMA besteht zwar nur im Rahmen der Prüfungspflicht des DPMA und somit nicht außerhalb des Ersichtlichkeitserfordernisses des § 37 Abs. 3 MarkenG. Dennoch wäre es nicht akzeptabel, wenn im Rahmen eines gegen die Eintragung der Marke gerichteten gerichtlichen Verfahrens, anders als im Eintragungsverfahren vor dem DPMA, eine umfassende Prüfung der absoluten Schutzhindernisse des § 8 Abs. 2 MarkenG stattfände und somit auf diesem Wege den Markenanmelder zur Zurücknahme der Markenanmeldung verpflichten könnte. Dies hätte den Bedeutungsverlust der Entscheidung des DPMA zur Folge und würde das gesamte im MarkenG vorgesehene Eintragungsverfahren überflüssig machen, denn es sind nicht zuletzt die Einschränkungen im Eintragungsverfahren, die das markenrechtliche Verfahren von einer außermarkenrechtlichen Überprüfung unterscheiden.

---

677 Begr. zum Entwurf des Geschmacksmusterreformgesetzes, BT-DruckS 15/1075, 67.
678 So bereits dargestellt oben in Kapitel 7, Ziff. II.2.a.
679 Vgl. hierzu oben in Kapitel 3, Ziff. III.2.a.

Allerdings überzeugen diese Argumente nicht. Zunächst wurde angesprochen, dass der Gesetzgeber die Anwendbarkeit der außermarkenrechtlichen Vorschriften im Eintragungsverfahren ausdrücklich hätte anordnen können. Aus dem bloßen Fehlen einer Aussage des Gesetzgebers muss nicht gefolgert werden, dass die Prüfung der Bösgläubigkeit des Markenanmelders im außermarkenrechtlichen Verfahren nicht zulässig ist. Vielmehr ist es ebenfalls denkbar, dass der Gesetzgeber diese Problematik übersehen oder für selbstverständlich gehalten hat. Die Begründung eines Gesetzes dient jedenfalls nicht der umfassenden Unterrichtung der Anwender über den Fortbestand der Anwendbarkeit von Vorschriften außerhalb des neuen Gesetzes. Sie informiert über die wesentlichen Motive des Gesetzgebers für die Schaffung einer Norm. Daraus kann sich etwa ergeben, dass die Einführung des absoluten Schutzhindernisses des § 8 Abs. 2 Nr. 10 MarkenG die Verhinderung der Eintragung ersichtlich bösgläubiger Markenanmeldung bezweckt.[680] Aus dem Schweigen des Gesetzgebers zur Anwendbarkeit außermarkenrechtlicher Normen zur Erreichung der Rücknahme einer Anmeldung ergibt sich aber nicht zwingend, dass deren Anwendung ausgeschlossen ist.

Ebenso wenig überzeugt der Einwand, der Gesetzgeber habe für bösgläubige Markenanmeldungen mit § 37 Abs. 3 MarkenG eine Vorschrift zur Begrenzung des Prüfungsumfangs geschaffen, die nicht durch die Anwendung von §§ 3, 4 Nr. 10 UWG oder § 826 BGB umgangen werden dürfe. Hiergegen sprechen im Wesentlichen zwei Argumente: *Erstens* soll die Beschränkung des Prüfungsumfangs das DPMA vor zu starkem Ermittlungsaufwand im Eintragungsverfahren schützen.[681] § 37 Abs. 3 MarkenG ist nicht zu entnehmen, dass solche Marken, die nicht ersichtlich bösgläubig angemeldet wurden, eingetragen werden müssen. Dass jegliche Form bösgläubiger Markenanmeldungen zu bekämpfen ist, zeigt sich bereits am Löschungsverfahren gemäß § 50 Abs. 1 MarkenG i.V.m. § 8 Abs. 2 Nr. 10 MarkenG. Im Rahmen dieses Verfahrens wird nicht danach unterschieden, ob die Marke ersichtlich bösgläubig ist oder nicht. Im Löschungsverfahren sind auch solche Umstände zu berücksichtigen, die für das DPMA bei der Eintragung nicht ersichtlich waren. *Zweitens* besteht – genau genommen – keine Konkurrenz zwischen der Anwendung der außermarkenrechtlichen Vorschriften, wie etwa §§ 3, 4 Nr. 10 UWG bzw. § 826 BGB, und der markenrechtlichen Vorschrift § 8 Abs. 2 Nr. 10 MarkenG i.V.m. § 37 Abs. 3 MarkenG im

680 Begr. zum Entwurf des Geschmacksmusterreformgesetzes, BT-DruckS 15/1075, 67.
681 Siehe dazu Begr. zum Entwurf des Geschmacksmusterreformgesetzes, BT-DruckS 15/1075, 67.

Rahmen des Markeneintragungsverfahrens. Als absolutes Schutzhindernis dient § 8 Abs. 2 Nr. 10 MarkenG der Überprüfung einer angemeldeten Marke durch das DPMA vor der Eintragung in das Markenregister. Dies findet im Rahmen eines verwaltungsrechtlichen Verfahrens (§§ 32ff. MarkenG) statt, das bei Nichtvorliegen der Eintragungsvoraussetzungen zum Erlass eines Verwaltungsakts, nämlich der Zurückweisung der Anmeldung gemäß § 37 Abs. 1 MarkenG führt. Das gerichtliche Verfahren hingegen ist auf Rücknahme der Markenanmeldung gerichtet. Die Rücknahme der Anmeldung kann als eine vorweggenommene Beseitigung einer befürchteten Störung im Verfahren zwischen Markenanmelder und dem hiervon möglicherweise Betroffenen gesehen werden. Das Lauterkeitsrecht bietet neben der Beseitigung bereits eingetretener Störungen auch die Möglichkeit der Abwehr zukünftiger Beeinträchtigungen.[682] Die Klage auf Rücknahme der Anmeldung stellt gewissermaßen eine vorweggenommene Form der Löschungsklage dar, welche nach der hier vertretenen Auffassung auch auf die außermarkenrechtlichen Vorschriften §§ 3, 4 Nr. 10 UWG und § 826 BGB gestützt werden kann.[683] Das gerichtliche Löschungsverfahren läuft ohne die Einbindung des DPMA ab. Sollten entsprechende Indizien vorliegen, kann der Kläger (oder häufiger: Antragsteller im einstweiligen Rechtsschutz) auch schon vor dem Abschluss des verwaltungsrechtlichen Eintragungsverfahrens beim DPMA eine Entscheidung über die Rücknahme der Markenanmeldung – im Sinne einer vorweggenommenen Löschungsklage – herbeiführen.

Im Übrigen ist zu berücksichtigen, dass es nicht mehr zu einer Entscheidung des DPMA kommt, wenn das Gericht die Rücknahme der Markenanmeldung anordnet. Dem öffentlichen Interesse an der Überprüfung einer Markenanmeldung auf absolute Schutzhindernisse – zur Verhinderung der Eintragung nicht schutzfähiger Marken – ist auch durch ein gerichtliches Verfahren unter Heranziehung außermarkenrechtlicher Vorschriften Genüge getan. Des Weiteren sind selbst im Falle der Bindung des DPMA an die gerichtliche Entscheidung keine Nachteil zu erkennen, denn im gerichtlichen Verfahren sind die Verfahrensbeteiligten gezwungen, alle streitentscheidenden Umstände vorzubringen. Der Streitstoff wird daher regelmäßig umfassender und vollständiger aufgearbeitet als im Verfahren vor dem DPMA. Das eingeschränkte Prüfungsverfahren vor dem DPMA ist wesentlich weniger umfassend. Sollte das Gericht die Anordnung der Rücknahme der Anmeldung ablehnen, könnte man der hier vertretenen Auffassung

682 Hierzu z.B. *Bornkamm* in: Köhler/Bornkamm, UWG, § 8, Rn. 1.69; *Ohly* in: Piper/Ohly/*Sosnitza*, UWG, § 8, Rn. 25.

683 Dargestellt oben unter Kapitel 7, Ziff. II.2.a.

zwar entgegen halten, das DPMA sei aufgrund der Rechtskraft der gerichtlichen Entscheidung (§§ 322, 325 ZPO) an diese gebunden und könnte nicht zur Eintragungsunfähigkeit der Marke gelangen. Allerdings betrifft die Rechtskraft der gerichtlichen Entscheidung lediglich den konkreten Eintragungsversagungsgrund, wie etwa die Bösgläubigkeit bei der Markenanmeldung gemäß § 8 Abs. 2 Nr. 10 MarkenG. Eine umfassende Überprüfung der Eintragung auf andere Schutzhindernisse des § 8 Abs. 2 MarkenG wird vom Gericht im Rahmen dieses Verfahrens nicht vorgenommen. Zudem wird die gerichtliche Geltendmachung des Eintragungshindernisses meist im Wege des einstweiligen Rechtsschutzes erfolgen. Streitgegenstand des Verfahrens der einstweiligen Verfügung gemäß §§ 935ff. ZPO ist nicht die Entscheidung über die Verpflichtung des Anmelders zur Rücknahme der Markenanmeldung, sondern lediglich die Feststellung oder Ablehnung der Eilbedürftigkeit.[684] Der einstweilige Rechtsschutz betrifft daher sowieso einen anderen Streitgegenstand als die Entscheidung des DPMA über die Markeneintragung. Um dem öffentlichen Interesse an der Freihaltung des Markenregisters von bösgläubigen Marken nachzukommen, könnte das DPMA daher sogar bei einem vorangegangenen gerichtlichen Verfahren des einstweiligen Rechtsschutzes zu einer anderen Entscheidung als das Gericht gelangen. In der Praxis wird das DPMA jedoch häufig auf die Erkenntnisse aus dem gerichtlichen Verfahren zurückgreifen, um der Beschränkung auf ersichtlich bösgläubige Markenanmeldungen im Sinne des § 37 Abs. 3 MarkenG gerecht zu werden.

Auch ein drohender Bedeutungsverlust der Entscheidung des DPMA oder gar des DPMA als Institution durch die Heranziehung der außermarkenrechtlichen Vorschriften im Rahmen des Markeneintragungsverfahrens ist nicht zu erkennen. Aus der Existenz des DPMA kann nicht gefolgert werden, dass die Behörde immer das vorrangige Recht auf die Prüfung von Markenanmeldungen haben soll. Andernfalls dürfte auch im Löschungsverfahren die Anwendung außermarkenrechtlicher Vorschriften nicht anerkannt werden, da das DPMA hierfür gemäß § 50 Abs. 1 MarkenG zuständig ist.[685] Einzuräumen ist allerdings, dass ein dem Verfahren vor dem DPMA vorgeschalteter Rechtsschutz durch die Gerichte in der Praxis unüblich ist, da die bösgläubigen Motive des Anmelders zu diesem Zeitpunkt noch nicht nach außen gedrungen sind.

Im Ergebnis ist der Auffassung zu folgen, dass außermarkenrechtliche Vorschriften vor der Eintragung der Marke anwendbar sind.

684 *Reichold* in: Thomas/Putzo, ZPO, vor § 916, Rn. 2.

685 Hierzu wird auf die Ausführungen in Kapitel 7, Ziff. II.2.a. verwiesen.

2. Vorrang und Schranken bei der Rechtsausübung

Zu untersuchen ist weiterhin, ob die Begrenzung von Ansprüchen aus bösgläubig angemeldeten Marken durch außermarkenrechtliche Vorschriften möglich ist. Vor der Einführung des MarkenG wurde die Geltendmachung anspruchsbegrenzender Vorschriften, wie etwa des aus § 242 BGB resultierenden Rechtsmissbrauchseinwands, neben den Vorschriften des WZG angewandt. Über § 242 BGB konnten die Wertungen der Fallgruppen zur bösgläubigen Warenzeichenanmeldung auch im Bereich der Anspruchsbegrenzung einfließen. Dass dem allgemeinen Rechtsmissbrauchseinwand des § 242 BGB kein markenrechtlicher Spezialtatbestand gegenübersteht, spricht für dessen Anwendung auch nach der Einführung des MarkenG und der darin enthaltenen Vorschriften zur bösgläubigen Markenanmeldung. Neben der allgemeinen Begründung, dass § 242 BGB mit dem Rechtsmissbrauchseinwand einen die gesamte Rechtsordnung beherrschenden allgemeinen Rechtsgedanken enthält[686], gibt es auch speziell auf die bösgläubige Markenanmeldung zugeschnittene Argumente für die Anwendbarkeit des § 242 BGB.

Dabei ist zunächst der Wortlaut des § 8 Abs. 2 Nr. 10 MarkenG zu nennen, der ausdrücklich auf die bösgläubige Marken*anmeldung* abstellt und keine Regelung zur Beschränkung der Benutzung solcher Marke enthält. Die bloße Markeneintragung sagt nämlich nichts darüber aus, ob auch die Benutzung der Marke rechtmäßig ist. Die Beschränkung der Geltendmachung von Rechten, die aus einer bereits angemeldeten und eingetragenen bösgläubig angemeldeten Marke herrühren, ist im MarkenG nicht geregelt und schließt daher auch die Anwendbarkeit des § 242 BGB als Schranke im Verletzungsprozess nicht aus.[687] Dies sah auch der Gesetzgeber so, der die Anwendbarkeit der außermarkenrechtlichen Vorschriften, wie zum Beispiel § 242 BGB, gegen die Geltendmachung von Markenrechten nicht ausdrücklich untersagte.[688]

Im Übrigen würde die Nichtanwendbarkeit von außermarkenrechtlichen Vorschriften die Rechtschutzmöglichkeiten des Beeinträchtigten erheblich

686 Dargestellt unter Ziff. I.2.b. dieses Kapitels.

687 So auch BGH, GRUR 2008, 917 [Rn. 19] – EROS; BGH, GRUR 2001, 242 – Classe E; BGH, GRUR 1998, 1034, 1037 – Makalu; *Bous* in: Ekey/Klippel/Bender, MarkenG, § 50, Rn. 10; *Fezer*, MarkenR, § 8, Rn. 674; *Hacker* in: Ströbele/Hacker, MarkenG, § 2, Rn. 101; *Schosser*, Benutzungswillen, 21; *Ticic*, Bösgläubige Markenanmeldung, 92; *Ullmann*, GRUR 2009, 364, 365.

688 Begr. zum Entwurf des MarkenG, BT-DruckS. 12/6581, 95; Begr. zum Entwurf des Geschmacksmusterreformgesetzes, BT-DruckS 15/1075, 67.

schmälern.[689] Gerade im Widerspruchsverfahren entstünden erhebliche Rechtschutzlücken für den von der bösgläubigen Markenanmeldung Betroffenen, denn dort ist die Beziehung des Anmelders der im Widerspruchsverfahren angegriffenen Marke zum Widerspruchszeichen des Verletzten bedeutungslos (anders als etwa bei der klageweisen Geltendmachung von Lizenzgebühren oder Schadenersatzansprüchen).[690] Es spielt keine Rolle, ob der Widerspruchsführer die Widerspruchsmarke in bösgläubiger Absicht erlangt hat, um den Markenanmelder, der unter Umständen der eigentliche „Vorbenutzer" des Zeichens ist, zu schädigen.[691] Selbst bei einer bereits anhängigen Löschungsklage gegen die bösgläubig angemeldete Marke kommt die Aussetzung eines auf diese Marke gestützten Widerspruchsverfahrens nur in absoluten Ausnahmefällen in Betracht. Dies beruht darauf, dass die hierfür erforderliche hinreichende Wahrscheinlichkeit der Löschung für das DPMA kaum vorhersehbar ist.[692] Eine dem § 51 Abs. 4 MarkenG vergleichbare Vorschrift, wonach dem Kläger die Löschungsreife seiner älteren Marke wegen des Vorliegens absoluter Schutzhindernisse entgegengehalten werden kann, besteht für das Widerspruchsverfahren nicht. Geprüft wird vom DPMA streng anhand der Vorschrift des § 9 MarkenG, ob einer der dort genannten Löschungsgründe vorliegt. Der „Vorbenutzer" wäre also im Widerspruchsverfahren selbst schutzlos gestellt, sollte die Anwendbarkeit außermarkenrechtlicher Vorschriften nicht möglich sein.

Im Ergebnis ist es daher nicht ausgeschlossen, dem von einer bösgläubigen Markenanmeldung Betroffenen den auf § 242 BGB beruhenden Rechtsmissbrauchseinwand zur Verfügung zu stellen. Da es keinen markenrechtlichen Spezialtatbestand für den Einwand des Rechtsmissbrauchs gibt, spricht der Vorrang des Markenrechts nicht hiergegen. Außerdem wären andernfalls, speziell im Widerspruchsverfahren, Schutzlücken zu befürchten.

---

689 Hierzu *Kiethe/Groeschke*, WRP 1997, 269.

690 *Kiethe/Groeschke*, WRP 1997, 269. Dagegen stellt *Brötje* (Bösgläubige Markenanmeldung, 146) fest, dass dieses Argument im Ergebnis schwach ist. Allein die Einseitigkeit des markenrechtlichen Widerspruchsverfahrens könne keinen außermarkenrechtlichen Anspruch begründen. Es bestehe insoweit die Möglichkeit eines Löschungsantrages gemäß § 50 Abs. 1 Nr. 4 MarkenG a.F.

691 BGH, GRUR 1996, 775, 776 – *Sali Toft*.

692 *Ströbele* in: Ströbele/Hacker, MarkenG, § 43, Rn. 106.

III. Zusammenfassung

Das Verhältnis der markenrechtlichen und handelsrechtlichen Vorschriften zum Schutz von Unternehmensbezeichnungen ist wenig problematisch. Die den Firmenschutz betreffenden Vorschriften des HGB, dabei vor allem § 37 Abs. 2 HGB, sind aufgrund der unterschiedlichen Schutzrichtungen neben den markenrechtlichen Vorschriften hierüber anwendbar. Problematischer ist die Frage der Anwendbarkeit lauterkeitsrechtlicher oder bürgerlich-rechtlicher Vorschriften im Anwendungsbereich des MarkenG. Nach der hier vertretenen Auffassung besteht im Anwendungsbereich des MarkenG grundsätzlich ein Vorrang der markenrechtlichen Spezialtatbestände vor den lauterkeitsrechtlichen Vorschriften. Lediglich im Bereich der verbraucherbezogenen Vorschriften des UWG, wie etwa § 5 Abs. 2 UWG, greift dieses Vorrangverhältnis nicht. Sollten neben den markenrechtlichen Vorschriften der §§ 14, 15 MarkenG die lauterkeitsrechtliche Norm des § 5 Abs. 2 UWG herangezogen werden, müssen die Wertungen des Markenrechts in dem Sinne berücksichtigt werden, dass diese den Begriff der Unlauterkeit konkretisieren. Dies beruht darauf, dass durch die Anwendbarkeit lauterkeitsrechtlicher Vorschriften die Bestimmungen des Markenrechts nicht ausgehebelt werden dürfen. Das MarkenG geht in seinem Anwendungsbereich grundsätzlich auch den Vorschriften des BGB vor. Dies gilt sowohl für die Anspruchsbegründung über § 823 Abs. 1 BGB oder § 826 BGB als auch für die Anspruchsbegrenzung, wie etwa bei dem aus § 242 BGB hergeleiteten Einwand der Verwirkung. Nur dann, wenn der Anwendungsbereich des MarkenG, wie bei der Geltendmachung von Ansprüchen wegen Handlungen im nicht geschäftlichen Bereich, nicht eröffnet ist, besteht weiterhin Raum für die Heranziehung bürgerlich-rechtlicher Vorschriften.

Speziell für das Verhältnis von §§ 3, 4 Nr. 10 UWG und § 826 BGB zu den markenrechtlichen Vorschriften zur bösgläubigen Markenanmeldung in § 8 Abs. 2 Nr. 10 MarkenG und § 50 Abs. 1 MarkenG gilt nach der hier vertretenen Auffassung allerdings etwas Anderes. Die besseren Argumente sprechen dafür, dass die Anwendbarkeit der außermarkenrechtlichen Vorschriften im Eintragungs- und Löschungsverfahren nicht durch § 50 Abs. 1 MarkenG oder § 8 Abs. 2 Nr. 10 MarkenG ausgeschlossen ist. Wichtigstes Argument hierfür ist die bessere Eignung des gerichtlichen Verfahrens mit seinem Beibringungsgrundsatz für die Beurteilung von bösgläubigen Markenanmeldungen. Im Übrigen ist dem MarkenG die Prüfung einer Marke auf absolute Schutzhindernisse durch die Gerichte nicht vollständig unbekannt. Nach §§ 55 Abs. 1, 51 Abs. 4 Nr. 2, 50 Abs. 1 MarkenG ist bei der gerichtlichen Durchsetzung eines Löschungsanspruchs gegen eine jüngere Marke wegen des Bestehens einer älteren ähnlichen

Marke zu prüfen, ob die ältere Marke wegen des Bestehens eines absoluten Schutzhindernisses – wie etwa auch der Bösgläubigkeit der Markenanmeldung nach § 8 Abs. 2 Nr. 10 MarkenG – hätte gelöscht werden können. Für das Eintragungsverfahren wird zwar argumentiert, die Anwendbarkeit der außermarkenrechtlichen Vorschriften unterlaufe den eingeschränkten Prüfungsumfang des § 37 Abs. 3 MarkenG. Hiergegen ist aber vorzubringen, dass § 37 Abs. 3 MarkenG keineswegs die Eintragung nicht ersichtlich bösgläubiger Anmeldungen ermöglichen, sondern lediglich das DPMA von umfassenderen Prüfungen befreien sollte. Außerdem ist die Klage auf Rücknahme der Anmeldung gleichzeitig eine vorweggenommene Beseitigung der Beeinträchtigung, die sonst vom Betroffenen der bösgläubigen Markenanmeldung nur auf dem Wege des Löschungsantrags gemäß § 50 Abs. 1 i.V.m. § 8 Abs. 2 Nr. 10 MarkenG geltend gemacht werden könnte. Dieser unterliegt keiner Beschränkung auf Ersichtlichkeit. Darüber hinaus ist auch ein drohender Bedeutungsverlust des DPMA als Institution kein Argument gegen die Heranziehung der außermarkenrechtlichen Vorschriften im Eintragungs- und Löschungsverfahren.

Letztlich kann bei einem Vorgehen aus einer bösgläubig angemeldeten Marke auch der auf § 242 BGB beruhende Rechtsmissbrauchseinwand neben dem markenrechtlichen Spezialtatbestand des § 8 Abs. 2 Nr. 10 MarkenG zur Anspruchsbegrenzung angewendet werden. Zunächst ist dabei zu berücksichtigen, dass § 242 BGB mit dem Rechtsmissbrauchseinwand einen die gesamte Rechtsordnung beherrschenden allgemeinen Rechtsgedanken enthält. Dessen Anwendbarkeit zur Begrenzung von Ansprüchen aus bösgläubig angemeldete Marken ist grundsätzlich nicht an die Frage der Eröffnung des Anwendungsbereichs des MarkenG geknüpft. Daneben ist die Anwendbarkeit des Rechtsmissbrauchseinwands damit zu begründen, dass andernfalls Rechtsschutzlücken für den Betroffenen im Rahmen des Widerspruchsverfahrens bestünden. Im Widerspruchsverfahren wird die Beziehung des Anmelders der im Widerspruchsverfahren angegriffenen Marke zum Widerspruchszeichen des Verletzten, anders als etwa bei der klageweisen Geltendmachung von Lizenzgebühren oder Schadenersatzansprüchen nämlich nicht berücksichtigt. Außerdem spricht der Wortlaut des § 8 Abs. 2 Nr. 10 MarkenG für die Anwendbarkeit des § 242 BGB, denn dort wird ausdrücklich nur auf die bösgläubige Marken*anmeldung* und nicht auf die Benutzung der Marke abgestellt.

Fazit

1. Unter Geltung des MSchG von 1874 war die Anmeldung von Marken an das Bestehen eines Gewerbebetriebes geknüpft. Gegen rechtsmissbräuchliche oder bösgläubige Warenzeichenanmeldungen konnte nur aus dem MSchG vorgegangen werden, das aber keine entsprechende Regelung enthielt. Eine Anwendung des allgemeinen Zivilrechts, u.a. der deliktsrechtlichen Generalklausel des Code Civil, wurde von der Rechtsprechung abgelehnt. Das WBezG von 1894 brachte die Einrichtung einer zentralen Zeichenstelle mit sich. Warenzeichen waren weiterhin an den Bestand eines Gewerbebetriebes gebunden. Betroffene konnten sich gegen Anmeldungen in bösgläubiger Absicht nur auf die Vorschriften des WBezG stützen, das aber keine entsprechende Regelung enthielt, und waren damit insofern weiterhin schutzlos. Erst mit der Einführung des Bürgerlichen Gesetzbuchs am 01.01.1900, das neben den Vorschriften des WBezG anwendbar war, bestand die Möglichkeit, die Geltendmachung von Rechten aus einer bösgläubigen Warenzeichenanmeldung über § 242 BGB zu beschränken. Daneben wurde das Vorgehen gegen den Bestand bösgläubiger Warenzeichenanmeldungen auf §§ 826 BGB, 1004 BGB analog gestützt. Noch größere Bedeutung kam der 1909 in Kraft getretenen Generalklausel des Gesetzes zur Bekämpfung des unlauteren Wettbewerbs (§ 1 UWG a.F.) für die Löschung bösgläubiger Warenzeichenanmeldungen im gewerblichen Bereich zu. Dies beruhte darauf, dass der Warenzeichenschutz lediglich als Ausschnitt aus dem allgemeinen Wettbewerbsrecht angesehen wurde. Parallel dazu konnte im nichtgewerblichen Bereich weiterhin aus §§ 826 BGB, 1004 BGB analog zur Löschung von bösgläubigen Warenzeichenanmeldungen vorgegangen werden.

2. In der Zeit der Geltung des WZG von 1936 wurden rechtsmissbräuchliche bzw. bösgläubige Markenanmeldungen weiterhin über die Vorschriften des BGB und des UWG bekämpft. Daneben kristallisierten sich die Vorrats- und die Defensivzeichenanmeldung als neue Fallgruppen der rechtsmissbräuchlichen bzw. bösgläubigen Warenzeichenanmeldung heraus. Während für die Anmeldung von Vorratsmarken, d.h. Marken, deren Benutzung erst zu einem späteren Zeitpunkt aufgenommen werden sollte, zum Teil ein Schutzbedürfnis gesehen wurde, war es herrschende Ansicht, dass Defensivzeichen, die allein der Erweiterung des Schutzbereichs einer Hauptmarke dienen und selbst nie benutzt werden sollten, keinen Schutz verdienen. Vor der Einführung des Benutzungszwangs für Warenzeichen im WZG

gab es hiergegen keine geeignete zeichenrechtliche Handhabe. Dies änderte sich mit der Einführung des Benutzungszwangs, der die Möglichkeit der Vorrats- und Defensivzeichenanmeldung einschränkte. Seither musste ein angemeldetes Warenzeichen innerhalb eines Fünfjahreszeitraums ernsthaft genutzt werden. Dies führte zu einer wesentlichen Beschränkung des Missbrauchs der Warenzeichenrechte. Allerdings wurde diese begrüßenswerte Regelung durch die spätere Aufhebung des Akzessorietätsgrundsatzes torpediert. Denn ohne den Akzessorietätsgrundsatz war die Möglichkeit der Warenzeichenanmeldung in bösgläubiger Absicht leichter als jemals zuvor. Ohne das Erfordernis der Warenzeichenanmeldung für Waren eines bestimmten Geschäftsbetriebs wurde die Tür für spekulative Warenzeichenanmeldungen in geschäftsfremden Bereichen weit aufgestoßen.

3. Mit der Einführung des MarkenG setzte der Gesetzgeber die europäischen Vorgaben zur Harmonisierung der Markengesetze um. Zunächst wurde im MarkenG von 1994 der Tatbestand der Bösgläubigkeit des Anmelders bei der Markenanmeldung nur als Löschungsgrund in § 50 Abs. 1 Nr. 4 MarkenG a.F. vorgesehen. Als der Gesetzgeber feststellte, dass die bloße Löschungsmöglichkeit für Anmeldungen in bösgläubiger Absicht nicht genügte, gab er dem DPMA das Eintragungshindernis des § 8 Abs. 2 Nr. 10 MarkenG an die Hand. Damit sollten ersichtlich bösgläubige Markenanmeldungen bereits von der Eintragung ausgeschlossen werden. Das ursprünglich zentrale gesetzgeberische Motiv – die Unterbindung der Eintragung von Namen berühmter Persönlichkeiten oder von Kulturgütern – wurde mit der Einführung des absoluten Schutzhindernisses der bösgläubigen Markenanmeldung in § 8 Abs. 2 Nr. 10 MarkenG allerdings nicht erreicht. Die Ursache hierfür liegt darin, dass § 8 Abs. 2 Nr. 10 MarkenG der Eintragung entsprechender Marken nicht immer entgegensteht. Dem DPMA wird vielmehr ein Spielraum eröffnet, nur solche Markenanmeldungen zurückzuweisen, die ersichtlich bösgläubig sind. Die Bösgläubigkeit des Markenanmelders muss für den Prüfer demnach aus den Anmeldunterlagen, den üblichen Informationsquellen oder aufgrund seines Fachwissens erkennbar sein. Das Erfordernis der Ersichtlichkeit steht nach der überzeugenderen Auffassung nicht im Widerspruch zur Rechtsprechung des EuGH, der in der Vergangenheit bereits mehrfach betont hat, dass die Markenämter eine umfassende Prüfung aller absoluten Schutzhindernisse vorzunehmen haben. Dies beruht darauf, dass bei subjektiven Merkmalen, wie der bösgläubigen Absicht des Markenanmelders, eine umfassende Prüfung im Eintragungsverfahren nicht möglich ist. Bösgläubige Markenanmeldungen

werden regelmäßig erst im Rahmen eines Löschungsverfahrens umfassend geprüft. Zu berücksichtigen ist auch, dass der EuGH seine in diesem Zusammenhang ergangenen Entscheidungen nur für solche Schutzhindernisse getroffen hat, die an objektive Umstände anknüpfen. Diese können bereits im Eintragungsverfahren umfassend geprüft werden.

Nach der hier vertretenen Auffassung sollte das Ersichtlichkeitserfordernis auch im Rahmen des Amtslöschungsverfahrens beibehalten werden. Eine Verlagerung des Prozess- und Kostenrisikos auf die von der bösgläubigen Anmeldung Betroffenen droht hierdurch nicht. Allerdings besteht kein vollständiger Gleichlauf zwischen § 37 Abs. 3 MarkenG im Eintragungsverfahren und § 50 Abs. 3 Nr. 3 MarkenG im Amtslöschungsverfahren. Da über das Amtslöschungsverfahren offenkundig nicht schutzfähige Marken gelöscht werden sollen, ist hier die Berücksichtigung der Hinweise von Betroffenen, anders als im Eintragungsverfahren, zu befürworten. Das DPMA hätte andernfalls kaum genug Informationen, um eine vom Eintragungsverfahren abweichende Entscheidung zu treffen.

Streit besteht zwischen der Rechtsprechung und der Literatur über den maßgeblichen Zeitpunkt der Bösgläubigkeit bei der Prüfung im Rahmen des Löschungsverfahrens. Während beim Eintragungsverfahren einhellig auf den Zeitpunkt der Anmeldung abgestellt wird, vertrat der BGH bis zuletzt die Auffassung, im Nichtigkeitsverfahren genüge die Bösgläubigkeit zum Zeitpunkt der Eintragung. Die besseren Argumente sprechen jedoch für die Gegenansicht, welche auf den Zeitpunkt der Anmeldung abstellt. Hierfür spricht bereits der klare Wortlaut des § 8 Abs. 2 Nr. 10 MarkenG („angemeldet"), auf den § 50 Abs. 1 MarkenG verweist. Außerdem können bösgläubige Motive auch bereits mit der Markenanmeldung nach außen sichtbar werden, so dass ein Abstellen auf den Zeitpunkt der Eintragung, entgegen dem klaren Gesetzeswortlaut, keine Vorteile bringt. Letztlich greift auch das Argument des BGH, die Gesetzesbegründung sehe eine Prüfung im Zeitpunkt der Eintragung vor, nicht. Die vom BGH herangezogene Passage des Regierungsentwurfs zum Geschmacksmusterreformgesetz enthält eine Regelung zu § 50 Abs. 2 S. 1 MarkenG. Darin findet sich aber keine Regelung zur bösgläubigen Markenanmeldung gemäß § 8 Abs. 2 Nr. 10 MarkenG, sondern nur zu den anderen absoluten Schutzhindernissen. Für die §§ 8 Abs. 2. Nr. 1–9 MarkenG wird unstrittig immer auf den Zeitpunkt der Eintragung abgestellt. Nachdem auch der EuGH im Rahmen der „Goldhasen"-Entscheidung ausdrücklich auf das Vorliegen der bösgläubigen Absichten im Zeitpunkt der Anmeldung abstellte, muss die in

Deutschland vertretene Gegenauffassung, wonach auf den Zeitpunkt der Eintragung abzustellen ist, aufgegeben werden. Diese Auffassung ist nicht richtlinienkonform. Zuletzt schien der BGH daher auf den Zeitpunkt der Anmeldung abzustellen. Allerdings bleibt abzuwarten, ob er seine Auffassung damit endgültig aufgegeben hat.

Des Weiteren bestehen auch keine verfassungsrechtlichen Bedenken gegen den Tatbestand der bösgläubigen Markenanmeldung. Der Einwand der Unbestimmtheit des Tatbestandes ist zurückzuweisen. Eine genauere Ausformulierung des § 8 Abs. 2 Nr. 10 MarkenG ist nicht nur unnötig, sondern auch unpraktisch. Um auf mögliche Änderungen reagieren zu können, ist eine flexible Fassung des Tatbestandes erforderlich. Im Übrigen wäre selbst bei der Aufzählung der anerkannten Fallgruppen nicht sichergestellt, dass dem Rechtsanwender sofort die korrekte Einordnung sämtlicher Konstellationen gelingt. Des Weiteren wird der Grundsatz der Gewaltenteilung nicht verletzt. Zum einen übt das DPMA keine rechtsprechende Gewalt aus, da es eine Verwaltungsbehörde ist. Zum anderen besteht auch kein Richtervorbehalt für Löschungsverfahren gemäß § 50 Abs. 1 MarkenG i.V.m. § 8 Abs. 2 Nr. 10 MarkenG. Ein dem besonderen Verwaltungsrecht bekanntes Subsidiaritätsprinzip besteht im Markenrecht nicht.

4. Das Unionsmarkenrecht enthält ebenso wie das deutsche Markenrecht Vorschriften, die sich mit der bösgläubigen Markenanmeldung befassen. Allerdings enthält die UMV nur die Möglichkeit zur Löschung der Marke, eine dem § 8 Abs. 2 Nr. 10 MarkenG vergleichbare Vorschrift fehlt im Unionsmarkenrecht. Im Rahmen des Löschungsverfahrens ist bei der Prüfung der Unionsmarkenanmeldung auf bösgläubige Motive des Anmelders auf den Zeitpunkt der Anmeldung – und nicht auf den Zeitpunkt der Eintragung, wie z.T. im deutsche Markenrecht vertreten – abzustellen. Der Rechtsmissbrauchseinwand, resultierend aus dem Gebot von Treu und Glauben, ist auch im Unionsmarkenrecht anwendbar. Zwar sind in Art. 99 UMV die möglichen Verteidigungsmittel, die in einem gerichtlichen Verfahren geltend gemacht werden können, abschließend aufgezählt. Dennoch gilt auch im Unionsrecht der umgeschriebene Grundsatz des Verbotes rechtsmissbräuchlichen Verhaltens, welcher aus Art. 102 AEUV und der Privatrechtstradition der Mitgliedstaaten abgeleitet wird. Daher kann der Einwand des Rechtsmissbrauchs auch bei einer Klage des Inhabers der Unionsmarke aus Art. 52 Abs. 1 lit. b UMV als Verteidigungsmittel des Beklagten geltend gemacht werden. Über das Rechtsmissbrauchsverbot können die Grundätze der bösgläubigen Markenanmeldung im Verletzungsverfahren

Berücksichtigung finden. Ferner kann ein Vorgehen gegen eine Unionsmarke auf die nationalen Vorschriften des Gesetzes gegen den unlauteren Wettbewerb gestützt werden (§§ 3, 4 Nr. 10 UWG). Hiergegen wird zwar zum Teil unter Verweis auf den Wortlaut des § 14 Abs. 2 UMV („Klagen eine Unionsmarke betreffend") vorgebracht, die außermarkenrechtlichen Vorschriften seien nur zum Schutz der Unionsmarke anwendbar. Allerdings schließen nach überzeugender Ansicht weder der Wortlaut noch die systematische Stellung des Art. 14 Abs. 2 UMV die Anwendbarkeit nationaler lauterkeitsrechtlicher Ansprüche auch zur Beeinträchtigung der Unionsmarke aus.

5. Bei der Bestimmung des markenrechtlichen Begriffs der Bösgläubigkeit ist zu berücksichtigen, dass es sich hierbei um einen autonom markenrechtlichen Terminus handelt. Der Versuch der Definition als Gegenteil des Begriffs der Gutgläubigkeit des deutschen Zivilrechts entspricht nicht dem Willen des Gesetzgebers. Dieser wollte mit der Einführung des Begriffs der Bösgläubigkeit nämlich die enge Verbindung zur MarkenRL zum Ausdruck bringen, aus der dieser Begriff übernommen wurde. Die hiermit bezweckte Harmonisierung des Markenrechts wäre nicht möglich, wenn der Begriff der Bösgläubigkeit als Gegenteil des Begriffs der Gutgläubigkeit des deutschen Zivilrechts verstanden würde. Folglich ist es erforderlich, einen eigenen markenrechtlichen Ansatz zu entwickeln. In den einzelnen Mitgliedstaaten wird der Begriff der Bösgläubigkeit bislang unterschiedlich ausgelegt. Somit kann auch die Praxis in den anderen Mitgliedstaaten nicht zur Bestimmung des Begriffs der Bösgläubigkeit beitragen. Die ersten Versuche der Auslegung des Begriffs der Bösgläubigkeit durch das EUIPO sahen Bösgläubigkeit als gegeben an, wenn die Markenanmeldung Betrug, Irreführungsabsicht anderer Personen oder sonstige unlautere Motive enthielt. Böser Glaube wurde demnach als „unredliche Absicht" verstanden, was mit den Grundsätzen des deutschen Lauterkeitsrechts korrespondierte.

Der EuGH hat im Rahmen seiner „Goldhasen"-Entscheidung erste Anhaltspunkte zur Bestimmung des Begriffs der Bösgläubigkeit geliefert. Im Rahmen seiner Entscheidung zur Anmeldung einer Marke, mit der lediglich ein Vorgehen gegen Mitbewerber bezweckt war, kombiniert der EuGH mehrere objektive und subjektive Kriterien, nämlich den Grad des rechtlichen Schutzes des vorbenutzten Zeichens, das Wissen oder Wissenmüssen von der Verwechslungsgefahr zwischen den sich gegenüberstehenden Zeichen und die Behinderungsabsicht des Anmelders. Diese Kriterien werden von EuGH und EuG in vielen aktuellen Entscheidungen zitiert und als Ausgangspunkt der rechtlichen Bewertung vergleichbarer Fallkonstellationen gesehen. An der „Goldhasen"-Entscheidung muss kritisiert werden, dass sie sich nur mit der Vorbenutzung innerhalb der Union befasst und nicht auf die weltweite Vorbenutzung eingeht. Außerdem ist nicht klar, ob die Bösgläubigkeit auch einer nur durch Verkehrsgeltung entstandenen Marke entgegen gehalten werden kann. Schließlich sind die vom EuGH angewendeten Kriterien sehr eng und nur auf diese spezielle Fallkonstellation anwendbar. Für die Prüfung von Markenanmeldungen zu Spekulationszwecken bietet diese Entscheidung keine Anhaltspunkte.

6. Die vor der Einführung des MarkenG zum außerkennzeichenrechtlichen Löschungsanspruch gemäß § 1 UWG a.F. bzw. § 826 BGB und zum Einwand der rechtsmissbräuchlichen Markenanmeldung gemäß § 242 BGB gebildeten Fallgruppen zur bösgläubigen Warenzeichenanmeldung können auch unter der Geltung des MarkenG weiterhin herangezogen werden. Die heute anerkannten Fallgruppen der bösgläubigen Markenanmeldung sind die Spekulationsmarkenanmeldung, die Sperrmarkenanmeldung sowie die Markenerschleichung.

   Für die Einordnung einer Marke als Spekulationsmarke ist die fehlende Benutzungsabsicht des Markenanmelders maßgeblich. Allein die fehlende Benutzungsabsicht genügt aber nicht, um eine Anmeldung als bösgläubig erscheinen zu lassen. Andernfalls bestünde ein Widerspruch zu den Vorschriften des Benutzungszwangs, die dem Markenanmelder auch ohne konkrete Benutzungsabsicht bei der Markenanmeldung einen Zeitraum von fünf Jahren zur Entwicklung eines geeigneten Konzepts für die Benutzung geben. Daher sind weitere Umstände erforderlich, die die Spekulationsabsicht des Markenanmelders verdeutlichen. Allein durch objektive Kriterien, wie etwa durch das vom BGH im Rahmen seiner „Classe E"-Entscheidung herangezogene Abstellen auf die Geltendmachung von Unterlassungs- oder Geldansprüchen, das Anknüpfen an eine kaufmännische Betätigung oder das Anmelden einer Vielzahl von Marken, lässt sich nach der hier vertretenen Auffassung die Bösgläubigkeit des Markenanmelders nicht bestimmen. Ebenso wenig kann auf die Behinderungsabsicht abgestellt werden, weil bei Spekulationsmarken zwar die dem Markensystem immanente Behinderungswirkung ausgenutzt wird, dies aber nicht das Hauptmotiv des Anmelders ist. Die Behinderung eines anderen Unternehmens mag zwar vom Anmelder der Spekulationsmarke als angenehmer Nebeneffekt empfunden werden, da hiermit der Druck auf den Betroffenen steigt. Hauptziel des Anmelders der Spekulationsmarke ist aber stets die Erlangung einer Geldzahlung für den

Verkauf oder die Lizenzierung der Marke. Daher eignet sich nach der hier vertretenen Auffassung das Kriterium der rechtsmissbräuchlichen Verwendungsabsicht am besten. Dieses Kriterium trifft die Fallkonstellation der Spekulationsmarkenanmeldung im Kern. Es geht um eine – auf den ersten Blick völlig normale – Markenanmeldung, die aber dann in unzulässiger Weise zur Erzielung von Gewinn gegen Andere eingesetzt werden soll. Sofern neben der fehlenden Benutzungsabsicht die rechtsmissbräuchliche Verwendungsabsicht erkennbar ist, kann die Marke sogar schon innerhalb der fünfjährigen Benutzungsschonfrist gelöscht werden.

Als Sperrmarken werden Marken bezeichnet, mit denen der Anmelder beabsichtigt, einen Anderen vom gemeinsam genutzten Markt zu verdrängen bzw. dessen geplanten Marktzutritt zu verhindern. Unter dem Begriff der Sperrmarkenanmeldungen werden nach der hier vertretenen Auffassung die Untergruppen der „Störung eines fremden Besitzstandes" sowie der „Anmeldung einer Marke als Mittel des Wettbewerbskampfes" gebildet. An das Vorliegen eines geschützten Besitzstandes werden hohe Anforderungen gestellt. Der Besitzstand ergibt sich aus der andauernden Benutzung der Marke und stellt demgemäß deren wirtschaftliche Basis dar. Die Werthaftigkeit des Besitzstandes folgt daraus, dass sich die jeweils angesprochenen Verkehrskreise bereits eine feste und dauerhafte Vorstellung über das Zeichen gebildet haben. Für den Nachweis eines schützenswerten Besitzstandes sind die für die Bekanntheit einer Marke bestehenden Kriterien (z.B. Marktanteil, finanzielle Investitionen in die Marke, geographische Ausbreitung der Markenbenutzung) heranzuziehen. Die Bekanntheit im Ausland begründet nur dann einen geschützten Besitzstand im Inland, wenn es sich dabei um eine überragende Bekanntheit handelt. Finanzielle Aufwendungen (z.B. in den Erwerb einer Lizenz) können nach der überzeugenderen Auffassung allein keinen geschützten Besitzstand begründen. Die auf Bekanntheit zurückzuführende Werthaftigkeit einer Marke kann sich nämlich nur aus der Benutzung im relevanten Markt ergeben. Aus der Benutzung nicht eintragungsfähiger Zeichen kann sich nach der hier vertretenen Auffassung nur dann ein geschützter Besitzstand ergeben, wenn das Eintragungshindernis durch Benutzung hätte überwunden werden können. Die Annahme eines schutzwürdigen Besitzstandes ist überzeugenderweise auch dann möglich, wenn die Eintragung des Zeichens aufgrund einer Gesetzesänderung, wie der Abschaffung eines nicht durch Bekanntheit überwindbaren Eintragungshindernisses, möglich wird. Bei der Untergruppe der Markenanmeldung als Mittel des Wettbewerbskampfes ist zu berücksichtigen, dass die dem Markenschutz immanente Behinderung eines Konkurrenten durch die Erlangung von Markenschutz nicht genügt, um die Anmeldung auch unabhängig vom Bestehen eines fremden Besitzstandes als bösgläubig erscheinen zu lassen. Dabei ist zu berücksichtigen, dass die einfache, der Markenanmeldung immanente Behinderung des Vorbenutzers, nicht zur Annahme der Bösgläubigkeit der Anmeldung führt. Hierfür sind weitere Motive erforderlich, die auf der subjektiven Ebene zu prüfen sind. Sowohl für die Untergruppe der Störung eines fremden Besitzstandes als auch für die Untergruppe der Anmeldung einer Marke als Mittel des Wettbewerbskampfes ist es zur Einordnung als Bösgläubigkeit erforderlich, dass der Markenanmelder mit Behinderungsabsicht handelt. Die Absicht zur Behinderung des Vorbenutzers muss aber nicht das Hauptmotiv des Markenanmelders sein. Es genügt, wenn sie ein wesentliches Motiv für die Markenanmeldung ist. Sofern neben der Benutzungsabsicht des Anmelders weitere Umstände vorliegen, die die Markenanmeldung gerechtfertigt erscheinen lassen, können diese im Rahmen der Gesamtabwägung die Bösgläubigkeit ausschließen. Als ein berechtigtes Eigeninteresse des Markenanmelders ist etwa die Erweiterung der eigenen Markenfamilie zu verstehen. Falls also unter einer Geschäftsbezeichnung bereits über einen längeren Zeitraum bestimmte Produkte vertrieben wurden, ist die spätere Markenanmeldung nicht bösgläubig, auch wenn ein Anderer die Marke in ähnlicher Form verwendet oder zu verwenden beabsichtigt. Der Vorbenutzer hat in diesem Fall ein berechtigtes Interesse an der Verteidigung seines eigenen Markenbestandes.

Die Fallgruppe der Markenerschleichung erfasst zum einen die Anmeldung in Kenntnis absoluter Schutzhindernisse und zum anderen die bewusste Täuschung des DPMA im Zuge des Anmeldevorgangs. Nach der hier vertretenen Auffassung ist die Anmeldung in Kenntnis absoluter Schutzhindernisse nicht als bösgläubige Markenanmeldung im Sinne des § 8 Abs. 2 Nr. 10 MarkenG einzustufen. Hiergegen spricht, dass diese Einstufung systemfremd ist und gegen die Wertung des § 50 Abs. 2 MarkenG verstößt. Systemfremd ist die Anwendung des § 8 Abs. 2 Nr. 10 MarkenG für die Anmeldung einer Marke in Kenntnis absoluter Schutzhindernisse deshalb, weil die Kenntnis des Markenanmelders von der fehlenden Eintragungsfähigkeit seiner Marke bei den absoluten Schutzhindernissen §§ 8 Abs. 2 Nr. 1–9 MarkenG irrelevant ist. Eine Anwendung von § 8 Abs. 2 Nr. 10 MarkenG auf solche Fälle würde dieser Wertung widersprechen. Vor allem aber ist § 8 Abs. 2 MarkenG kein Auffangtatbestand für die Löschung von

Marken, die wegen § 50 Abs. 2 S. 2 MarkenG Bestandsschutz genießen. Unstrittig bösgläubig ist die Markenanmeldung aber dann, wenn der Markeninhaber bei der Markenanmeldung vorsätzlich falsche Unterlagen einreicht oder das DPMA auf sonstige Weise über Tatsachen täuscht. Aufgrund der hierin zum Ausdruck kommenden kriminellen Energie ist kein Raum für den Bestandsschutz des § 50 Abs. 2 MarkenG. Gegenstand des Unwerturteils ist in diesem Fall nicht die Marke und deren Schutzwürdigkeit, sondern allein das Verhalten des Anmelders. Somit spricht nichts dagegen, die Konstellation der bewussten Täuschung des DPMA unter § 8 Abs. 2 Nr. 10 MarkenG als bösgläubige Markenanmeldung zu behandeln.

7. Schließlich ergab sich mit der Einführung des MarkenG die Frage des Verhältnisses der markenrechtlichen zu den außermarkenrechtlichen Vorschriften. Wenig problematisch ist das Verhältnis der markenrechtlichen und handelsrechtlichen Vorschriften zum Schutz von Unternehmensbezeichnungen. Die den Firmenschutz betreffenden Vorschriften des HGB, dabei vor allem § 37 Abs. 2 HGB, sind aufgrund der unterschiedlichen Schutzrichtungen neben den markenrechtlichen Vorschriften zum Schutz der Unternehmensbezeichnungen anwendbar. Etwas problematischer ist die Frage der Anwendbarkeit lauterkeitsrechtlicher oder bürgerlich-rechtlicher Vorschriften im Anwendungsbereich des MarkenG. Nach der hier vertretenen Auffassung besteht im Anwendungsbereich des MarkenG grundsätzlich ein Vorrang der markenrechtlichen Spezialtatbestände vor den lauterkeitsrechtlichen Vorschriften. Lediglich im Bereich der verbraucherbezogenen Vorschriften des UWG, wie etwa § 5 Abs. 2 UWG, greift dieses Vorrangverhältnis nicht. Sollte neben den markenrechtlichen Vorschriften der §§ 14, 15 MarkenG die lauterkeitsrechtliche Norm des § 5 Abs. 2 UWG herangezogen werden, müssen die Wertungen des Markenrechts aber dennoch berücksichtigt werden, weil diese den Begriff der Unlauterkeit konkretisieren. Hiermit soll verhindert werden, dass durch die Anwendbarkeit lauterkeitsrechtlicher Vorschriften die Bestimmungen des Markenrechts ausgehebelt werden. Das MarkenG geht in seinem Anwendungsbereich grundsätzlich auch den Vorschriften des BGB vor. Dies gilt sowohl für die Anspruchsbegründung über § 823 Abs. 1 BGB oder § 826 BGB als auch für die Anspruchsbegrenzung, wie etwa bei dem aus § 242 BGB hergeleiteten Einwand der Verwirkung. Nur dann, wenn der Anwendungsbereich des MarkenG, wie bei der Geltendmachung von Ansprüchen wegen Handlungen im nichtgeschäftlichen Bereich, nicht eröffnet ist, besteht weiterhin Raum für die Heranziehung bürgerlich-rechtlicher Vorschriften.

Speziell für das Verhältnis von §§ 3, 4 Nr. 10 UWG und § 826 BGB zu den markenrechtlichen Vorschriften zur bösgläubigen Markenanmeldung in § 8 Abs. 2 Nr. 10 MarkenG und § 50 Abs. 1 MarkenG gilt nach der hier vertretenen Auffassung allerdings etwas Anderes. Die besseren Argumente sprechen dafür, dass die Anwendbarkeit der außermarkenrechtlichen Vorschriften im Eintragungs- und Löschungsverfahren nicht durch § 50 Abs. 1 MarkenG oder § 8 Abs. 2 Nr. 10 MarkenG ausgeschlossen ist. Wichtigstes Argument hierfür ist die bessere Eignung des gerichtlichen Verfahrens mit seinem Beibringungsgrundsatz für die Beurteilung von bösgläubigen Markenanmeldungen. Im Übrigen ist dem MarkenG die Prüfung einer Marke auf absolute Schutzhindernisse durch die Gerichte nicht vollständig unbekannt. Nach §§ 55 Abs. 1, 51 Abs. 4 Nr. 2, 50 Abs. 1 MarkenG ist bei der gerichtlichen Durchsetzung eines Löschungsanspruchs gegen eine jüngere Marke wegen des Bestehens einer älteren ähnlichen Marke zu prüfen, ob die ältere Marke wegen des Bestehens eines absoluten Schutzhindernisses – wie etwa auch der Bösgläubigkeit der Markenanmeldung nach § 8 Abs. 2 Nr. 10 MarkenG – hätte gelöscht werden können. Für das Eintragungsverfahren wird zwar argumentiert, die Anwendbarkeit der außermarkenrechtlichen Vorschriften unterlaufe den eingeschränkten Prüfungsumfang des § 37 Abs. 3 MarkenG. Hiergegen ist aber vorzubringen, dass § 37 Abs. 3 MarkenG keineswegs die Eintragung nicht ersichtlich bösgläubiger Anmeldungen ermöglichen, sondern lediglich das DPMA von umfassenderen Prüfungen befreien sollte. Außerdem ist die Klage auf Rücknahme der Anmeldung gleichzeitig eine vorweggenommene Beseitigung der Beeinträchtigung, die sonst vom Betroffenen der bösgläubigen Markenanmeldung nur auf dem Wege des Löschungsantrags gemäß § 50 Abs. 1 i.V.m. § 8 Abs. 2 Nr. 10 MarkenG geltend gemacht werden könnte. Dieser unterliegt keiner Beschränkung auf Ersichtlichkeit. Darüber hinaus ist auch ein drohender Bedeutungsverlust des DPMA als Institution kein Argument gegen die Heranziehung der außermarkenrechtlichen Vorschriften im Eintragungs- und Löschungsverfahren.

Letztlich kann bei einem Vorgehen aus einer bösgläubig angemeldeten Marke auch der auf § 242 BGB beruhende Rechtsmissbrauchseinwand neben dem markenrechtlichen Spezialtatbestand des § 8 Abs. 2 Nr. 10 MarkenG zur Anspruchsbegrenzung angewendet werden. Zunächst ist dabei zu berücksichtigen, dass § 242 BGB mit dem Rechtsmissbrauchseinwand einen die gesamte Rechtsordnung beherrschenden allgemeinen Rechtsgedanken enthält. Dessen Anwendbarkeit auf zur Begrenzung von Ansprüchen aus bösgläubig angemeldete Marken ist grundsätzlich nicht an die Frage der Eröffnung Anwendungsbereichs des MarkenG geknüpft. Daneben ist die Anwendbarkeit des Rechtsmissbrauchseinwands damit zu begründen, dass andernfalls Rechtsschutzlücken für den Betroffenen im Rahmen des Widerspruchsverfahrens bestünden. Im Widerspruchsverfahren wird die Beziehung des Anmelders der im Widerspruchsverfahren angegriffenen Marke zum Widerspruchszeichen des Verletzten, anders als etwa bei der klageweisen Geltendmachung von Lizenzgebühren oder Schadenersatzansprüchen nämlich nicht berücksichtigt. Außerdem spricht der Wortlaut des § 8 Abs. 2 Nr. 10 MarkenG für die Anwendbarkeit des § 242 BGB, denn dort wird ausdrücklich nur auf die bösgläubige Marken*anmeldung* und nicht auf die Benutzung der Marke abgestellt.

Literaturverzeichnis

Alber, Siegbert: Das Allgemeininteresse in der markenrechtlichen Entscheidungspraxis des EuGH, GRUR 2005, 127–131.

Baehr, Sonja Martina: Die historische Entwicklung des Markenrechts in Deutschland, München 2008.

Bamberger, Heinz-Georg / Roth, Herbert (Hrsg.): Kommentar zum Bürgerlichen Gesetzbuch, Band 1, §§ 1–610, 2. Auflage, München 2007.

Baumbach, Adolf / Hefermehl, Wolfgang: Warenzeichenrecht und Internationales Wettbewerbs- und Zeichenrecht, 12. Auflage, München 1985.

Baumbach, Adolf/Hefermehl, Wolfgang/ Casper, Matthias: Wechselgesetz, Scheckgesetz, Recht der kartengestützten Zahlungen, 22. Auflage, München 2001.

Baumbach, Adolf / Hefermehl, Wolfgang: Wettbewerbsrecht, Gesetz gegen den unlauteren Wettbewerb, Zugabeverordnung, Rabattgesetz und Nebengesetze, 23. Auflage, München 2008.

Becher, Hans: Defensivzeichen sind rechtswidrig, GRUR 1958, 324–330.

Beier, Friedrich-Karl: Gedanken zum Verhältnis von Warenzeichen- und Ausstattungsschutz im künftigen deutschen Markenrecht, GRUR 1967, 628–634.

Berlit, Wolfgang: Anmerkung zu BGH, Beschluss vom 30.10.2003 – I ZB 9/01 – (BPatG), LMK 2004, 134–136.

Blaurock, Uwe: Anmerkung zur Entscheidung des BGH vom 11.3.1973 (X ZR 14/70 „Maschenfester Strumpf"), JZ 1974, 620–621.

Bleckmann, Albert: Probleme bei der Auslegung europäischer Richtlinien, ZGR 1992, 364–375.

Bölling, Markus: Der maßgebliche Zeitpunkt bei der Überprüfung einer Marke auf absolute Schutzhindernisse, GRUR 2011, 472–479.

Bornkamm, Joachim: Die Schnittstellen zwischen gewerblichem Rechtsschutz und UWG – Grenzen des lauterkeitsrechtlichen Verwechslungsschutzes, GRUR 2011, 1–8.

Brandi-Dohrm, Matthias: Die Abnehmerverwarnung in Rechtsprechung und Praxis, GRUR 1981, 679–686.

Brämer, Antje: Die Sicherungsabtretung von Markenrechten, Tübingen 2005.

Brötje, Sonja: Die bösgläubige Markenanmeldung unter Berücksichtigung der Rechtslage in Österreich, den Beneluxstaaten und dem Vereinigten Königreich, München 2003.

Büscher, Wolfgang / Dimmer, Stefan / Schiwy, Peter: Gewerblicher Rechtsschutz, Urheberrecht, Medienrecht, 2. Auflage, Köln 2011.

Busse, Rudolf / Starck, Joachim: Warenzeichengesetz nebst Pariser Verbandsübereinkunft und Madrider Abkommen, 6. Auflage, Berlin 1990.

Deutsch, Volker: Anspruchskonkurrenzen im Marken- und Kennzeichenrecht, WRP 2000, 854–858.

Donath, Guido: Österreich – Weitere Entscheidung im Goldhasen-Markenrechtsstreit, GRUR Int. 2011, 659–660

Dreier, Horst: Grundgesetz Kommentar, Band 3: Art. 83–146, 2. Auflage, Tübingen 2008.

Eisenführ, Günther / Schennen, Detlef: Gemeinschaftsmarkenverordnung, 4. Auflage, Köln 2014.

Ekey, Friedrich L. / Klippel, Diethelm / Bender, Achim: Markenrecht, Band 1, Markengesetz und Markenrecht ausgewählter ausländischer Staaten, 2. Auflage, Heidelberg 2009.

Emmerich, Volker: Unlauterer Wettbewerb, 8. Auflage. München 2009.

Erman – Bürgerliches Gesetzbuch, hrsg. v. Harm Peter Westermann, Barbara Grunewald, Georg Maier-Reimer, Band 1, 13. Auflage, Köln 2011 (zit.: Erman/ Bearbeiter, BGB, §, Rn.).

Fabry, Bernd: Rotkäppchen und der böse Wolf – Von wertvollen Besitzständen und bösgläubigen Markenanmeldern, GRUR 2010, 566–573.

Festschrift für Eike Ullmann, Hrsg. v. u.a. Hans J. Ahrens u.a., Saarbrücken 2006.

Fezer; Karl-Heinz: Der Benutzungszwang im Markenrecht, Berlin 1974.

Fezer, Karl-Heinz: Markenrecht, Kommentar zum Markengesetz, zur Pariser Verbandsübereinkunft und zum Madrider Markenabkommen, 4. Auflage, München 2009.

Fezer, Karl-Heinz: Lauterkeitsrecht – Kommentar zum Gesetz gegen den unlauteren Wettbewerb (UWG), Band 1: §§ 1–4 UWG, 2. Auflage, München 2010.

Fezer, Karl-Heinz: Kumulative Normenkonkurrenz im Kennzeichenrecht. Ein Beitrag zur autonomen Anwendung des MarkenG, des UWG und BGB nach § 2 MarkenG, WRP 2000, 863–872.

Fezer, Karl-Heinz: Normenkonkurrenz zwischen Kennzeichenrechten im Immaterialgüterrecht – Ein Beitrag zur kumulativen und subsidiären Normenkonkurrenz im Immaterialgüterrecht – Kritik der Vorrangthese des BGH zum MarkenG WRP 2008, 1–9.

Fleischer, Holger: Der Rechtsmissbrauch zwischen Gemeineuropäischem Privatrecht und Gemeinschaftsprivatrecht, JZ 2003, 865–874.

Füllkrug, Dieter: Gedanken zur markenrechtlichen Einordnung von Spekulations- und Sperrmarken, WRP 2006, 664–673.

Füllkrug, Dieter: Spekulationsmarken. Eröffnet der Wegfall des Geschäftsbetriebes die Möglichkeit, Formalrechte zu missbrauchen?, GRUR 1994, 679–688.

Furth, Rasmus: Ambush Marketing – Eine rechtsvergleichende Untersuchung im Lichte des deutschen und US-amerikanischen Rechts, Carl-Heymanns-Verlag, Köln 2009.

Göpfert, Wolfgang: Die Strafbarkeit von Markenverletzungen, Karlsruhe 2006.

Götting, Horst-Peter: Persönlichkeitsmerkmale von verstorbenen Personen der Zeitgeschichte als Marke, GRUR 2001, 615–623.

von Gamm, Otto-Friedrich: Warenzeichengesetz: Kommentar, München 1965.

von Gamm, Otto-Friedrich: Bestandsaufnahme zum Benutzungszwang im Warenzeichenrecht, GRUR 1977, 517–527.

Gedaertz, Alfred-Carl: Anmerkung zur Shamrock III-Entscheidung des BGH vom 10. Oktober 1985, Az. I ZR 135/83, GRUR 1986, 78–79.

Grabrucker, Marianne: Die bösgläubige Markenanmeldung und das Löschungsverfahren, MittdPA 2008, 532–543.

Gramsch, Martin: Individualbehinderung (§ 4 Nr. 10 UWG) durch Kennzeichenrechte, Frankfurt am Main 2010.

Hacker, Franz: Markenrecht – Das deutsche Markensystem, 3. Auflage, Köln 2013.

Hagemann, Nicole: Rechtsschutz gegen Kennzeichenmissbrauch unter Berücksichtigung der Internet-Domain-Name-Problematik, Frankfurt am Main, 2001.

Harte-Bavendamm, Henning / Henning-Bodewig, Frauke: Gesetz gegen den unlauteren Wettbewerb (UWG), 2. Auflage, München 2009 (zit.: Harte/Henning/ *Bearbeiter*, UWG, §, Rn.).

Hefermehl, Wolfgang: Unbenutzte Warenzeichen aus der Sicht des Benutzungszwangs, GRUR 1968, 486–491.

Heidelberger Kommentar zum Wettbewerbsrecht: hrsg. v. Ekey, Friedrich / Klippel, Diethelm / Kosthoff, Jost / Meckel, Astrid / Plaß, Gunda, 2. Auflage, Heidelberg 2005 (zit.: Bearbeiter in: HK-Wettbewerbsrecht, §, Rn.).

Helm, Horst: Die bösgläubige Markenanmeldung, GRUR 1996, 593–600.

Helmreich, Kilian Alexander: Die bösgläubige Markenanmeldung nach § 34 MSchG, Salzburg 2002.

Heydt, Ludwig, Anmerkung zu BPatG, 24. Senat, Beschluss vom 06.04.1962–24 W 672/61 „Berliner Bär“, GRUR 1963, 29–30.

Heydt, Ludwig: Offensivzeichen, GRUR 1976, 501–509.

Hildebrandt, Ulrich: Marken und andere Kennzeichen – Handbuch für die Praxis, 2. Auflage, Köln 2010.

Hofmann, Franz: Immaterialgüterrechtliche Anwartschaftsrechte, Tübingen 2009.

Hofmann, Franz: Steht dem Markenanmelder vor Eintragung ein Entschädigungsanspruch zu?, GRUR Int. 2010, 376–380.

Immenga, Ulrich / Mestmäcker, Ernst-Joachim: Wettbewerbsrecht, Band 2 – GWB – Kommentar zum deutschen Kartellrecht, 4. Auflage, München 2007 (zit: Bearbeiter in: Immenga/Mestmäcker, GWB, §, Rn.).

Isensee, Josef / Kirchhof, Paul / Degenhart, Christoph: Handbuch des Staatsrechts, Band V: Rechtsquellen, Organisation, Finanzen, 3. Auflage, Heidelberg 2007 (zit: Bearbeiter in: HStR V, §, Rn.).

Ingerl, Reinhard / Rohnke, Christian: Markengesetz, Gesetz über den Schutz von Marken und sonstigen Kennzeichen, 3. Auflage, München 2010.

Keller, Erhard: Tradition und Moderne – Das UWG 2004 in der 23. Auflage des „Wettbewerbsrechts" von Baumbach/Hefermehl bearbeitet von Prof. Dr. Helmut Köhler und Prof. Dr. Joachim Bornkamm, WRP 2005, 68–77.

Kiethe, Kurt / Groeschke, Peer: Die sittenwidrige Markenanmeldung und die Rechtschutzmöglichkeiten des § 1 UWG, WRP 1997, 269–274.

Klippel, Diethelm: Der zivilrechtliche Schutz des Namens, Eine historische und systematische Untersuchung, Paderborn 1985.

Knaak, Roland: Die Durchsetzung der Rechte aus der Gemeinschaftsmarke, GRUR 2001, 21–29.

Knaak, Roland: Grundzüge des Gemeinschaftsmarkenrechts und Unterschiede zum nationalen Markenrecht, GRUR Int. 2001, 665–673.

Knaak, Roland: Die Gemeinschaftsmarke Lindt Goldhase und ihre gerichtliche Durchsetzung in Österreich und Deutschland, MarkenR 2008, 285–291.

Köhler, Helmut / Bornkamm, Joachim: Gesetz gegen den unlauteren Wettbewerb, Preisangabenverordnung, Unterlassungsklagengesetz, Dienstleistungs-Informationspflichten-Verordnung, 30. Auflage, München 2012.

Kohler, Josef: Das Recht des Markenschutzes mit Berücksichtigung ausländischer Gesetzgebungen und mit besonderer Rücksicht auf die englische, angloamerikanische, französische, belgische und italienische Jurisprudenz, Würzburg 1884.

Kraft, Alfons: Die warenzeichenrechtlichen Bestimmungen des Vorabgesetzes, GRUR 1968, 123–130.

Krieger, Ulrich: Benutzungswille und Benutzungszwang im Warenzeichenrecht, GRUR 1972, 311–314.

Kunz-Hallstein, Hans Peter: Die absolute Bindung der Marke an den Geschäftsbetrieb und ihre Aufhebung durch das Erstreckungsgesetz, GRUR 1993, 439–449.

Lange, Paul: Marken- und Kennzeichenrecht, 2. Auflage, München 2012.

Lerach, Mark: Defensivmarken für Veranstaltungsbezeichnungen – Eine Fallgruppe bösgläubiger Markenanmeldung gemäß § 8 Abs. 2 Nr. 10 MarkenG?, GRUR 2009, 107–111.

von Linstow, Bernhard: Ist die Offensivmarke ein absolutes Schutzhindernis?, MarkenR 1999, 81–83.

v. Mangold, Hermann / Klein, Friedrich / Starck, Christian: Kommentar zum Grundgesetz, Band 3: Art. 83 bis 146, 6. Auflage, München 2010.

Matthes, Jens: Markenlöschung wegen Bösgläubigkeit ist Einzelfallentscheidung GRUR-Prax 2012, 188.

Maunz, Theodor / Dürig, Günther: Grundgesetz – Kommentar, hrsg. v. Roman Herzog, Matthias Herdegen, Hans H. Klein, Rupert Scholz, Band VI, Art. 86 – 106b, Verlag C.H. Beck, München, Stand: Oktober 2011 (zit: Maunz/Dürig/Bearbeiter, GG, Art., Rn.).

Medicus, Dieter: Allgemeiner Teil des BGB, 10. Auflage, Heidelberg 2010.

Meessen, Karl M.: Die bösgläubige Markenanmeldung aus verfassungsrechtlicher Sicht, GRUR 2003, 672–675.

Meister, Herbert: Bemerkungen zum Entwurf des Markengesetzes, MA 1993, 214–218.

Meister, Herbert: Marke und Recht – Texte und Materialien, 2. Auflage, Wiesbaden 1994.

Meister, Herbert: Praktische Erfahrungen mit dem neuen Markengesetz, WRP 1995, 1005–10014.

Miosga, Willy: Benutzungszwang für Warenzeichen, München 1972.

Müller, Markus: Anmerkung zu BPatG, Beschluss vom 15.02.2006–29 W (pat) 341/00, GRUR 2006, 1034–1035.

Müller, Tobias Malte / Laudonio, Aldo: Die bösgläubige Markenanmeldung im Spiegel der neueren deutschen und italienischen Rechtsprechung, GRUR Int. 2012, 417–424.

v. Münch, Ingo / Kunig, Philip: Grundgesetz-Kommentar, Band 2: Band 2: Art. 70 bis Art. 146 und Gesamtregister, 6. Auflage, München 2012.

Münchener Kommentar zum Bürgerlichen Gesetzbuch: hrsg. v. Säcker, Franz Jürgen / Rixecker, Roland, Band 2: Schuldrecht Allgemeiner Teil (§§ 241–432), 5. Auflage, München 2007 (zit.: MüKo/Bearbeiter, BGB, §, Rn.).

Münchener Kommentar zum Bürgerlichen Gesetzbuch: hrsg. v. Säcker, Franz Jürgen / Rixecker, Roland / Oetker, Hartmut, Band 5: Schuldrecht Besonderer Teil III (§§ 705–853), 6. Auflage, München 2013 (zit.: MüKo/Bearbeiter, BGB, §, Rn.).

Münchener Kommentar zum Lauterkeitsrecht: hrsg. v. Mankowski, Peter / Wiebe, Andreas / Leible, Stefan, Band 1: Grundlagen des Wettbewerbsrechts, Internationales Wettbewerbs- und Wettbewerbsverfahrensrecht, Europäisches Gemeinschaftsrecht – Grundlagen und sekundärrechtliche Maßnahmen, §§ 1–4 UWG, Verlag C.H.Beck, München, 1. Auflage 2006 (zit.: MüKo/Bearbeiter, UWG, §, Rn.).

Münchner Kommentar zur Zivilprozessordnung: hrsg. v. Rauscher, Thomas / Wax, Peter, Band 1: §§ 1–510c, 3. Auflage, München 2008.

Musielak, Hans-Joachim: Kommentar zur Zivilprozessordnung mit Gerichtsverfassungsgesetz, 10. Auflage, München 2013.

Nastelski, Karl: Das Vorabgesetz und seine Auswirkungen auf die Rechtsprechung in Warenzeichensachen, MA 1968, 319–321.

Palandt, Otto (Begr.): Bürgerliches Gesetzbuch, mit Nebengesetzen, […], 73. Auflage, München 2014.

Piper, Henning / Ohly, Ansgar / Sosnitza, Olaf: Gesetz gegen den unlauteren Wettbewerb (UWG) mit Preisangabenverordnung, 5. Auflage, München 2010.

Raiser, Ludwig: Der Stand der Lehre vom subjektiven Recht im deutschen Zivilrecht, JZ 1961, 465–473.

Rebe, Bernd: Der Wandel des Mißbrauchsbegriffs als Ausdruck eines veränderten Rechtsdenkens, JA 1977, 6–11.

Sack, Rolf: Markenschutz und UWG WRP 2004, 1405–1425.

Sack, Rolf: Die lückenfüllende Funktion der Generalklausel des § 3 UWG, WRP 2005, 531–544.

Sattler, Andreas: Emanzipation und Expansion des Markenrechts – Die Entstehungsgeschichte des Markengesetzes von 1995, Tübingen 2015.

Scheffler, Dietrich: (Mögliche) markenrechtliche Konflikte bei Pachtverträgen, insbesondere im Hotel- oder Gastronomiebereich, MittdPA 2003, 378–386.

Schmidt, Beate: Die missbräuchliche Markenanmeldung – Das DPMA im Spannungsfeld zwischen registerrechtlichem Verfahren und den Erwartungen der interessierten Öffentlichkeit, MarkenR 2003, 1–7.

Schosser, Carolin: Die bösgläubige Markenanmeldung nach § 8 Abs. 2 Nr. 10 MarkenG im Lichte des Benutzungswillens, Frankfurt am Main 2013.

Schreiber, Peter: Wettbewerbsrechtliche Kennzeichenrechte?, GRUR 2009, 113–118.

Schricker, Gerhard: Bedeutung des Gebrauchs bezüglich Aufrechterhaltung und Erneuerung einer Markeneintragung, GRUR Int. 1979, 341–343.

Schricker, Gerhard: Der Benutzungszwang im Markenrecht – Rechtsvergleichende Betrachtungen zur Einführung des Benutzungszwangs in das deutsche Warenzeichengesetz, GRUR Int. 1969, 14–28.

Siebert, Wolfgang, Verwirkung und Unzulässigkeit der Rechtsausübung – Ein rechtsvergleichender Beitrag zur Lehre von den Schranken der privaten Rechte und zur exceptio doli (§§ 226, 242, 826 BGB.); unter besonderer Berücksichtigung des gewerblichen Rechtsschutzes (§ 1 UWG.), Marburg 1934.

Slopek, David E.F.: Auslegung des Begriffs der Bösgläubigkeit, GRUR-Prax 2013, 310.

Soergel, Hans, Bürgerliches Gesetzbuch mit Einführungsgesetz und Nebengesetzen, Band 2, Schuldrecht I (§§ 241–432), 12. Auflage, Stuttgart 1990 (zit.: Soergel/Bearbeiter, BGB, §, Rn.).

Spindler, Gerald / Schuster, Fabian / Anton, Katharina: Das Recht der elektronischen Medien, 2. Auflage, München 2011.

Staudingers Kommentar zum Bürgerlichen Gesetzbuch mit Einführungsgesetz und Nebengesetzen, Buch 2 – Recht der Schuldverhältnisse – Einleitung zum Schuldrecht; §§ 241–243 (Treu und Glauben), Berlin 2009.

Steinberg, Jens H.: Wann kann beim Vorliegen eines „Motivbündels“ von einem unlauteren Einsatz der Sperrwirkung der Marke i.S.v. §§ 3, 4 Nr. 10 UWG ausgegangen werden – Anmerkung zu BGH, Urt. V. 26.06.2008 – I ZR 190/05 – EROS, MarkenR 2008, 482–485.

Steinberg, Jens H. / Jaeckel, Christoph: Rechtsschutz gegenüber Verwarnungen aus bösgläubig registrierten Markenrechten, zugleich eine Besprechung von BGH, Urt. v. 10.1.2008 – I ZR 38/05 – AKADEMIKS, MarkenR 2008, Teil 1: 296–309 und Teil 2: 365–378.

Ströbele, Paul: Absolute Eintragungshindernisse im Markenrecht – Gegenwärtige Probleme und künftige Entwicklungen, GRUR 2001, 658–667.

Ströbele, Paul: Schutzvoraussetzungen und Schutzbereich von Marken, NJW-Sonderheft „100 Jahre Markenverband“, 2003 (Beilage zu GRUR 2003, Heft 12), 78–83.

Ströbele, Paul: Die strenge und vollständige Prüfung – „Libertel“ und seine Umsetzung in Deutschland, GRUR 2005, 93–97.

Ströbele, Paul: Zeiten der Bösgläubigkeit – Probleme in Löschungsverfahren wegen bösgläubiger Markenanmeldungen, MarkenR 2010, 409–412.

Ströbele, Paul / Hacker, Franz: Markengesetz, 11. Auflage, Köln 2015.

Tetzner, Heinrich: Kommentar zum Warenzeichengesetz, Heidelberg 1958.

Thiele, Willi: Sind Abwehr- und Vorratszeichen erforderlich?, GRUR 1949, 268–270.

Thomas, Heinz / Putzo, Hans (Begr.): Zivilprozessordnung, 34. Auflage, München 2013.

Ticic, Nicolai: Die bösgläubige Markenanmeldung als absolutes Schutzhindernis, Hamburg 2010.

Treudler, Reinhard: Die unredliche Markenanmeldung: Bewertung von abzulehnenden Markenanmeldungen, MarkenR 2000, 193–201.

Ullmann, Eike: Die bösgläubige Markenanmeldung und die Marke des Agenten – überschneidende Kreise, GRUR 2009, 364–369.

Ullmer, Eugen: Warenzeichen und unlauterer Wettbewerb in ihrer Fortbildung durch die Rechtsprechung, Berlin 1929.

Umbach, Dieter / Clemens, Thomas: Grundgesetz, Band 2: Art. 38 bis 146, Heidelberg 2002.

Wadle, Elmar: Entwicklungslinien des deutschen Markenschutzes im 19. Jahrhundert, GRUR 1979, 383–389.

Weberndörfer, Jörg: Rechtsvergleich Deutschland – Vereinigtes Königreich: Auswirkungen der Umsetzung der EG-Markenrechtsrichtlinie auf den erweiterten Schutz „bekannter" Marken, Berlin 1997.

Wiedmann, Elke: Der Rechtsmissbrauch im Markenrecht, Konstanz 2002.

Zapfe, Kai: Die Ausgestaltung des Markenrechts in Deutschland seit 1874 unter besonderer Berücksichtigung des Markenbegriffs und der Markenkategorien, Berlin 2002.

Zöller, Richard (Begr.): Zivilprozessordnung, 30. Auflage, München 2014.

www.ingramcontent.com/pod-product-compliance
Ingram Content Group UK Ltd.
Pitfield, Milton Keynes, MK11 3LW, UK
UKHW021234031026
15588UKWH00001B/85

9 783631 738757